Portales una falsificación histórica

IMAGEN DE CHILE

983.05
V714P   Villalobos R., Sergio, 1930–.
        Portales: una falsificación histórica / Sergio Villalobos R.
        – 5ª ed. – Santiago de Chile: Universitaria, 2016.
        233 p.; 15,5 x 23 cm. – (Imagen de Chile)
        Incluye índice onomástico.
        Incluye notas bibliográficas.

        ISBN Impreso: 978-956-11-1757-0
        ISBN Digital: 978-956-11-2757-9

    1. Portales, Diego, 1793-1837 – Pensamiento político y social.
    I. t.

Texto compuesto en tipografía *Melior 10/13*

Se terminó de imprimir esta
QUINTA EDICIÓN,
en los talleres de Salesianos Impresores S.A.
General Gana 1486, Santiago de Chile,
en junio de 2016.

DISEÑO DE PORTADA Y DIAGRAMACIÓN
Yenny Isla Rodríguez

www.universitaria.cl

Sergio Villalobos R.

Portales
una falsificación histórica

EDITORIAL UNIVERSITARIA

ÍNDICE

Diego Portales expone ante los notables la situación de Chile frente a la Confederación Perú-Boliviana.
Óleo de Pedro León Carmona perteneciente al Palacio de la Moneda, desaparecido desde el 11 de septiembre de 1973.

Prólogo para una desilusión

He andado mucho tiempo cerca del Ministro. En mis años escolares le conocí desde lejos, en esa imagen distante, fría y algo solemne realzada por la opinión general sobre su grandeza.

Posteriormente llegué a conocerle mejor, siempre rodeado de ese enorme prestigio y su admirable inteligencia, que derrochaba frente a los grandes problemas nacionales y en los pequeños incidentes del quehacer diario. Siempre me atrajeron su desenfado, sus palabras sarcásticas, el manejo de los hombres y los juicios certeros, inapelables, sobre cualquier circunstancia. Durante un largo tiempo admiré su papel decisivo en momentos de grandes problemas públicos, en que determinaba las cosas con aplomo y audacia, mientras los otros vacilaban o no encontraban el camino más simple y evidente.

Conocí todos sus actos oficiales y también su vida privada, tan pintoresca y alegre. Aprendí sus dichos, observé cómo trataba a amigos y enemigos, a la pobre y hermosa Constanza, y mil otras pequeñeces.

Jamás olvidaré aquel incidente en Lima, en que unas cuantas bofetadas dieron por el suelo con un jovencito que fue a reprocharle deshonestidad en un asunto mercantil, para terminar todos en la policía. Tampoco olvidaré la redacción iracunda y certera, en Valparaíso, de aquella carta en que volaban conceptos tan duros como despreciativos sobre los jueces, los abogados, el *habeas corpus*, los mamotretos jurídicos, la respetabilidad de la Constitución y las filosofías de Egaña.

Siempre recordaré con admiración su tenaz defensa de los derechos nacionales frente a la prepotencia de los extranjeros y su posición irreductible contra la Confederación Peru-Boliviana.

Nunca dejé de sentir la presencia del genio. Nunca he dejado de sentirla.

Entre muchos ajetreos, conocí sus documentos, los papeles oficiales y sus cartas a toda clase de personajes, que me han regocijado permanentemente. Las habré leído cuatro, cinco o más veces, y cada vez he descubierto una nueva faceta, un dato o un matiz distinto. Si vuelvo a leerlas no dudo que tendré más de alguna sorpresa.

La personalidad de Portales resulta de tal modo avasalladora que me ha parecido estar a su lado, sentir sus pasos livianos y seguros, comprender el significado de sus gestos y adivinar las palabras que tendría para referirse a un hecho cualquiera o para caricaturizar a una persona. De antemano podría señalar cuál sería su reacción en materias de gobierno o en los negocios.

Pero este largo contacto no siempre ha sido grato y ha concluido por abrirme muchos secretos que hubiese preferido ignorar. No deseo anunciarlos en las líneas fugaces de un prólogo, porque al escribirlo me ha guiado únicamente el propósito de confesar una desilusión.

No he querido, tampoco, referir su vida entera ni toda su acción gubernativa, en que hubo aciertos indudables, sino limitarme a los aspectos que deben ser revisados para entenderlo realmente y apreciar su papel en la historia. En semejante tarea he debido ser honesto e imitar al filósofo griego que afirmaba ser "amigo de Platón, pero más de la verdad".

Espero se me crea que si he sido duro con mi personaje, he tenido que serlo primero conmigo mismo.

Hubiese deseado que la primera imagen hubiese sido la definitiva.

CAMINO DEL ALGARROBO
Verano de 1989

Para entender una imagen

El perfil acusado del ministro sugiere un relieve numismático: frente despejada, nariz recta, mentón agudo. El gesto no es duro y más bien pareciera ocultar la fuerte personalidad del estadista que con mano firme condujo a la república hacia el camino de su grandeza. En el rostro afloran la inteligencia penetrante, la mirada inquisitiva y la solidez de quien supo dominar el caos, aplastar a las facciones y construir con fuerzas dispares un régimen político destinado a permanecer.

Es la fisonomía de un hombre patriota y honesto, que forjó la institucionalidad, el respeto al derecho y el halo impersonal de la autoridad respetada y respetable.

Al menos, esa es la medalla acuñada por algunos historiadores y ensayistas, aceptada y manoseada con admiración por toda clase de gente y usada por movimientos políticos en busca de justificación.

Cuando se forja una medalla existe el ánimo consciente o subconsciente de que ella resulte enaltecedora, de modo que la belleza de la imagen sugiera un alto sentido moral. Con ese fin se escogen la solidez del hierro, las formas sensuales del bronce y aun el brillo del oro, resultando símbolos que, creados en estado de exaltación, simplifican, adornan y ocultan, para terminar siendo deformaciones de la realidad.

Es un fenómeno que se produce invariablemente y que en los casos de gran resonancia colectiva nace de fuertes devociones ideológicas y ayuda a prolongarlas en el tiempo; pero toda medalla tiene un reverso y en la de Portales este es muy áspero.

La falsedad de una imagen histórica es fácil de entenderla para el especialista, que conoce el método histórico y los espejismos que pueden alterar la realidad pasada. El asunto gira en torno a dos conceptos muy claros, por nadie discutidos, que deben tenerse en cuenta al abordar cualquier asunto pretérito: la noción de historia y la de historiografía.

La primera es el pasado mismo, los hechos tal como ocurrieron y que solo pudieron conocer directamente –y no por completo– los contemporáneos.

Historiografía, en cambio, es el conjunto de investigaciones, estudios y libros elaborados posteriormente para llegar a conocer los hechos del pasado. Es el trabajo de investigadores e historiadores, que con una técnica bien configurada tratan de reproducir hechos que se desvanecieron sin remedio en el momento de producirse. Para ello cuentan con la huella dejada por los hechos: crónicas, documentos de toda suerte y restos.

Esas son las llamadas fuentes de la historia, los únicos testimonios mediante los cuales se puede conocer el pasado. Los historiadores están obligados por la probidad científica a seguirlos con exactitud. Si no lo hacen o emiten afirmaciones reñidas con la verdad de las fuentes, sus conclusiones carecen de validez y pueden ser rebatidas.

Un historiador, como cualquier persona, es el resultado de sus circunstancias; en sus ideas confluyen la educación recibida, la cultura refleja, sus experiencias y sus intereses personales y de grupo. Todo ello forma su concepto de la vida, del hombre y del mundo y se estructura en una filosofía que puede ser muy elaborada o muy sencilla. Esta constituye una "ideología" o conjunto sistemático de ideas, que en muchos casos es abierta y flexible y en otros se ciñe a una doctrina que no admite desviaciones. Pero aun en el caso menos meditado se trata de una ideología.

También debe tenerse presente que en los planteamientos de un historiador pueden aflorar las fuerzas extrañas e inasibles del subconsciente y actitudes anímicas tan sutiles como perturbadoras.

El estudioso del pasado, como sujeto cognoscente está expuesto, así, a toda clase de errores. Es subjetivo y en su obra expresa invariablemente su ideología y mentalidad, aun cuando no se lo proponga y haga el mayor esfuerzo de objetividad.

En las historias de viejo estilo, simples relatos de hechos expuestos cronológicamente, la subjetividad suele ser poco evidente, pero está implícita. En cambio, en las obras interpretativas, como muchas de este siglo, la subjetividad de los autores puede manifestarse con claridad y ser un manto que deforme groseramente los hechos.

Ahí es donde la ciencia histórica demanda una revisión e impone la vuelta a las fuentes para estudiarlas, analizarlas y alcanzar la objetividad.

Cuando la historia ha sido deformada por la historiografía es indispensable volver a los testimonios mismos del pasado para restablecer la verdad.

No hay historiador intocable. Cualquiera de ellos puede haber errado y sus opiniones son simplemente sus opiniones. Por esa razón —entre otras— la historia se escribe y reescribe continuamente. Sería ingenuo pensar que una ciencia, como es la historia, no evolucionase y que sus conocimientos fuesen rígidos, en circunstancias que hasta las llamadas ciencias exactas han visto alterarse sus nociones fundamentales.

Contra la renovación del saber histórico se unen diversos elementos que actúan sobre la sociedad y dentro de ella: los programas oficiales de enseñanza, la oratoria de circunstancia, los homenajes y la divulgación a través de los medios de comunicación. También influyen algunos organismos amparados por el Estado, los textos escolares, el profesorado, las publicaciones de aficionados y los ensayistas que incursionan en el pasado sin conocerlo realmente.

La acción persistente de esos elementos petrifica el pensamiento del hombre corriente, que por inercia llega a creer que la historia, además de ser muy simple, es un conocimiento dado que no cabe revisar. Se forma de ese modo un ambiente mental en que la pereza y la ingenuidad tienen su parte.

Una incidencia muy grave tiene también el concepto generalizado que liga a la historia con el patriotismo, que conduce a iluminarla e idealizarla, de modo que los hechos y los personajes sean ejemplos de alto sentido moral. Se llega, así, a deformarla, falseando la información y ocultando los aspectos grises y negros, en actitudes plenamente conscientes y que constituyen un engaño.

Bien planteadas las cosas, no se entiende por qué una ciencia tenga que servir para fines patrióticos. Si ella está destinada a buscar la verdad y a aportar una experiencia, no es aceptable mediatizarla a fines extraños, que generalmente tienen intención política. Hay que entender la historia tal como ella fue, con sus aspectos positivos y negativos, porque solo de esa manera es una enseñanza válida.

Muchas veces hay que envidiar a la entomología o al cálculo infinitesimal, porque a nadie se le ha pasado por la mente subordinarlos al patriotismo.

Bien decía un célebre intelectual que el amor a la patria es una virtud cívica y no un método de investigación.

En la historiografía relativa a Portales se han manifestado de manera muy nítida los vicios anteriores. Pero ha sido la intención ideológica y la defectuosa visión histórica las que han deformado el tema. Nos referimos a las obras científicas y no a las de difusión que solo repiten vulgaridades.

La controversia de liberales y conservadores

La glorificación de Portales comenzó al día siguiente de su asesinato, y fueron los círculos gubernativos y la aristocracia ligada al poder autoritario los que mantuvieron un culto sin réplica durante más de dos décadas. El régimen político y el predominio conservador no eran favorables para ideas divergentes. En el fondo, era la necesidad oficial de legitimar el uso aristocrático del poder haciéndolo derivar de un personaje famoso y admirado, cuyo prestigio se cultivaba de manera constante para darle más relieve aún. El mismo sacrificio del ministro le engrandecía en el sentimiento común, entonces y también ahora, debido a la reacción natural frente a la muerte trágica de un estadista. Se tenía el mártir y con él se ennoblecía la causa.

Las exequias del ministro fueron imponentes y se usaron todos los recursos anímicos para exaltar la atrocidad del asesinato. Un espíritu tan agudo como Carmen Arriagada captó el sentido de aquella parafernalia y en carta a Mauricio Rugendas decía al pintor: "los señores mandones de Chile han deificado su ídolo. Traer el birlocho que tuvo la honra de cargar por tres días el sagrado personaje y exponer los grillos que oprimieron sus benditos pies. ¡Vaya!, ¡y por qué no guardan como reliquias las balas que partieron su corazón benévolo y la espada. He leído que se llena el coche del difunto, el coche de su familia por supuesto, el que lleva las armas y blasones; pero un birlocho de alquiler y poner hasta los mismos caballos!"[1].

El gobierno de don Joaquín Prieto, después de la desaparición de su inspirador, y los de Manuel Bulnes y Manuel Montt, mantuvieron el culto de Portales y durante el último se inauguró su estatua en la plazuela situada frente a la Moneda.

A raíz de esa ceremonia, José Victorino Lastarria manifestaba el año siguiente, 1861, en su *Juicio histórico sobre don Diego Portales,* que "tal vez ningún hombre público de Chile ha llamado más la atención que don Diego Portales, con la particularidad de que a ninguno se le ha quemado

---

[1] Carta de 1° de agosto de 1837, citada por Oscar Pinochet de la Barra, *El gran amor de Rugendas,* pág. 62.

más incienso, a ninguno se le ha elogiado más sin contradicciones, más sin discusión sobre su mérito". Y más adelante se preguntaba: "¿Quién ha podido contradecir su mérito, quién ha podido juzgarlo? Durante su vida habría sido una temeridad estudiarlo, y en esta época tanto como en la que sucedió a su muerte, no había ni pudo haber inteligencia alguna libre de preocupaciones [prejuicios] para estudiar al hombre ni para apreciar imparcialmente su obra. Por esto es que jamás se ha levantado una voz para contradecir el unísono coro de alabanzas que ha ensalzado siempre el nombre de Portales; y por esto es que hasta ha aparecido de mal tono o se ha mirado como un bostezo de pasiones mal disimuladas, cualquier palabra, cualquier objeción que se haya hecho oír en público o en privado contra el hombre que han dado en presentar como el primer estadista de América"[2].

En su ensayo, que no pretendía ser una investigación, Lastarria iniciaba la revisión portaliana y fue seguido dos años más tarde por otro liberal, Benjamín Vicuña Mackenna, que con sus dos tomos titulados *D. Diego Portales* hizo un aporte fundamental por tratarse del primer estudio sistemático y detallado, basado en una extensa documentación y en el testimonio oral de los contemporáneos[3].

Ambos autores enfocaron con dureza la política dictatorial del ministro que había ahogado el desenvolvimiento de la libertad para mantener un régimen autocrático que defraudaba los ideales iniciados en 1810. Sus métodos arbitrarios y duros para llegar al poder y luego para mantenerse en él, desatando las persecuciones, silenciando la prensa, desterrando a los opositores y llegando hasta inmolarlos en el patíbulo, fueron expuestos con toda su crudeza y con adjetivos condenatorios.

Tanto Lastarria como Vicuña Mackenna no dejaron de reconocer la integridad personal, la falta de ambición política y el patriotismo de Portales. Pero Vicuña Mackenna no se conformó con reconocer esas virtudes, sino que, llevado de su espíritu eternamente juvenil e impresionable, estampó su admiración por el personaje, atraído por su tenacidad, la clara inteligencia, su fuerte carácter y su desenfado burlón.

---

[2]   El *Juicio histórico* fue publicado como un conjunto de artículos en la *Revista del Pacífico* y mereció ediciones posteriores. Nosotros hemos utilizado la reedición en las *Obras completas de don J.V. Lastarria*, vol. IX. Santiago, 1909.

[3]   El título exacto de la obra es *Introducción a la historia de los diez años de la administración Montt. D. Diego Portales. Con más de 500 Documentos Inéditos.* Valparaíso, 1863.

    Para este estudio hemos empleado la reedición en las *Obras completas* de Vicuña Mackenna, vol. VI. Santiago, 1937.

La verdad sea dicha, no ha habido estudioso que se haya acercado a la figura del ministro que no haya sido cautivado por su personalidad avasalladora e incisiva y su habilidad para manejar hombres y situaciones, en lo que ha influido bastante su correspondencia, salpicada de consideraciones vivaces y picarescas, reveladoras del hombre y su estilo.

La obra de Vicuña Mackenna no satisfizo enteramente a los liberales, que habían logrado levantar cabeza con el gobierno de José Joaquín Pérez y confiaban plenamente en el triunfo definitivo de su causa. Hubo críticas por su condescendencia y fue Lastarria el que criticó más duramente las opiniones de su discípulo en una carta que fue una reconvención amable, porque, según le decía, la lectura del primer tomo durante un viaje en barco a Lima le significó "rabias, dolores de estómago, patadas y reniegos"[4].

El maestro liberal, que había expresado en tono menor algún reconocimiento, no podía soportar el elogio grandilocuente de Vicuña Mackenna, aunque su escrito fuese una condena global del desempeño del ministro.

Años más tarde, en 1877, hizo su aparición la *Historia de la administración Errázuriz* del político liberal don Isidoro Errázuriz, precedida de una reseña del movimiento político desde 1843 hasta 1871, año del inicio del gobierno de Federico Errázuriz Zañartu[5]. El volumen contenía solo la reseña, que es un largo ensayo, inteligente y escrito con elegante pluma por quien dejó fama de hombre culto y gran orador.

La parte destinada a la actuación de Portales es breve; pero no se puede dejar de mencionarla, porque en forma aguda y clara Errázuriz plantea las líneas fundamentales de la interpretación liberal, marcando muchas facetas con visión original. Su juicio global está encerrado en estas frases: "La obra de Portales consistió en hacer caer la vida pública en completo descrédito, el alejar de ella los espíritus, en desinteresar al país del ejercicio del derecho, en suprimir virtualmente Congresos y Municipalidades, tribunales y opinión en beneficio exclusivo del enorme potentado [el presidente] a que su capricho, más bien que

---

4   Carta publicada por Ricardo Donoso en *Don Benjamín Vicuña Mackenna*. Santiago, 1925, pág. 154.

5   El título completo de la obra es *Historia de la administración Errázuriz. Precedida de una introducción que contiene la reseña del movimiento y la lucha de los partidos, desde 1823 hasta 1871* (Valparaíso, 1877). El fragmento relativo a la época de Portales fue incluido por Guillermo Feliú Cruz en el tomo II del *Epistolario de don Diego Portales* con el título de *Juicio sobre don Diego Portales*.

la Constitución, entregó la suerte de Chile. Y para realizar esta obra empleó todos los recursos de su fértil imaginación, de su reconocida omnipotencia y de su genio vehemente y sarcástico, desdeñoso y arrebatado. Toda apariencia de oposición o de indulgencia, toda manifestación de ideas propias, todo entusiasmo y toda virtud cívica fueron perseguidos y extirpados. El arado irresistible de la Dictadura penetró hasta el fondo de la tierra en que diez años de leal ensayo democrático habían echado raíces, y lo revolvió de tal suerte que al fin solamente quedaron piedras y arena en la superficie. Al paso que la abyección y el egoísmo eran premiados como actitud sana y respetable, se desplegaba un verdadero lujo de crueldad y barbarie contra los reos de delitos políticos y hasta contra los jueces que procedían en esos casos con benignidad".

Si las palabras de Errázuriz pueden parecer muy apasionadas, los hechos en que se fundan son indudables y todo su ensayo es la expresión de un razonamiento sólido con el que solo se puede diferir en matices eventuales.

Quedaba planteada, así, la crítica de los historiadores liberales y todavía no concluía cuando vino la reivindicación de los conservadores.

El año 1875 vio la luz pública la *Historia de Chile durante los cuarenta años transcurridos desde 1831 hasta 1871*, de Ramón Sotomayor Valdés, que comprendía solo el primer periodo del gobierno de Joaquín Prieto y que ampliada posteriormente hasta la conclusión de aquella administración, pasó a titularse *Historia de Chile bajo el gobierno del jeneral D. Joaquín Prieto*, sin que el autor continuase con los gobiernos posteriores[6].

Sotomayor Valdés, destacada figura de la vida pública, diplomático y periodista culto, abordó el tema con método y solidez documental, dejando una obra que por su extensión y la sistematización de los temas constituye hasta el día de hoy la columna vertebral para conocer el momento histórico. Se le ha reprochado, sin embargo, desequilibrio en el plan y haber omitido fuentes de información que habrían sido un complemento valioso.

En la narración de Sotomayor Valdés se transparenta un esfuerzo de objetividad y un deseo de alejarse de toda interpretación personal, conforme al método de la historia en el siglo xix. Con todo, el pensa-

---

[6]   La edición mencionada, presentada como segunda edición, revisada y corregida, que es la que hemos utilizado, fue impresa en cuatro tomos, en Santiago, entre los años 1900 y 1903.

miento y los afectos del autor dieron un tono benevolente a la obra, sin que se pueda atribuirle de ninguna manera un atropello grosero de la verdad. A lo más, pueden señalarse condescendencias y algunas omisiones generosas. Es notable la suavidad con que el autor expresa que el movimiento de 1829 que llevó a Portales al poder fue ilegítimo y sorprende también cómo tiende un velo discreto en el relato del "crimen de Curicó" que no deja percibir el procedimiento duro y artero que condujo al patíbulo a tres vecinos de la localidad. El estilo sereno y correcto del historiador confiere una gran respetabilidad a su escrito y con ello asegura la aceptación de su relato.

Portales circula por las páginas de Sotomayor como un personaje elevado, puro, no contaminado con nada. Ni siquiera tiene lenguaje propio. Es una figura de mármol con gesto superior, según convenía a la dignidad de la historia.

El historiador hizo desaparecer al hombre y dejó al estadista idealizado, que es insuficiente para conocer su real proceder y su carácter. Su personaje es irreconocible; se encuentra muy lejos del que revivió Vicuña Mackenna, con su grandeza y sus miserias, sus tropiezos, su alegría, la soberbia y sus crueldades intransigentes.

Ambos historiadores se aproximaban a la historia de distinta manera. Sotomayor Valdés, escritor elegante y castizo, medido, sujeto a las reglas del clasicismo literario y a la formalidad de la historia, podía trazar desde la altura el cuadro general de un gobierno. Vicuña Mackenna, en cambio, romántico y desordenado, que respiraba vida por todos los poros, se preocupó más del ser humano que del escenario y de todas las circunstancias. Por eso en su obra se siente al personaje tal como él fue.

Más que dos visiones de la historia eran dos estilos y dos formas personales de ser. La una fría, analítica y sistemática; la otra entusiasta, inquieta y afanosa por encontrar la vida.

El enfoque de Sotomayor Valdés estuvo influido no solo por su ideario conservador, sino también por las experiencias que tuvo como representante de Chile en México y en Bolivia. En el primero de esos países le tocó palpar los defectos de un régimen republicano en un ambiente de escasa moral cívica y donde la persecución a la Iglesia y la apropiación de sus bienes, que dio origen a vergonzosos negociados, tenía que herir su conciencia de católico. La intervención francesa, mientras Benito Juárez tenía que deambular con su gobierno por los territorios del norte, mereció la desaprobación de Sotomayor; pero luego, establecido el imperio de Maximiliano de

Austria, permaneció dos años en ciudad de México dedicado a las tareas bancarias[7].

Como representante de Chile y convencido republicano había rechazado el plan imperial. Como particular se acomodó en la paz y la seguridad que por el momento ofrecía el príncipe extranjero.

En Bolivia le correspondió desempeñarse como encargado de negocios en los años del dictador Mariano Melgarejo. Conoció entonces hasta lo íntimo lo que era el carnaval político, trágico y sangriento, que mantenía al pueblo boliviano en la abyección[8].

Aliado de esos ejemplos, la organización republicana de Chile parecía un modelo y así lo manifestó orgullosamente en algunos de sus escritos. La dureza de Portales y sus arbitrariedades no eran nada, en sentido comparativo, y podían disculparse si con ello había contribuido a establecer el orden. Esa idea no fue formulada de manera explícita por el historiador, pero puede adivinársela en su obra, que comenzó a tomar forma después de la experiencia en Bolivia.

La *Historia de Chile bajo el gobierno del jeneral D. Joaquín Prieto* marcó así el rumbo historiográfico que debía prevalecer: la causa del orden para engrandecer a Chile justificaba los excesos del despotismo.

No pasaron muchos años antes de que un nuevo libro se agregase a la apología del gobernante. Su autor fue el político de dura raíz conservadora, Carlos Walker Martínez, el título *Portales,* y la ciudad y año de impresión, París, 1879.

Corrían entonces los tiempos en que triunfantes los liberales se avanzaba en la demolición del régimen autoritario y conservador establecido por la aristocracia en la primera mitad del siglo y que se procuraba identificar con el mártir del Cerro Barón. Algunas importantes reformas a la Constitución de 1833 restaron atribuciones al presidente y dieron mayor independencia y poder al Congreso, se ampliaron las libertades individuales, se modificó el sistema electoral y de representación para mejorar la participación política y se eliminó el fuero eclesiástico. En ese cuadro, el espíritu de libertad se consolidaba, mientras los círculos conservadores, alejados del poder, se retraían y libraban una lucha sin perspectiva.

La obra de Walker Martínez tuvo fines muy claros: justificar y ensalzar la actuación de Portales y adjudicar al Partido Conservador la gloria de

---

[7] Luis Galdames, *Ramón Sotomayor Valdés,* en *Anales de la Universidad de Chile,* Cuarto trimestre de 1930.

[8] Ramón Sotomayor Valdés, *La legación de Chile en Bolivia* (Santiago, 1912).

haber organizado la república. Era buscar en el pasado lo que el futuro le negaba.

La razón inmediata que puso la pluma en la mano de Walker Martínez fue el deseo de rebatir el libro de Vicuña Mackenna, que juzgó equivocado en sus apreciaciones.

Para Walker, Portales era conservador porque "era la encarnación, por así decirlo, de las ideas de ese partido. Todas sus virtudes son de esa escuela: su energía, sus creencias, su constancia, su desprendimiento, su patriotismo". Con igual entusiasmo, en tono épico, declaraba que "sus diez meses de ministerio son el más bello poema que se ha realizado en América"[9].

En comparación con la obra de Sotomayor Valdés, la del político, aunque bien documentada, es menos ponderada, es el fruto del entusiasmo partidista. Pero coincide con la de aquel en algunos aspectos. En forma explícita remacha continuamente la idea de que lo más importante fue la organización de Chile y que por ello Portales desplegó una energía incontrastable, no respetó nada ni transigió con nadie, actuando con inflexibilidad heroica y enfrentando los odios más encarnizados[10]. También coincide en la forma pulida y dignificante de abordar la historia, dejando de lado las facetas íntimas del personaje, alegres o crueles, porque es "hacer casi una caricatura de lo que en sí es grave". Con ello hacía respetable al pasado y al estadista; aunque truncaba la realidad.

La primera época de la historiografía relativa a Portales y su tiempo se cierra con la *Historia Jeneral de Chile* de don Diego Barros Arana, en cuyos tomos XV y XVI, publicados los años 1896 y 1902, se enfocan los sucesos que llevaron al poder al presidente Prieto y hasta la promulgación de la Constitución de 1833.

El célebre historiador empleó el método riguroso que ha dado gran categoría a su obra, organizó en forma equilibrada la exposición y procuró no alejarse de la objetividad. En este último sentido no puede sino admirarse su esfuerzo, pues su ideología liberal le ponía en pugna con el autoritarismo gubernativo y como opositor había experimentado la dureza del gobierno de Manuel Montt; aunque el tiempo había dejado muy atrás ese tipo de problemas.

Igual que Sotomayor Valdés, Barros Arana purifica la historia y se mantiene en el simple relato, con economía de consideraciones personales y adjetivos. Las diferencias entre ambas obras son mínimas en el estilo,

---

[9]   Págs. 83 y 171.
[10]   Pág. 94.

el método y la ponderación de los hechos, resultando una aproximación en torno al personaje.

Con todo, es perceptible que Barros Arana es más crítico que el historiador conservador y que en algunos rincones de sus páginas tuvo expresiones de condena. En general, Barros Arana opina favorablemente del orden implantado por Diego Portales, la seriedad en la administración y la tranquilidad que habría favorecido a las actividades nacionales. Condena, sin embargo, los excesos autoritarios y estima que la omnipotencia condujo al ministro, progresivamente, a verdaderos extravíos.

El aporte de la *Historia Jeneral* fue un balance de la historiografía del siglo XIX, que distó de las posiciones extremas de liberales y conservadores y donde el autor, bien documentado y con un juicio ecléctico, trazó un cuadro que parecía razonable en su época. Le faltó el análisis del personaje, su carácter, sus impulsos y sus motivaciones y también ensayar la interpretación global de los hechos, que permitiesen captar el sentido esencial de los fenómenos históricos.

Ninguno de esos elementos formaba parte de su método.

Las interpretaciones del siglo xx

Concluye la primera guerra mundial. El rastro pavoroso de la muerte y la destrucción ha puesto fin a la dicha de las oligarquías y ha barrido con el optimismo del hombre y su esperanza en un progreso indefinido. Asoma el rostro de la miseria y el hambre, se quiebran las categorías éticas y políticas mientras poderosos movimientos sociales irrumpen con sus gritos y gestos amenazantes, indicando que el mundo cambia en medio de convulsiones dolorosas.

Años antes la Revolución Mexicana había llevado al poder a los sectores populares; ahora el movimiento bolchevique se apodera de Rusia, el marxismo intenta sus golpes en la Alemania derrotada y en todas partes la causa popular se agita con vehemencia. Es el fin de una época que alienta a muchos y desconcierta a otros.

Pero el fenómeno bélico, que ha involucrado a viejas monarquías y gobiernos republicanos en antiguos juegos internacionales de tablero, ha hecho visible una realidad mucho más poderosa: la sociedad europea, encabezada por la oligarquía, ha perdido sus virtudes y se sume en un materialismo y luchas menores, sin horizonte, que la corrompen y desintegran. Además se tornan amenazantes las masas proletarias y las clases medias, que buscan una parte en los beneficios y reclaman su participación política o la totalidad del poder.

En un mundo que desaparecía la angustia hizo presa de algunos intelectuales, porque todo parecía ser algo más que una crisis circunstancial. En *La decadencia de occidente*, publicada entre 1918 y 1922, Oswald Spengler buscó en el pasado la explicación del fenómeno y su proyección final: se trataba de un paso más, harto largo, en la caída de la cultura cristiana occidental, que seguía la suerte corrida por todas las culturas a semejanza de la vida humana.

Fue entonces cuando en el escenario chileno, el año 1927, Alberto Edwards dio a luz *La fronda aristocrática*, moldeada bajo la influencia del filósofo e historiador alemán. En su ensayo, inteligente y penetrante, Edwards interpretó la historia republicana de Chile en el tramo de la decadencia occidental[11].

---

[11] Sobre la influencia de Spengler en Edwards y la visión histórica de éste y sus adaptaciones felices o equivocadas, nos remitimos a los trabajos de Cristián Gazmuri, Mariana Aylwin y Sofía Correa en *Perspectiva de Alberto Edwards,* Ediciones Aconcagua, 1976.

La actuación de Portales y el sistema eticopolítico por él establecido, como reactivación y proyección del espíritu tradicional de la sociedad chilena, habría sido la base de la organización y la grandeza nacional que, minada lentamente por la fronda, habría conducido a la decadencia que la destruía.

Edwards vivía la experiencia de una oligarquía degradada moralmente, que olvidada de su antigua misión se agotaba en luchas mezquinas, preocupada de sus intereses, mientras la política se desenvolvía en un parlamentarismo sin proyección. A la vez, la clase media y el sector popular irrumpían con sus exigencias y completamente ajenos al "alma colectiva" de los tiempos pasados.

En medio de las turbulencias políticas de la década de 1920, Edwards se aferró cada vez con mayor insistencia a la tradición política de la época de la organización republicana y exaltó la figura de Portales, adjudicándole un papel superior y de larga eficacia.

Para el ensayista conservador Portales habría impuesto un sistema político y una mística que, yendo más allá de las instituciones, conformó el espíritu de la nación entera, que ya tenía el viejo antecedente colonial. "La obra de Portales –afirma Edwards– fue la restauración de un hecho y un sentimiento, que habían servido de base al orden público, durante la paz octaviana de los tres siglos de la colonia: el hecho era la existencia de un Poder fuerte y duradero, superior al prestigio de un caudillo o a la fuerza de una facción; el sentimiento era el respeto tradicional por la autoridad en abstracto, por el Poder legítimamente establecido con independencia de quienes lo ejercían. Su idea era nueva de puro vieja: lo que hizo fue restaurar material y moralmente la monarquía, no en su principio dinástico, que ello habría sido ridículo o imposible, sino en sus fundamentos espirituales como fuerza conservadora del orden y las instituciones".

En esencia, ello significaba un gobierno "obedecido, fuerte, respetable y respetado, eterno, inmutable, superior a los partidos y a los prestigios personales".

Llevado de esas ideas, el ministro prescindió de teorías políticas y se entregó por completo, con energía y habilidad, renunciando a sus intereses personales, a la tarea de ponerlas en práctica y a hacerlas vida de la nación.

Obsesionado con esa interpretación, Alberto Edwards redujo todo a una categoría espiritual y renunció a tratar aspectos que debieron parecerle subalternos o cuya incidencia se negó a aceptar. No le interesó para nada la personalidad de Portales, el predominio de los intereses aristocráticos ni la dureza del régimen. Tampoco se detuvo a considerar el aspecto institucional y sin más otorgó al sistema portaliano una duración prolongada.

En esa visión de los hechos, como en toda interpretación, había un planteamiento de lo esencial; pero el autor caía en una simplificación excesiva, que al dejar fuera muchos elementos alteraba la realidad histórica.

Coincidente con la posición de Edwards fue la de Francisco Antonio Encina, quien se atribuyó la paternidad de las ideas de aquel, por lo menos en parte.

En el libro titulado Portales, dado a letras de molde en 1934 y luego en los tomos X y XI de la Historia de Chile, año 1948, Encina desarrolló su pensamiento sobre el estadista con el método y la formación intelectual que le fueron característicos. Incurrió en consideraciones raciales para explicar las tendencias políticas de la sociedad y en elementos de psicología hereditaria para acercarse al personaje, en páginas verdaderamente estrafalarias que nadie puede tomar en serio. Planteó también el valor de la intuición para aprehender el sentido íntimo de los hechos, sin cuidarse de que su vuelo exagerado, por encima de la información positiva, puede alejar mucho de la realidad histórica[12].

Pero no vale la pena detenerse mucho en Encina, tanto por los grandes defectos de su obra, como porque lo esencial ya había sido expresado por Alberto Edwards. La importancia de sus escritos relativos a Portales no es más que haber realzado, con mucho entusiasmo y énfasis, en páginas muy extensas, la personalidad del prohombre y su creación política. Acentuó, además, en forma explícita, la idea de que la concepción del ministro y la necesidad del orden justificaban plenamente sus medidas inflexibles.

Las obras de Edwards y Encina han tenido una fuerte influencia durante los últimos cincuenta años, en un fenómeno perfectamente comprensible. A lo largo de esos años se ha desarrollado un conflicto ininterrumpido y con periodos álgidos, entre los intereses de los altos sectores sociales conservadores y las demandas de la clase media y de las capas populares. Amagados en su situación económica y social y en el manejo del poder, los grupos oligárquicos han recurrido en forma

---

[12] No podemos hacernos cargo de las ideas que conforman el pensamiento básico de Encina respecto de nuestro personaje, que pueden encontrarse en la pág. 177 y siguientes de su *Portales*. Allí aparecen consideraciones sobre la psicología racial de los godos y los celtíberos, con el agregado romano y el genio latino, que se expresarían en el estadista a través de la sangre en una especie de atavismo.

constante al paradigma histórico idealizado por Edwards y Encina. Si la aristocracia conservadora construyó el orden y la grandeza de Chile mediante el autoritarismo establecido por Diego Portales, los peligros que la han acechado se ha procurado detenerlos de esa misma manera. Es bastante significativo que los partidos de derecha se autodesignasen como partidos de orden y que un grupo extremo de esa tendencia fundase la revista *Estanquero*.

Por la misma razón, las dos dictaduras que han irrumpido en este siglo han sido intérpretes de los intereses oligárquicos y han aludido al supuesto ideario portaliano.

En años recientes han aparecido algunos indicios revisionistas en torno al tema de Portales que no podemos dejar de mencionar, aun cuando nos involucra en cierta medida. El año 1984 publicamos un breve ensayo titulado *Sugerencias para un enfoque del siglo xix*, en que dedicamos varias páginas a adelantar las ideas que conforman el presente libro[13]. En ellas hicimos un tratamiento comprensivo del periodo 1823-1830, rechazando el concepto de anarquía que se le ha adjudicado; presentamos a Portales como el personaje eficiente de los intereses e ideales aristocráticos; señalamos que su desempeño ministerial había sido arbitrario y personalista y que, en consecuencia, no era el creador de la institucionalidad ni del respeto al derecho. Consignamos, en fin, que el régimen jurídico solo se había consolidado en los gobiernos de Bulnes y Montt.

Mario Góngora, por su parte, en el *Ensayo histórico sobre la noción de Estado en Chile en los siglos xix y xx*, editado en 1982, rechazó la idea de Alberto Edwards en cuanto al carácter impersonal y abstracto del gobierno, aplicando el concepto general de que el impersonalismo es propio de una burguesía o de un proletariado industrial, pero no de una aristocracia como era la chilena de entonces. En lo demás, Góngora sigue la visión tradicional, estimando que la noción autoritaria del gobierno y el "régimen portaliano" fueron básicos en la conformación del Estado. Tales consideraciones se originaban en la gran cultura histórica de Góngora, pero no en un conocimiento fundado de la época.

---

[13] Editado en *Colección estudios* CIEPLAN, número especial. Esta publicación recogía diversas conferencias dictadas en 1981. Hay que agregar, también, que ya habíamos esbozado nuestras ideas sobre Portales en 1979, en otro ciclo de conferencias auspiciadas por CINDE y que vieron la luz pública en 1980 bajo el título de *Visión de Chile (1920-1970)*.

Bien se deja ver que las circunstancias históricas, las orientaciones ideológicas y la posición de cada historiador han iluminado la figura de Portales desde ángulos diferentes. Es imprescindible, a estas alturas, intentar una nueva interpretación que se acerque al tema con rigor científico.

Hay que recurrir de nuevo a las fuentes de la época para que de los documentos surjan los hechos como ellos fueron. Pero al mismo tiempo debe profundizarse el análisis con los criterios de la historiografía moderna, que permiten encontrar explicaciones allí donde nadie vio nada. Es lo que pretendemos hacer, a sabiendas de que la objetividad absoluta no se logra jamás.

Importancia de los años triviales

Nace Portales el 16 de junio de 1793 en Santiago, cuando la colonia vive años apacibles y de modesta prosperidad. Su padre fue el superintendente de la Real Casa de Moneda, don José Santiago Portales y Larraín, y su madre doña María Fernández de Palazuelos, matrimonio feliz y tranquilo que en el estilo bíblico de la existencia dio al mundo veintitrés vástagos, cantidad exagerada aun para aquellos tiempos.

Don José Santiago, a pesar de su título ostentoso y de ser miembro de la aristocracia criolla, era un discreto funcionario de la corona, riguroso en el cumplimiento del deber y quitado de bulla, que no carecía de buen juicio y de una prudencia enfermiza.

El niño creció como todos los niños, entre juegos y travesuras, aunque a veces se le pasó la mano a causa de su vivacidad y energía inagotables. Los contemporáneos referían algunas de sus bromas y maldades, que provocan risa hoy como entonces y que dejan ver un humor agresivo. En cierta ocasión quebró en el colegio las ollas de la cocina para que él y todos sus compañeros fuesen dejados libres para irse a sus casas en la imposibilidad de darles de comer. Solía, también, vestir con una sotana la mula de la calesa del rector.

Más pesadas aún fueron las bromas hechas a la servidumbre de su casa. Una de sus víctimas fue el Come Sapos, nombre que había dado al negro que guiaba la calesa de su padre. Como la cabeza del negro resultase demasiado dura para la conservación de los sombreros, se había llegado a la solución heroica de mandarle hacer uno de latón, que barnizado de negro lucía a la perfección. La oportunidad la daban y un día que don José Santiago se disponía a salir en la calesa, el niño calentó el chapeo en el fuego y apresurando al negro se lo pasó con destreza. El Come Sapo dio algunos manotazos y quedó con el pelo chamuscado, siendo objeto de risa por largo tiempo.

Otro día anunció al portero de la Casa de Moneda, un hombre tímido y sencillo, que un grupo de soldados venía a prenderle y le indicó que se ocultase. El mejor lugar era una de las marmitas o fondos usados en el taller para el relave de la plata. Metió en una de ellas al hombre, la tapó con un cuero que la cerraba herméticamente y dio paso al agua sin cortarla hasta que llegó a los labios de la víctima, ya deshecha en gritos y ruegos[14].

Esas inclinaciones parece que no eran percibidas por el padre que, en una actitud muy extendida en la época, pensó en señalar el destino de su hijo: sería sacerdote y ocuparía el cargo de capellán de la Casa de Moneda.

El niño estudió en una escuela las asignaturas humanísticas y la infaltable gramática latina que, al parecer, llegó a conocer bastante bien si nos atenemos a unas pocas frases de sus cartas. Prosiguió los estudios en el Convictorio Carolino, haciendo uso de una de las becas por presentación hecha por el patrono de ella, el marqués de Casa Larraín. Allí alcanzó los grados menores de la carrera eclesiástica y don José Santiago, que ya veía arreglado el futuro de su hijo, aprovechó la vacancia del cargo de capellán de la Casa de Moneda para solicitar al gobernador la designación de su hijo. En su petición recordaba los méritos de los antepasados y sus propios servicios, aludiendo, además, a la bondad del muchacho. Mientras este alcanzaba las órdenes mayores, debía designarse un capellán interino.

El gobernador don Luis Muñoz de Guzmán aceptó la proposición y el 15 de enero de 1808 extendió el nombramiento[15].

Comenzaban los años de la adolescencia, al mismo tiempo que la colonia vivía las convulsiones que condujeron a la emancipación. Todo se llenó de transformaciones, novedades y zozobras y el hogar en la Casa de Moneda no pudo escapar al oleaje de los acontecimientos[16].

El superintendente, por su calidad funcionaria y ser miembro destacado de la aristocracia, se vio arrastrado por los sucesos, pese a sus deseos, muy arraigados, de no mezclarse en las vicisitudes políticas. La

---

[14] Vicuña Mackenna recogió estas anécdotas y muchas otras referentes al hombre ya maduro y las dio a conocer en *D. Diego Portales*.
La veracidad de este tipo de información puede parecer discutible, pero de los autores que conocieron a parientes y amigos de Portales o a gente de la época, ninguno deja de reconocer que los detalles de su vida eran más o menos exactos. Constituyen un testimonio concordante. Vicuña Mackenna, en la pág. 38 del volumen citado avala sus datos con la palabra de personas de gran relieve que estuvieron íntimamente ligadas al ministro: Manuel Blanco Encalada, Andrés Bello, Joaquín Tocornal, Diego José Benavente, Ramón Errázuriz, Ventura Marín, Silvestre Urízar Garfias y José Antonio Alemparte. Tan importante como ellos o más aún, fue Antonio Garfias, amigo, confidente, agente, *alter ego* y correveidile de Portales, que tuvo largas horas de conversación con el historiador y a quien ayudó a ordenar los papeles dejados por el ministro. Véase *Obras completas*, vol. VI, págs. 35 a 38, notas.

[15] *Nombramiento a don Diego Portales de capellán de la Casa de Moneda*, en *Boletín de la Academia Chilena de la Historia*, N° 47, pág. 160.

[16] Jaime Eyzaguirre, *El hogar de los Portales durante la guerra de Independencia*, en *Boletín de la Academia Chilena de la Historia*, N° 8, pág. 330.

nueva situación creada por los criollos le pareció un trastorno del orden establecido por la monarquía, con el cual se identificaba de corazón y por eso procuraba mantenerse alejado, ayudando a la causa realista como podía. Sin saberlo, fue elegido miembro del Primer Congreso Nacional y permaneció en él hasta que José Miguel Carrera lo separó junto con otros "sarracenos". Poco tiempo después fue el mismo Carrera el que lo llamó a integrar la junta de Gobierno para servirse de su conocimiento de la hacienda pública, aceptando el cargo, después de mucha presión, para evitar males peores al país y a sí mismo.

Pero los verdaderos quebrantos llegaron con la Reconquista y sus persecuciones. No obstante sus protestas de fidelidad, fue aprehendido en su casa por un piquete de soldados y enviado a la isla Juan Fernández, donde se le retuvo once meses. Posteriormente fue confinado en Melipilla y en dos oportunidades fue remitido a Valparaíso con el propósito de enviarle nuevamente a Juan Fernández. Entre tanto, se le había despojado del cargo de superintendente de la Casa de Moneda y su esposa debió sufrir también los rigores de la persecución. Por disposición de Marcó del Pont se la recluyó en el monasterio de las monjas Claras de la Victoria y no se le permitió salir ni aun con motivo de una grave enfermedad.

En medio de esos sucesos, el joven Diego prosiguió una vida relativamente normal, a pesar de las amarguras que debió experimentar. El año 1813, al disolverse el Convictorio Carolino para formar el Instituto Nacional, prosiguió sus estudios en este último, manteniendo la beca de que ya gozaba[17]. Inició, entonces, el aprendizaje del derecho natural y de gentes, que el año siguiente, al cerrarse el Instituto por orden de Mariano Osorio, prosiguió con un profesor particular.

No era, sin embargo, el rumbo de los estudios el que atraía al hijo de los Portales que, inclinado más bien a una vida activa, mostró desde los años juveniles un desapego por las tareas intelectuales. Más práctico y menos tedioso debió parecerle el aprendizaje de la docimacia o ensaye de metales, que estudió probablemente por insinuación de su cuñado José Ignacio de Eyzaguirre, ensayador de la Casa de Moneda, bajo cuya tutela quedaron los hijos de don José Santiago mientras se sucedían destierros, confinamiento y reclusiones. Aquellos estudios concluyeron exitosamente y el año 1817 obtuvo el título de ensayador de la Casa de Moneda, cuando contaba veinticuatro años de edad.

---

[17] Domingo Amunátegui Solar, *Los primeros años del Instituto Nacional* (Santiago, 1889), pág. 179.

Habían transcurrido así los años de la adolescencia, quedando en pie un hecho que ha intrigado a los historiadores y que no es fácil de explicar. No se comprende cómo en esa edad de inquietudes e ideales, en que los jóvenes se muestran generosos y arrebatados, permaneció en una vida opaca, al tiempo que los acontecimientos polarizaban las actitudes de todos. Años en que los jóvenes corrían en las comparsas que avivaban a tal o cual personaje, apoyaban las medidas reformistas o acudían a enrolarse en los cuerpos armados. Sus compañeros andaban en esos pasos y su hermano mayor, José Diego, capitán de granaderos, se vio envuelto en la lucha, correspondiéndole dirigir el fusilamiento de Tomás de Figueroa después del motín de 1811.

Establecimiento de la Primera Junta, Primer Congreso Nacional, cargos importantes de don José Santiago, apertura y clausura del Instituto Nacional, campañas militares, batallas memorables, persecuciones contra su padre y abusos de los talaveras, nada fue suficiente para apartarlo de una existencia rutinaria. Y el hecho es tanto más extraño cuanto su espíritu vehemente solía adueñarse de su voluntad.

Sería inverosímil, conociendo su carácter, pensar que el padre le impusiese prudencia o que el temor le cohibiese, como tampoco creer en una gran devoción por el estudio.

Todo pareciera indicar un temprano escepticismo, quizás dudas sobre la marcha del movimiento emancipador, coincidente con el encierro en sí mismo, que más tarde quebraría a pesar suyo.

Sería arriesgado fijar una explicación psicológica cuando la documentación es débil e indirecta y por tratarse de una etapa cambiante en la vida del hombre. Pero hay un hecho indudable: su actitud fue considerada extraña por los contemporáneos y le fue enrostrada muchos años más tarde, cuando la lucha política derivó a la violencia militar.

Desde 1817, cuando los tambores y las banderas seguían perturbando el ambiente, el joven Portales se dedicó a su trabajo de ensayador y por entonces su corazón y su mente fueron cogidos hasta lo más hondo por el amor de su prima Josefa Portales y Larraín. El año 1818, a los veinticinco años de edad, contrajo enlace con ella, para ver pronto cómo el dolor derrumbaba sus ilusiones. El primer hijo murió en la cuna y un segundo embarazo terminó fatalmente, arrastrándola a ella a una larga enfermedad. Portales se concentró en su cuidado, vivía a su lado, la atendía y le daba los medicamentos sin dejar que interviniesen otras personas. Pero no pudo ser salvada y el joven viudo se sumió en una tristeza que creyó ilimitada. Vivió como un penitente, vestido de negro, frecuentó las iglesias y el trato con sacerdotes. En la intimidad se entregaba al rezo y los cánticos religiosos sin encontrar consuelo.

Escribió, en esos días, una carta a su padre que expresa mejor que nada su estado de ánimo: "Con el correr de los días, que cada vez me son más penosos, la ausencia eterna de Chepita no ha hecho más que aumentar la pena que me aflige. Tengo el alma destrozada, no encontrando sino en la religión el consuelo que mi corazón necesita. He llegado a persuadirme de que no pudiendo volver a contraer esponsales por el dolor constante que siempre me causará el recuerdo de mi santa mujer, por la comparación de una dicha tan pura como fue la mía, con otra que no sea la misma, no me queda otro camino que entregarme a las prácticas devotas, vistiendo el hábito de algún convento. Con ello conseguiría lo que como hombre todavía no consigo ni creo conseguiré jamás: dejar en el olvido el recuerdo de mi dulce Chepa... Viviré siempre en el celibato que Dios ha querido depararme, después de haber gozado una dicha infinita. Crea Ud. que las mujeres no existen para mi destrozado corazón: prefiero a Dios y la oración antes de tentar seguir el camino que inicié con tanta felicidad..."[18].

Espíritu complejo el de Portales, que los sucesos de su vida hicieron más complejo aún.

---

[18] Ernesto de la Cruz y Guillermo Feliú Cruz, *Epistolario de don Diego Portales* (3 tomos, Santiago, 1936). Tomo I, pág. 172.

Negocios y amores revelan una personalidad

En septiembre de 1820 llegaba a las costas de Perú la Expedición Libertadora enviada por el gobierno de Chile. Aunque bien equipados tanto el ejército como la escuadra y colocados bajo el mando de jefes tan prestigiosos como San Martín y lord Cochrane, no dejaba de ser una audacia desafiar al gran centro del poder español. Las armas de este eran poderosas, cuantiosos los recursos del interior y había que enfrentar, además, las no menos temibles enfermedades, los placeres y las intrigas de una sociedad altamente refinada. Lima era la Capua de América según un contemporáneo.

No tenemos para qué referir el éxito de las operaciones navales ni los desaciertos de la campaña terrestre. Bástenos decir que la escuadra dominó el mar y bloqueó el Callao y que San Martín, después de algunos movimientos militares y negociaciones, pudo entrar en Lima y proclamar la independencia de Perú el 28 de julio de 1821. Era una victoria a medias, porque los realistas conservaban el Callao y en las sierras del interior el virrey José la Serna disponía de grandes fuerzas y de oficiales audaces.

Las armas gloriosas habían abierto paso a la emancipación y también al comercio, que desde Chile pugnaba, muy necesitado, por restablecer las vinculaciones con aquel mercado famoso por su riqueza.

Antes de enviudar, y como el oficio de ensayador tenía una corta remuneración, Portales había decidido tentar suerte en el comercio mediante un préstamo de 10.000 pesos otorgados por el abuelo de su esposa don Santiago Larraín y Lecaros. Con ese dinero se asoció a su amigo José Manuel Cea, que puso igual cantidad. Traficarían en productos americanos y chilenos y en cualquier tipo de mercancía europea[19].

Después de la muerte de la esposa, Portales renunció a su cargo en la Moneda y decidió entregarse de lleno al quehacer mercantil, ablandada la crisis del misticismo y buscando, probablemente, ahogar en una vida muy activa el dolor que le había postrado.

---

[19] Seguimos en parte el artículo de Gustavo Opazo Maturana, *Los amores de don Diego Portales* en *Boletín de la Academia Chilena de la Historia*, Nº 19, cuarto trimestre de 1941, pág. 47.

Una negociación en géneros dejó buen rendimiento a los socios y ello les permitió dar un paso más audaz: compraron al comerciante inglés Ricardo Price una fragata de 383 toneladas, que rebautizaron con el nombre de *Hermosa Chilena*.

La nave, con su orgullosa denominación y llevando a Portales a bordo, se lanzó en septiembre de 1821 a conquistar con su cargamento, principalmente sebo, las aguas ya despejadas por la escuadra nacional.

La oportunidad parecía inmejorable. Lima había sufrido una escasez angustiosa, virtualmente sitiada por los realistas, pero desde que las fortalezas del Callao fueron entregadas aquel mismo mes a los patriotas, todo pareció allanado.

Portales se estableció en Lima y efectuó continuos viajes al Callao para despachar sus asuntos; pero desde el comienzo los negocios tuvieron tropiezos. El anterior dueño de la *Hermosa Chilena* tenía una deuda con otro comerciante inglés por la adquisición de la embarcación y como no hubiese cumplido con el pago, este recurrió a los tribunales de Perú, que ordenaron retener la embarcación. Se perdieron, así, el sueldo de la marinería, el rancho para mes y medio, el pasaje de cincuenta personas y la oportunidad del flete contratado por otros comerciantes. En total, la pérdida fue de unos ocho mil pesos[20].

También corrió mala suerte la partida de sebo llevada desde Chile, que no se pudo vender de inmediato porque se había introducido una gran cantidad y luego habían llegado dos fragatas procedentes de California con sebo de muy buena calidad y a bajo precio.

En pocos meses la experiencia iba resultando fatal y la existencia ahogaba al negociante, según carta dirigida a su cuñado José Ignacio Eyzaguirre: "escribo a Cea para que venga a ésta con el objeto de que corra a su cargo cualquier negociación... para irme yo a establecer a Valparaíso donde estaba más contento que aquí, donde parece que todo conspira a hacer insoportable la vida".

Cea se trasladó, efectivamente, pero los trabajos mercantiles retuvieron a Portales aún por algún tiempo. La compañía arrendó una buena casa cerca de la plaza de Lima, contrataron varios empleados y albergaron la esperanza de que ampliando el negocio a la venta de géneros extranjeros mejorarían las ganancias. Todo fue en vano, sin embargo. Los cálculos fallaron, las deudas se acumularon, hubo reclamo de los acreedores, puñetazos con un jovencito impertinente, que terminaron en la prefec-

---

[20] Carta de noviembre de 1821 a José Ignacio de Eyzaguirre. *Boletín de la Academia Chilena de la Historia.* Nº 8, primer semestre de 1937, pág. 363.

tura, y enfermedades de Cea y de Enrique Newman, el dependiente de confianza llevado desde Chile.

Entre tantos sinsabores no todo había de ser amarguras. Lima ofrecía sus placeres femeninos y el joven viudo, a los pocos meses de perdida su esposa, se había convertido en un experto en amores mundanales. Se había producido así un cambio tan increíble como acelerado. Atrás habían quedado el amor puro, el dolor agobiante y el misticismo.

A comienzos de febrero de 1822 escribía a Cea, establecido en el Callao: "Diga Ud. a la señorita Z., los deseos que me alcanzan de verla, y que no he olvidado los días que estuve en el Callao. Decididamente, prefiero las mujeres chilenas a las peruanitas: son muy refinadas y falsas, muy ardientes y ambiciosas, muy desconfiadas y amaneradas. Vivo aquí en compañía de Julia; pero estoy dispuesto a darle la patada. Vivir con mujeres es broma, sobre todo cuando son intrigantes! Nuevo cambio de tierras, nuevas aventuras, amigo"[21].

Tres meses después un nuevo comentario a Cea: "De amores Ud. sabe que me cargué con un hijo a quien pienso reconocer; la historia es conocida de Ud. Lo que siento es que sea peruano".

El desenfreno, sin embargo, condujo a situaciones más complicadas con la señorita Z, y debía recurrir a los tribunales para zafarse del caso. "La presencia de Ud. en el Callao es urgente —escribía a Cea— porque la reclamación que tengo entablada contra la señorita Z. no me deja tiempo para atender el término del desembarco. Si este pleito se alarga y el doctor no anda listo no hay vuelta: tendré que cargarme con una mujer que de todo tiene menos de moral y de un señorito que me echaría en cara mi desvergüenza... Para dicha mía, la mujer que ha sido mi querida no tenía una fama muy limpia. El caballero Heres la había prostituido, después don Toribio Carvajal y por último Portales que se ha llevado la peor parte. Yo no habría entrado en relaciones con esta mujer desvergonzada, si hubiera sabido estas circunstancias que me hacen repudiarla con todas las fuerzas de mi odio; pero tuvo audacia para fingirme inocencia y hacerme creer que estaba virgen y que por primera vez se entregaba en los brazos de un hombre. Las cartas de Z., le pierden su causa: ellas están agregadas al proceso, junto con los demás documentos que destruyen su honra. Yo quisiera que Ud. me honrara con su declaración cuanto antes. Ud. vivió con ella y conoce sus antecedentes.

---

[21] *Epistolario*, I, 174. Para economizar notas digamos que las cartas citadas a continuación se encuentran en el comienzo del *Epistolario*.

"Esta carta rómpala a su lectura y no dé detalle sobre el particular, que se los pedirán porque en un periódico de este puerto, en un comunicado, se habla de este negocio escandaloso, y se da por mi nombre el de Joaquín".

Se ve que el enredo era mayúsculo y que iba trascendiendo al público. Está claro, también, que Portales, en connivencia con un médico tenía acordado producir un aborto o, lo que parece más probable por sus expresiones, ultimar a la criatura en el momento del parto.

No sería la única vez que valiéndose de su influencia o de su dinero comprometiese a un médico en el juego del amor y la muerte.

La indignación del amante es explicable en cuanto había sido embaucado por una mujer de vida ligera, de alto nivel social, según todas las apariencias, engañándole a él que creía dominar con habilidad a las mujeres y a los hombres.

Todos estos lances permitirían calificar con diversos adjetivos las actitudes de Portales, que por obvios es innecesario precisar. Solo interesan algunas conclusiones importantes para conocer al hombre. Es evidente que los desplazamientos antagónicos del amor al misticismo y a la aventura reflejan una personalidad desequilibrada cuyas reacciones podían ser extremas según las circunstancias. A la vez, se deja ver un desparpajo, cierta dosis de cinismo y seguridad en sus acciones, que pueden llegar hasta la crueldad, y que son el reflejo de una personalidad avasalladora. Su ego era enorme; en torno a él giraban las cosas y las personas, siempre analizadas con inteligencia penetrante y por lo mismo más sometidas a su voluntad. Cuando los hechos se le escapaban sus reacciones eran extremas.

Una gran inteligencia y una personalidad desequilibrada formaban parte de las características y del *pathos* del personaje.

Los historiadores han pasado por alto los episodios personales de Portales en Perú, acaso por condescendencia o una mal entendida delicadeza. Por nuestra parte nos hemos detenido en ellos no por afán denigrativo o búsqueda de lo pintoresco, sino porque creemos que esos hechos revelan el carácter del hombre y ayudan a explicar muchas de sus actuaciones posteriores en la vida pública.

A estas alturas de nuestra época no puede prescindirse de la psicología y de las dimensiones del subconsciente, sobre todo tratándose de una personalidad tan singular. Pero en todo caso nos mantenemos en una discreta observación que no aventura opiniones sutiles en un campo tan complejo.

Llegó la hora de alejarse de Perú.

Los negocios anduvieron definitivamente mal y si a ellos se agregan los tropiezos con los peruanos y las peruanas, se entiende la pésima opinión que Portales se formó de aquella gente y su país.

Para rematar este capítulo, nada mejor que la pluma aguda de él mismo escribiendo a Cea: "Nos retiramos de la tierra del oro más pobres que cuando salimos de la tierra de la miseria. Dejamos, en cambio, hijos y amores, pero una reputación sobrada y un crédito lleno de dignidad. ¿Qué más pueden pedir los hombres de verdadera honradez? Ud. y yo vamos ciegos al futuro, pero confiando en nuestra propia fuerza e inteligencia lucharemos hasta conseguir nuestra felicidad".

Divagaciones sobre política

Los días de Lima fueron para Diego Portales ricos en experiencias sobre la vida pública cuando la situación era álgida por la indefinición de la lucha entre realistas y patriotas. Expresó por entonces, en algunas de sus cartas, los conceptos que había forjado sobre el futuro régimen político de estos países y que constituyen la manifestación más explícita de sus ideas sobre la materia.

Se trata, sin embargo, de palabras muy breves y consideraciones de paso en las cartas a su socio. Los conceptos son claros y tajantes, como todos los suyos, y han servido a los historiadores para reconstruir su pensamiento político, especialmente a Alberto Edwards, que sobre la base de ellos y otras percepciones interpretó la organización del Estado.

En términos generales, las ideas allí esbozadas son las mismas que orientaron el desempeño político del ministro; pero cabe preguntarse si el autor de *La fronda aristocrática* no vio en las epístolas mucho más de lo que ellas dicen y si no sublimó las reacciones anímicas de su personaje.

Debe considerarse, por otro lado, que el razonar político del comerciante se despertó ante el panorama caótico de Perú, que le impresionó profundamente y dejó su espíritu predispuesto contra todo lo que pudiese parecer desorden. Por eso, a su debido tiempo, actuaría sin contemplaciones contra los que intentasen desviarse del orden y sería esa la razón de su ascenso al poder y de su permanencia en él mientras el Sistema estuviese amagado.

Hay que agregar, todavía, que la preocupación por el orden derivó del quehacer mercantil, como una condición necesaria para la buena marcha de los negocios. No era un pensamiento político puro. Nació de la experiencia en Lima y se alimentó de los contrastes sufridos posteriormente.

No obstante, puede ponerse en duda que el desorden público fuese el verdadero causante del fracaso mercantil de Portales y Cea. Las condiciones reinantes no se prestaban para un comercio regular y fue el mismo don José Santiago el que vaticinó el fracaso de la empresa. La llegada de la Expedición Libertadora, como hemos recordado, fue seguida por una invasión de mercaderes y mercancías, entre ellas el sebo, y luego al ser liberado el Callao el problema se acentuó. Ya no fue solamente la oferta de productos americanos la que aumentó, sino también la de manufacturas europeas, especialmente los géneros, que habían sido una esperanza para los socios chilenos.

El viajero Basilio Hall, que visitó Lima por aquel entonces, ha recordado que el puerto del Callao estaba atestado de barcos descargando sus ricos cargamentos y que en la bahía se encontraban muchas otras naves esperando sitio para fondear y poner en tierra sus mercaderías. En la capital las tiendas estaban repletas de artículos ingleses a bajo precio y por las veredas circulaban comerciantes de todas las nacionalidades[22].

El propio Portales había escrito a Chile que las especies europeas y asiáticas estaban a precios bajísimos. En marzo de 1822 la sociedad marchaba a la ruina, las entradas disminuían, la gente no compraba y la situación política era cada vez más grave. Entre julio y octubre las ganancias decrecían en 8.600 pesos y Portales solo pensaba en salvar el capital con que habían entrado en el negocio. En diciembre comentaba a Cea que no esperaba más que desprenderse de unas harinas "para embarcarse juntos a Chile después de una calaverada de un año sin beneficio alguno".

Fueron, en suma, la afluencia desordenada de cargamentos y la saturación del mercado peruano los factores que condenaron las operaciones comerciales.

La perturbación del orden público, la falta de responsabilidad colectiva y la ineficacia administrativa, que pesaron tan negativamente en el ánimo de Portales, se debían al choque abrupto de realistas y patriotas y a la liberación de intereses y pasiones por el quiebre del antiguo régimen. Era una situación por completo anormal, pero el chileno fácilmente captó en el trasfondo las características mentales y los hábitos de aquella sociedad ingobernable en todo tiempo.

Los años 1821 y 1822 fueron lamentables para la causa patriota a pesar de la ocupación de Lima y del dominio sobre el litoral gracias a la acción de la escuadra. San Martín había optado por una política de negociaciones y condescendencia con los jefes realistas, que prolongó la incertidumbre y significó la desmoralización de las propias fuerzas. Una división al mando del general español José Canterac marchó por las inmediaciones de Lima y se introdujo en el Callao, aún bajo la bandera del rey, y luego se retiró impunemente, mientras las tropas del general argentino, muy superiores en número, se mantenían solo en observación. Más tarde una división patriota fue aniquilada en la provincia de Ica,

---

[22] Basilio Hall, *Con el general San Martín en el Perú*, Buenos Aires, 1950, pág. 167 y siguientes.

mientras crecía el descontento en los cuerpos situados junto al Rímac y las críticas arreciaban entre los jefes que seguían a San Martín. La conspiración rondaba en todas las mentes.

Peor se hacía la situación por la enemistad del general con Cochrane, acrecentada continuamente por las medidas del uno contra el otro. San Martín se mantenía inactivo y, autoproclamado protector del Perú, se identificaba con el país, mientras desperdiciaba el ejército puesto por Chile bajo sus órdenes. El lord inglés deseaba acciones decisivas y defendía el nombre y la presencia de Chile, tratando de mantener la integridad de la escuadra, que los agentes de San Martín pretendían socavar para dar vida a una marina del protectorado.

Esos hechos trascendían a toda la gente y la intranquilidad condujo a acciones callejeras y desórdenes que alarmaron a los comerciantes. El desenlace sería luego el abandono del poder por San Martín y la deposición del ministro Bernardo Monteagudo.

En medio de esas vicisitudes Portales caviló sobre el poder y sus problemas, y sin quedarse en dudas bosquejó con rapidez sus ideas.

El 10 de febrero de 1822 escribía desde Lima a Cea en el Callao: "La situación aquí está complicada y los limeños revolucionados por los últimos sucesos. Como temo el desborde de esta gente descontentadiza de todo lo bueno, malo y regular, pedí al prefecto algunos soldados para resguardar la casa [tienda]; y el gran c... se negó diciendo que le faltaba fuerza. Espero que esta efervescencia pasará gracias a las medidas gubernativas dictadas ayer. Son débiles las autoridades, porque creen que la democracia es la licencia".

Al finalizar la carta solicitaba noticias sobre la situación del gobierno de O'Higgins: "¿Qué sabe de Chile? ¿Es cierto que la situación del gobierno allí está delicada? Yo no lo creo, porque el hombre es querido y sabe, con la estimación que goza, golpear a los revoltosos".

Un mes más tarde, otro párrafo a Cea: "A mí las cosas políticas no me interesan, pero como buen ciudadano puedo opinar con toda libertad y aun censurar los actos del gobierno. La Democracia, que tanto pregonan los ilusos, es un absurdo en los países como los americanos, llenos de vicios y donde los ciudadanos carecen de toda virtud, como es necesario para establecer una verdadera República. La Monarquía no es tampoco el ideal americano: salimos de una terrible para volver a otra y ¿qué ganamos? La República es el sistema que hay que adoptar; ¿pero sabe cómo yo lo entiendo para estos países? Un gobierno fuerte, centralizador, cuyos hombres sean verdaderos modelos de virtud y patriotismo, y así enderezar a los ciudadanos por el camino del orden y de las virtudes.

Cuando se hayan moralizado, venga el gobierno completamente liberal, libre y lleno de ideales, donde tengan parte todos los ciudadanos. Esto es lo que yo pienso y todo hombre de mediano criterio pensará igual".

Casi es inútil referirse a ideas tan claramente expuestas, pero es conveniente precisar su alcance y buscarles una proyección más amplia.

En primer lugar, resalta como elemento básico el horror por el desorden, que encauza todas las otras consideraciones y obliga a crear un tipo de gobierno autoritario. Los gobernantes no deben vacilar en "golpear a los revoltosos".

Curiosamente, coincide en ello con O'Higgins, que en el ejercicio del mando se desilusionó de las libertades públicas, según expresó en una carta después de su caída: "Es vano dar instituciones y garantías porque los facciosos las desprecian y censuran. En mi poca o ninguna política y en mi experiencia hallo que nuestros pueblos no serán felices, sino obligándolos a serlo"[23].

La semántica política manejada por Diego Portales, aunque parezca algo extraña, no deja duda. Entendía por democracia no una vasta participación popular, sino un sistema en que los ciudadanos de los altos sectores estuviesen rodeados de derechos y libertades y ejerciesen una real influencia sobre gobiernos limitados en sus atribuciones. Eso era impracticable en América por el momento.

Las declaraciones contra la monarquía deben entenderse no solo como una reminiscencia hostil, sino como un rechazo a los planes monárquicos barajados por San Martín y otros personajes con el deseo de hacerlos extensivos a los otros países independientes.

Por república entendía un gobierno no monárquico, pero fuertemente orientador del quehacer de los ciudadanos y con un sentido formativo de carácter ético. Era el ideal del despotismo ilustrado.

El futuro de libertades era un sueño para tiempos muy lejanos.

Alguna aclaración a estos puntos de vista aporta una carta de 1832, posterior a su primer ministerio[24]. Portales pensaba entonces en un sistema intermedio desde el punto de vista social y político, que no se ciñese demasiado al rancio grupo aristocrático y que se equilibrase con la influencia de un sector más amplio, aunque siempre de condición elevada. En esa concepción se guiaba por la situación y la política inglesa, que le parecía un buen ejemplo de los riesgos de cargarse en sentido conserva-

---

[23]   *Epistolario de D. Bernardo O'Higgins* (Santiago, 1916). Tomo I, pág. 384.
[24]   Carta de 17 de abril de 1832 a Antonio Garfias, dirigiendo consejos a Joaquín Tocornal. *Epistolario*, II, 173.

dor hacia la nobleza o liberal hacia un sector más extenso. Comentaba entonces que la política de Canning había sido demasiado liberal, "y que tendía a poner en las manos del pueblo instrumentos de que abusa casi siempre y que al menos no sabe manejar las más veces". Agregaba que si el primer ministro británico no hubiese muerto, le habrían derribado los mismos que le pusieron en el poder. En sentido contrario, apuntaba, Wellington se había inclinado por el otro extremo, suscitando una oposición que le había obligado a renunciar. Por esas razones, estimaba que *in medio consistit virtus.*

Para entender cuál era ese medio debe comprenderse lo que era el cuadro de la lucha social y política en Gran Bretaña. A fines de la década de 1820 Canning representaba al sector burgués y liberal, ligado al comercio y la industria, que pugnaba por el poder y arrastraba a elementos populares de las ciudades como efecto del desenvolvimiento industrial. Pero aun cuando los obreros tenían sus propias banderas de lucha, como el derecho a afiliarse en las *trade unions*, eran los intereses de la burguesía los que marcaban la orientación de la lucha. El gran tema era la reforma electoral, mediante la transformación de los *pocket borough* o "burgos podridos" manejados por la nobleza, para lograr la modificación de la representación parlamentaria, meta que se lograría en 1832.

La nobleza, por su parte, defendía duramente su situación, logrando el ascenso del duque de Wellington después de la muerte de Canning, ocurrida en 1827.

No es extraño, entonces, que Portales elogiase una posición de equilibrio, contraria a las durezas nobiliarias, más abierta a la posición de centro de la burguesía y refractaria a las demandas populares.

El panorama social de Chile era muy diferente y parece que Portales no reparaba en ello. Desde luego, aún no había propiamente una burguesía y el grupo que tenía algunos de sus rasgos, en que se encontraba él mismo, no estaba desligado ni en lucha con la aristocracia. En consecuencia, en el pensamiento de Portales no había un distingo entre aristocracia y elementos de carácter burgués, sino que su referencia era de tipo político. Tan cierta es esta consideración, que él sería el caudillo que representase los intereses de ambos sectores, aunque bajo un marcado sello aristocrático.

La búsqueda de un equilibrio no descartaba el uso del rigor "para corregir al díscolo y ejemplarizar a los malos". No se debía condescender con "los enemigos del orden, de la verdad, de la honradez y de la decencia", como calificaba a sus rivales políticos en un maniqueísmo definitivo.

En el pensamiento de Portales no se encuentran concepciones muy elaboradas, sino un sentido práctico que se nutre de hechos concretos. No es que desconociese las elucubraciones teóricas de su tiempo, percibidas de modo indirecto en los personajes locales, sino que las despreciaba y afectaba ignorarlas, como señala Edwards.

Se le ha llamado "el terrible hombre de los hechos". Agreguemos que su ideología era la de un hombre sin ideas. Todo lo suplía su gran perspicacia y su inteligencia enmarcada por cánones absolutos.

En la correspondencia de Lima jamás dejarán de sorprender sus disquisiciones sobre la influencia norteamericana, que adelantaron en más de ciento sesenta años la perspectiva que se tiene hoy día después de larga experiencia. "Mi querido Cea —escribía entonces— los periódicos traen agradables noticias para la marcha de la revolución de toda América. Parece algo confirmado que los Estados Unidos reconocen la independencia americana. Aunque no he hablado con nadie sobre este particular, voy a darle mi opinión. El presidente de la Federación de N.A., Mr. Monroe, ha dicho: 'se reconoce que la América es para éstos'. ¡Cuidado con salir de una dominación para caer en otra! Hay que desconfiar de esos señores que muy bien aprueban la obra de nuestros campeones de liberación, sin habernos ayudado en nada: he aquí la causa de mi temor. ¿Por qué ese afán de Estados Unidos en acreditar ministros, delegados y en reconocer la independencia de América, sin molestarse ellos en nada? ¡Vaya un sistema curioso, mi amigo! Yo creo que todo esto obedece a un plan combinado de antemano: y ese sería así: hacer la conquista de América, no por las armas, sino por la influencia en toda esfera. Esto sucederá, tal vez hoy no; pero mañana sí. No conviene dejarse halagar por estos dulces que los niños suelen comer con gusto, sin cuidarse de un envenenamiento".

El temor frente a Estados Unidos es la primera manifestación de la reticencia hacia los extranjeros y de defensa de los intereses nacionales, que Portales mantendría invariablemente.

Las misivas escritas en Perú no contienen concepto alguno sobre la impersonalidad del poder ni la importancia de la institucionalidad política que Alberto Edwards asigna a Portales. Tampoco dicen nada en contra. El énfasis puesto en el gobernante como persona virtuosa y dura pareciera sugerir más bien una confianza en los individuos, que se confirma con la admiración por O'Higgins.

La construcción hecha por Edwards sobre aquellos conceptos es una interpretación personal afincada en indicios dispersos, poco precisos y más que discutibles.

Nuevos negocios y orillando la política

En diciembre de 1822 o enero de 1823 Portales estuvo de regreso en Chile dispuesto a continuar en las actividades comerciales con su amigo de juventud y andanzas. Aceptó por entonces integrar el Tribunal del Consulado, corporación que agrupaba a los comerciantes y cuya principal función era administrar justicia comercial, en forma sumaria, en asuntos contenciosos mercantiles[25].

No eran tranquilos los tiempos que corrían. Aumentaba el descontento contra la dictadura de O'Higgins por sus desaciertos y arbitrariedades. Los círculos aristocráticos marginados del poder se alzaban amenazantes y la pobreza general después de tantos esfuerzos bélicos sumía a la gente en la angustia.

El malestar corroía la disciplina militar, aunque en la capital el prestigio del general de Rancagua y Chacabuco se imponía en la conciencia de los soldados. Pero el vecindario aristocrático de la capital, menos considerado, forzó la situación y en la tensa reunión en el edificio del Consulado el 28 de enero provocó la salida del director supremo.

El levantamiento de Ramón Freire con las fuerzas de Concepción había dado aliento a los opositores y su arribo a Santiago vino a refrendar la determinación de la capital, y aunque muchos reconocían la grandeza de O'Higgins, sobre todo después de su noble renuncia al poder, otros deseaban someterlo a juicio de residencia. Querían resucitar la costumbre colonial de exigir cuentas al gobernante en el momento de abandonar su cargo.

No había muchas personas dispuestas a integrar el tribunal y los elegidos resultaban extraños por sus antecedentes. Entre ellos fue propuesto Diego Portales, acaso por haber estado en el extranjero, pero no podía desconocerse que su padre había sido tratado "con desprecio y dureza" por creérsele partidario de Carrera, según el propio Portales.

La designación era un presente griego y el joven comerciante tuvo el tacto de renunciar a ella. Con ese motivo escribió una carta personal a Ramón Freire en su calidad de Director Supremo, a quien le ligaba la

---

[25] Renuncia de don Diego Portales como miembro del tribunal de residencia, 9 de mayo de 1823. *Colección de historiadores y de documentos relativos a la independencia de Chile,* tomo XXXVI, pág. 181.

amistad[26]. Su opinión sobre el gobierno de O'Higgins no era favorable, a pesar de lo que había escrito en Perú, seguramente porque ahora pudo informarse mejor y conocer todos los detalles del periodo final de la dictadura.

Censuraba al prócer porque había ahogado "cuanta libertad podía tímidamente pedirse" y luego agregaba interesantes consideraciones: "Tengo de los hombres que entonces hicieron el gobierno una impresión desfavorable que me impide apreciar con independencia los actos en que intervinieron. Reconozco en el señor O'Higgins servicios muy apreciables a la causa de la independencia del país y aun me parece que no es prudente ni digno someterlo a residencia porque en el estado actual de las cosas lo que más conviene es que salga rápidamente del país para evitar las agitaciones que su proceso deberá provocar".

Más adelante proseguía: "Un juez debe ser ante todo un hombre que no tenga ni propósitos ni ideas preconcebidas contra el que va a juzgar. Yo no tengo propósitos ni favorables ni desfavorables contra el señor O'Higgins, porque no lo conozco ni nada he recibido de él, pero tengo prevenciones demasiado fuertes contra este señor, por motivos que están demás explicar. A los desaires que infirió a los míos se cuentan mis opiniones adversas a su obra en el poder, que se señaló por algunos crímenes que fueron inútiles y que en nada allanaron el afianzamiento de su poder. Esta prevención contra el señor O'Higgins, ¿no cree Ud. que me impide constituirme en juez de un hombre que no aprecio? Yo no tendría tranquilidad de espíritu para oír y dar cuenta de los robos que se hicieron bajo su nombre, ni sabría encubrir mi disimulo, cuando se descubran los asesinatos de los Carrera, los destierros contra los Ureta, Vigil, Eyzaguirre y tantos otros que fueron humillados. Yo no sería juez; sería un verdugo vestido con la toga del magistrado...".

En un rasgo de decencia, Portales manifestaba no poder compartir el cargo de juez con las otras personas designadas por considerar oscura su posición. Tres de ellos habían estado vinculados al gobierno de O'Higgins, de modo que si habían sido incluidos para que el juicio fuese favorable, él no estaba dispuesto a hacer de comparsa. En caso de disponerse a ser verdaderos jueces, no quería actuar junto a hombres desleales y desagradecidos.

Terminaba pronosticando que el juicio no conduciría a nada y que al mismo gobierno le convenía alejar a O'Higgins.

---

[26] Carta de Diego Portales a Ramón Freire excusándose de pertenecer al tribunal de residencia, 10 de mayo de 1823. Colección y tomo citados, pág. 182.

Librado de ese compromiso, continuó en sus negocios, que le permitieron aumentar su capital. Se radicó algún tiempo en Valparaíso, siempre en sociedad con José Manuel Cea, y estableció vinculaciones con muchos comerciantes y personajes de la política, entre ellos Manuel Rengifo y Diego José Benavente.

Los negocios giraban en torno a la adquisición, en el puerto, de azúcar, yerba mate y productos americanos diversos que vendían a comerciantes chilenos; la exportación de harina, cobre y otras especies y el aprovisionamiento de los barcos. Eventualmente negociaban manufacturas europeas.

Las cartas de ese periodo consignan negocios muy variados y permiten apreciar operaciones financieras laberínticas, entre exigencias de los acreedores y por parte de la compañía a sus deudores, como también compromiso con el Estado, cumplimiento de plazos, prórrogas, argucias, ruegos e imprecaciones.

Una de las epístolas, dirigida a un agente en Santiago, da cuenta del abandono de Lima por los patriotas y el repliegue a las fortalezas del Callao donde se habían encerrado más de 5.000 hombres con víveres para no más de cincuenta días. Al mismo tiempo se preparaba una expedición a puertos intermedios para liberar el sur de Perú.

Portales no se sentía mayormente preocupado por los hechos y estimaba que eran muy favorables para sus negocios si se aprovechaba la oportunidad[27]. Estaba pensando seguramente en el aprovisionamiento del Callao y la apertura de los puertos intermedios y sus regiones interiores, que habían sido mercado tradicional para los productos chilenos.

Una vez más las armas podían abrir campo a las mercancías.

Dos años más tarde, en la vida del comerciante se amalgamaban la política y la guerra. En octubre de 1825 era designado por Freire para integrar el Consejo Consultivo, creado como organismo asesor del gobierno a falta del Congreso, recién disuelto. Colocado en esa situación, no tuvo reparo en obtener para la firma Portales y Cea la contrata de aprovisionamiento de la expedición destinada a liberar la isla de Chiloé. La suma total debía superar los 100.000 pesos, que el gobierno se comprometió a pagar de la siguiente manera: 40.000 pesos adelantados en dinero efectivo y el resto en documentos contra aduanas y los fondos del diezmo.

El negocio se efectuaba, por lo tanto, con los propios dineros fiscales, al menos en parte[28].

---

[27] Carta de 20 de julio de 1823. *Epistolario*, I, 209.
[28] Benjamín Vicuña Mackenna, *El libro del cobre* (Santiago, 1966), pág. 167.

En las costumbres administrativas de la época andaban curiosamente ligados los negocios particulares con los del Estado, la política, la ganancia y la lucha heroica. En su calidad de consejero Portales prestó su aprobación, en aquellos mismos días, a un empréstito hecho por la Compañía Minera Anglo-Chilena para contribuir con 120.000 pesos al financiamiento de la expedición de Chiloé bajo condiciones extrañas en que, naturalmente, la empresa esperaba sacar buenas ganancias[29].

[29]   Barros Arana, *Historia jeneral de Chile,* tomo XIV, pág. 616.

El estanco: un negocio oscuro y audaz

A mediados del siglo XVIII la corona española implantó en Chile el estanco con el objeto de aumentar sus ingresos. Los estancos provocaban resistencia porque como organizaciones monopólicas del Estado adolecían de defectos en sus operaciones y entregaban productos de calidad inferior a precios superiores. Por lo menos así se pensaba; aunque bajo las críticas se movían los intereses de los comerciantes, marginados de un rubro que podía dejarles ganancias considerables.

Debido a esas razones, cuando se anunció que la importación, distribución y venta del tabaco y del polvillo o rapé sería negocio exclusivo del Estado, se despertó el descontento, circularon pasquines, y grupos airados amenazaron asaltar las bodegas del estanco.

Con los años el estanco funcionó regularmente y llegó a constituir la segunda renta fiscal, después de la de aduanas. Fue por esa causa que durante el gobierno de Freire, en 1824, se pensó en destinar esa renta exclusivamente para el pago de la deuda externa.

Esta provenía del empréstito contratado en Londres por Antonio José de Irisarri en 1822, consistente en un millón de libras esterlinas, convertido en cinco millones de pesos chilenos. El tiempo iba pasando y los vencimientos semestrales sobre Londres no habían sido servidos, de modo que la deuda se acumulaba onerosamente. En los círculos gubernativos existía la impresión, quizás justificada, de que el estanco no rendía en forma adecuada por defectos en su administración y que si era traspasado a una empresa particular daría grandes beneficios, como lo habían sugerido "algunos comerciantes" según Barros Arana. De esa manera, se pensaba, la organización que se hiciese cargo podría servir la deuda hasta extinguirla y lograr un interesante margen de ganancias para ella[30].

El ministro de hacienda, Diego José Benavente, que impulsaba fuertes innovaciones en su ramo, hizo suya la idea y se valió del fiscal de la

---

[30] Un estudio detallado sobre el estanco ha sido hecho por Hugo K. Kyonen López en su memoria de prueba "El estanco del Tabaco bajo Portales, Cea y Compañía" [Universidad de Chile, 1955). Sin embargo, en ese estudio inédito no hay un verdadero avance sobre lo afirmado en las obras generales.

 El mejor análisis ha sido efectuado por Melchor Concha y Toro en su obra *Chile durante los años de 1824 a 1828. Memoria histórica* (Santiago, 1862).

Inspección General de Cuentas y senador Agustín Vial Santelices, para promover una ley de traspaso del estanco a alguna compañía privada.

La ley fue aprobada y publicada en enero de 1824, agregándose a los productos estancados los naipes, vinos y licores extranjeros. Se acordaba, además, una tentadora oferta de 300.000 pesos de préstamo por parte del Estado, libre de intereses y en dinero o tabaco existente en el estanco, avaluado a un precio inferior al del mercado.

Detrás de la gestión se encontraba indudablemente Diego Portales, amigo de Benavente, y que contaba, además, con la influencia de su cuñado José Ignacio Eyzaguirre, que era, aliado de Vial Santelices, el otro fiscal de la Inspección.

En virtud de la convocatoria, se presentó la compañía de Portales y Cea, bien conocida en el estrecho círculo de los negocios chilenos, pero que carecía del capital necesario para una empresa tan grande. Sin embargo, en sus cálculos debía entrar el elevado préstamo de 300.000 pesos, que haría posible sus operaciones.

Ninguna otra compañía se presentó a la licitación.

No obstante, las cosas no anduvieron bien. En el Senado hubo tropiezos a pesar del informe favorable de la fiscalía de la Inspección de Cuentas y del empeño puesto por el director supremo delegado, Fernando Errázuriz, hermano del comerciante Ramón Errázuriz, involucrado en la futura empresa.

Finalmente, la propuesta fue rechazada y el Senado aprobó una nueva ley que cambió por completo los planes. El estanco se dividía en tres: uno para el tabaco, otro para los naipes y otro para vinos y licores extranjeros. Se les adjudicaría, además, mediante remate por localidades, tal como se hacía con el impuesto del diezmo, de modo que serían muchos los participantes.

La nueva ley, elaborada con prisa, suscitó muchas dudas y no llegó a aplicarse.

Portales se mostró disgustado con el cambio, porque había confiado en sus planes. En esos días escribía a un conocido suyo, abogado y comerciante, Dionisio Fernández Garfias: "Yo habría tenido un placer en haberle proporcionado en el negocio de tabacos un interés capaz de lisonjearle y de compensar sus trabajos en el negocio; pero este es ya concluido, y por resolución del areópago o senado debe rematarse por doctrinas, a manera de diezmos"[31].

---

[31] Valparaíso, 20 de marzo de 1824. *Epistolario.* I, 222.

Los sucesos políticos vinieron en ayuda de Portales y Cea, pues a raíz de la inestabilidad política el Senado fue disuelto y Ramón Freire reasumió la dirección suprema con poderes discrecionales. Y se llamó a propuestas cerradas, que debía decidir el ministro de hacienda. Considerando que la mejor proposición era la de Portales y Cea, aquel determinó adjudicar el negocio a esta compañía y encargó a dos altos funcionarios de la Caja de Descuentos la celebración del contrato. Eran ellos don Francisco Javier Errázuriz y Domingo de Eyzaguirre, el primero hermano de Ramón Errázuriz y el segundo emparentado con Portales, sin que ello significara manejos oscuros, porque ambos eran muy honestos. Es posible, con todo, que en la época hubiese sospechas, más que nada por las condiciones en que se entregó el estanco.

El contrato, celebrado el 20 de agosto de 1824, estableció en favor de la compañía por diez años, el monopolio del tabaco, naipes y licores extranjeros, agregándose también el té. Los derechos de internación de los licores se reducían a la mitad y las restantes especies quedaban exentas de toda contribución. Se prestaban a la compañía 500.000 pesos en tabacos de buena calidad, avaluados en la mitad del precio de venta. No se pagarían intereses por ese capital, que al concluir el contrato sería devuelto hasta 200.000 pesos en tabaco a la mitad del precio de venta y el resto en dinero.

Los contratistas debían rendir una fianza de 315.000 pesos por el préstamo y el resto, hasta completar el total, sería cubierto con las fianzas que rindiesen los administradores que se hiciesen cargo de las ventas en cada distrito.

Quedaba obligada, la sociedad, a pagar a los acreedores en Londres, la cantidad de 355.250 pesos al año.

El Estado se comprometía a prestar su apoyo a la compañía y facilitaría una guardia para proteger las bodegas y oficinas del estanco. La compañía, por su parte, quedaba facultada para tomar todas las medidas necesarias para evitar que el monopolio fuese burlado.

El contrato fue sancionado por decreto firmado por Freire y Benavente y agregó algunas disposiciones, seguramente por indicación de la compañía, para asegurar sus operaciones. Solamente ella podría cultivar tabaco en el país y todas las personas que poseyesen partidas de las especies estancadas deberían consumirlas o venderlas a los contratistas en el plazo de quince días y a precios corrientes[32].

---

[32] *Boletín de las leyes,* reimpresión oficial, Valparaíso, 1845, tomo I, págs. 229 y 237.

La empresa, mientras tanto, para dar solvencia al negocio y contar con mayor capital, había incorporado a varios comerciantes de sólida posición: Onofre Bunster, Ramón Errázuriz, Diego Antonio Barros, Felipe Santiago del Solar, Domingo Bezanilla, Francisco Javier Urmeneta y Agustín Valero.

Es interesante observar que la compañía se había propuesto en un comienzo operar exclusiva o principalmente con el préstamo del Estado y que debido a tempranos apuros debió recurrir a fondos propios[33]. Era una audacia muy grande, que aclara en parte el ulterior fracaso.

Los términos del contrato y la forma de proceder para su formalización suscitaron críticas en su época y han llamado la atención de los historiadores. El gobierno se apartó de la modalidad acostumbrada de un remate y prefirió las propuestas cerradas, que fueron ganadas por la compañía que había gestionado el asunto, en un procedimiento que las leyes prohibían[34]. Abandonó también la idea sostenida en el Senado del remate por rubros y separadamente en cada distrito. El préstamo a la compañía, que inicialmente se había señalado en 300.000 pesos, fue subido a 500.000 que no pagarían intereses, y se agregó la rebaja del impuesto de licores y la exención de los demás productos. Enojosa era la prohibición de cultivar tabaco, que dañaba algunos intereses privados.

Esas disposiciones favorecían las operaciones de la empresa, en lo que debe verse no solo la actitud de esta, sino también el deseo del ministro Benavente de rodearla de garantías y condiciones favorables, de modo que sus tareas fuesen un éxito y pudiese atender realmente al pago del empréstito, visto como un monstruo que crecía amenazador[35]. Pero a la vez, es natural que los contemporáneos estimasen abusivos los privilegios otorgados a la sociedad, cuyas conexiones con el gobierno y los funcionarios de la hacienda pública eran conocidas por todos.

El nuevo Congreso reunido en 1824 tuvo conocimiento indirecto del contrato y, alarmado por las noticias que circulaban, ofició al gobierno para que remitiese los papeles del caso. La preocupación de la asamblea se originaba en los inconvenientes que siempre había causado el mono-

<hr>

[33] Carta de Portales, Cea y compañía de 5 de julio de 1826. *Sesiones de los cuerpos legislativos de la República de Chile,* tomo XII (Santiago, 1889), pág. 201.

[34] Acuerdo del Congreso. *Sesiones de los cuerpos legislativos,* tomo X, pág. 399.

[35] Un acertado enfoque del problema fue planteado por Luis Pereira en su artículo *Rasgos biográficos de don Diego José Benavente,* en *Anales de la Universidad de Chile,* 1869, primer semestre, pág. 445.

polio y los abusos y arbitrariedades que debía sufrir toda clase de gente, "pues si se ha contratado el estanco, no se ha arrendado la paciencia de las magistraturas, para tolerar tales abusos, ni la de los pueblos, para que sean sacrificadas con escándalo a sus aspiraciones"[36].

La indignación del Congreso no pudo llegar más lejos, porque celebrado ya el contrato no se podían cambiar sus disposiciones sin comprometer al Estado.

Pronto el descontento contra Portales, Cea y compañía se expandió de los círculos capitalinos a todo el país debido a los procedimientos empleados por ellos y sus agentes, según refiere Barros Arana. "El estanco –escribe el historiador– era la más odiada de las contribuciones, y la que más se prestaba a ser burlada por fraudes y contrabandos. Era indispensable impedir estos fraudes por medios eficaces y rigurosos para que la negociación rindiese los frutos que se apetecían; pero la aplicación de esas medidas por una empresa privilegiada, sin llegar nunca a ser efectiva, iba a hacerla más detestada y a desprestigiarla. Las reglas fijadas en aquellas instrucciones para la compra inmediata de todas las especies estancadas que había en el país, para el comiso de las que no se ofreciesen en venta, para el premio a los denunciantes y espías que descubriesen cualquier ocultación, o al que descubriese o quemase alguna sementera de tabaco, justifican abundantemente la condenación pronunciada por la ciencia económica contra la percepción de los impuestos por medio de contratos de esa naturaleza, e hicieron mucho más odioso el monopolio, sobre todo cuando se le vio ponerse en planta por medio de agentes ávidos y altaneros que buscaban su provecho particular en la persecución de contrabandos verdaderos o supuestos, y que abusaban del apoyo que tenía que prestarles la fuerza pública. Aunque ese régimen de administración del estanco no duró más que cuatro años, mucho tiempo después se recordaban con horror entre la gente del pueblo, y sobre todo entre los moradores de los campos, las visitas domiciliarias de los agentes subalternos del estanco, a los cuales era permitido registrar las casas y recorrer todas las heredades. Los empresarios tuvieron, además, un buque armado para recorrer las costas y evitar el contrabando, visitando e inspeccionando los barcos que pudiesen hacerlo"[37].

Esos procedimientos eran la prueba más palpable de las dificultades que tenía la compañía para hacer respetar las disposiciones del estanco,

---

[36] *Sesiones de los cuerpos legislativos,* tomo X, pág. 399.
[37] *Historia jeneral de Chile,* tomo XIV, pág. 339.

que significó, por otra parte, efectuar crecidos desembolsos para mantener la vigilancia. Y todo con escasos resultados.

La misma compañía, en carta al ministro Benavente, especificaba los inconvenientes con que tenía que luchar: "Los contrabandos no solamente se emprenden al abrigo de la ocultación, sino que ha habido vez que han sido sostenidos a mano armada. Las siembras de tabacos se permiten en los territorios sin el menor respeto y sumisión a las órdenes de gobierno, siendo unas veces cómplices los mismos jueces territoriales y tolerándose otras, no como una infracción contra los primeros intereses del Estado, sino considerándolo como un equitativo descuento que se hace a unos empresarios monopolistas y que rebosan en riquezas fiscales... Nosotros no tenemos hombres ni caudales para registrar palmo a palmo los territorios de la extensión del Estado, ni menos sus cordilleras; pero en los exámenes practicados conforme a nuestros alcances, se han encontrado más de trescientas sementeras de tabaco, algunas con más de cuarenta mil plantas".

Más adelante los socios continuaban: "el éxito de esta empresa, indudablemente ha pendido y pende de la influencia y respetabilidad de los que la manejan, de la sumisión a las providencias legales que ellos dicten. Una vez burladas, casi no hay arbitrio para reparar los daños que se siguen si los contraventores no son escarmentados legalmente, y del modo que no puede esperarse en una época en que cada uno se cree autorizado para obrar como quiere y en que la lenidad o disimulo de la mayor parte de los que administran la justicia, autoriza, digámoslo así, a contravenirlas con la confianza en la impunidad. ¿Y qué éxito podremos esperar nosotros en una negociación cuyo principal apoyo y garantía consiste en la inviolabilidad de los pactos, y en la eficacia y respetabilidad de las providencias para sostenerlos? Cuantas se dicten pueden ser estériles, especialmente después de exaltada y generalizada como está la opinión contra los empresarios. Bastante lo comprueba el grito tan notorio como general que se ha levantado contra nuestras personas. Cuando antes de la empresa nos lisonjeábamos de merecer, por nuestra conducta, el mejor concepto, hoy, sin haberla variado, somos el objeto del odio y maldecidos por todos. Cada día oímos una nueva anécdota sobre nuestros procedimientos, en que, o somos pintados como detestables o puestos en ridículo. Son muy raros los que no nos nombran con los epítetos más odiosos y degradantes; infinitos pasquines han llegado a nuestras manos que, dentro y fuera de Santiago, amanecen, levantando contra nosotros las imposturas más horrorosas para concitar el odio público. Los ataques de las prensas, y todo, todo ha contribuido a enervar la fuerza de la opinión del crédito y de la respetabilidad que necesitamos para hacer efectivas nuestras providencias. Se ha llegado a suponer que hemos entrado en la empresa por hallarnos fallidos [arruinados] y sin otro objeto que el de hacer nuestra fortuna, dejando arruinado y en descubierto al erario. Sólo se oye que no hay un ministro a quien no hayan cohechado, y con quien no tengan compañía los empresarios; ellos son los que absorben las rentas fiscales; ellos los que se prevalen de las angustias del tesoro para sacar los partidos más ventajosos e ilegales, etc., etc."[38].

La comunicación recordaba, todavía, la inutilidad de las reclamaciones hechas al gobierno y la ineficacia para terminar con todos los abusos. Haber recurrido a la justicia habría sido llenarse de mil pleitos engorrosos y dedicar toda la atención a ellos.

No debe creerse, sin embargo, que tales tropiezos fuesen la causa principal del fracaso. En la misma carta se refieren las primeras gestiones y los cálculos erróneos que deterioraron la base de la empresa. Al hacerse cargo del estanco, resultó que se encontraban en mano de comerciantes y particulares cantidades de tabaco, té, naipes y licores, mucho más grandes de la supuesta y se hizo muy difícil adquirirlas, como disponía el contrato. Muchos, además, ocultaron especies para su consumo, quedando reducida la demanda del mercado. El asunto era más complejo en cuanto el préstamo del Estado se hizo efectivo inicialmente solo por 300 y tantos mil pesos en especies, debiendo recurrir los socios a sus propios capitales para la compra. Por otra parte, los dueños de productos estancados se negaron a entregarlos al crédito por desconfianza en la compañía que emprendía un negocio tan voluminoso.

Entretanto, las ventas escasearon y no hubo ninguna ganancia real, de modo que al cumplirse en septiembre de 1825 el plazo del primer vencimiento del empréstito inglés, la compañía reunió el dinero que pudo y obtuvo préstamos en casas extranjeras establecidas en Chile en libranzas sobre Londres. Comenzaban a pagarse esos créditos, cuando hubo que iniciar un nuevo desembolso para atender el vencimiento de marzo de 1826[39].

A estas alturas existía la mayor desconfianza hacia Portales, Cea y Cía. en los círculos políticos, en el comercio y aún en el gobierno, sin contar la animosidad general. Así las cosas, la asamblea provincial de Coquimbo,

---

[38] Carta ya citada, en *Sesiones de los cuerpos legislativos,* tomo XII, pág. 201.

[39] Este arreglo fue más complicado, pero simplificamos su tratamiento para evitar prolijidad.

solicitó al gobierno el término del estanco en su distrito, comprometiéndose a pagar la cantidad que proporcionalmente le correspondiese en el servicio de la deuda externa. La firma del estanco respondió al ejecutivo con fecha 20 de abril, que la petición era improcedente, pero manifestó a la vez su consentimiento para rescindir el contrato con la condición de que se le diese una indemnización en efectivo equivalente a sus gastos, deudas y afanes, agregando que la compañía solo había tenido pérdidas hasta ese momento[40].

Por primera vez se sugería la posibilidad de poner término al contrato, siendo la misma empresa la de la iniciativa.

Como el gobierno no se diese por aludido, once días más tarde Portales y Cea insistieron en su proposición[41].

La posición de la compañía descansaba en varios supuestos: que los malos negocios no eran culpa de ella y de sus cálculos erróneos y que el fracaso se debía a factores ajenos, como era la situación del país y la imposibilidad de luchar contra las malas prácticas y engaños. También aludían al escaso apoyo oficial y el atraso experimentado inicialmente en la entrega de 120.000 pesos para completar los 500.000 del contrato. Agregaban, todavía, como otro factor, el descrédito público de la compañía por haberse hecho cargo del negocio y las influencias indebidas que se le imputaban.

Algunas de esas consideraciones eran atendibles; pero otras no podían comprometer al Estado y eran de exclusiva responsabilidad de la empresa o se debían a factores imponderables, que forman parte del riesgo en cualquier negocio.

Pesando todas las circunstancias, el fracaso del estanco provino de la audacia ante un espejismo: la tentación de grandes ganancias sin contar con capitales suficientes y propios ni una organización con experiencia y eficacia. No se midieron tampoco las dificultades reales del negocio ni la reacción y las artimañas de toda clase de gente en el trasfondo general de pobreza dejado por la Independencia. Fue una aventura económica impulsada por Portales y su amigo Cea.

En el mes de julio la situación del estanco se hizo apremiante. Los acreedores ingleses reclamaron por el incumplimiento de la compañía y el gobierno tuvo que informar al Congreso que, a su vez, comunicó a aquel la necesidad de apremiar a los concesionarios del estanco para el cumplimiento de sus obligaciones.

[40] *Sesiones de los cuerpos legislativos,* tomo XII, pág. 204.
[41] Colección y tomo citados, pág. 324.

La respuesta de ellos fue una repetición de sus anteriores argumentos y una notificación de que los males se habían agravado. Debido a los inconvenientes, los socios no estaban reuniendo fondos para pagar el próximo dividendo de septiembre mientras "subsistiesen y no se nos allanasen por parte del gobierno y de los pueblos los graves inconvenientes y dificultades que entorpecían y paralizaban la marcha de la negociación". Agregaban que estaban en "completa inacción y recibiendo daños que ya no era posible remediar". Desde Santiago salían a todos los puntos rumores fatales sobre la suerte del estanco, los administradores y agentes de la organización estaban desmoralizados y negligentes y en Valparaíso se negaba el crédito a la compañía, aun para abastecerse de ciertos artículos[42].

Con gran sinceridad, los empresarios recordaban que la principal base con que habían abordado el negocio del estanco había sido la posibilidad de obtener crédito en el comercio, quedando confirmada la debilidad de la compañía y el riesgo corrido por los socios.

Finalmente, manifestaban sin ambages la decisión de no cumplir con el contrato, salvo si se les allanasen los inconvenientes, se les indemnizase de los perjuicios recibidos y se restableciese la situación necesaria para llevar adelante el negocio.

Se percibe en estas últimas consideraciones, deslizadas en pocas palabras y nada convincentes, el propósito de comprometer al Estado en la situación que había afectado al estanco, al parecer por no haber apoyado sus procedimientos prácticos; pero no eran atribuibles a este la deshonestidad de los ciudadanos, los rumores contra la empresa, el deterioro de su prestigio y el cierre del crédito.

De seguir el raciocinio de los estanqueros, el Estado debía socorrer a cualquier empresa que celebrase contrato con él, aunque los males proviniesen del ambiente general y de los inconvenientes propios del negocio.

El Congreso, entretanto, insistió ante el gobierno para que la compañía cumpliese con los pagos en Londres y luego, en conocimiento de los papeles del estanco, acordó se procediese judicialmente contra la sociedad y el 23 de agosto designó a un abogado para gestionar la ejecución.

El 6 de septiembre, finalmente, el Congreso acordó por unanimidad rescindir el contrato y la vuelta del estanco a la administración del Es-

---

[42] Oficio de 26 de julio de 1826. Colección y tomo citados, pág. 291.

tado y tiempo después desistió de llevar adelante el juicio de ejecución, disponiendo que el gobierno y la compañía designasen una comisión de árbitros con igual número de integrantes por ambas partes para "transigir y concluir" la liquidación[43].

"Transigir" significaba llegar a un acuerdo razonable y equitativo, de modo que los árbitros quedaban en libertad para determinar en conciencia y no necesariamente en derecho.

Se había buscado de esa manera desligar a los asentistas del tabaco de las obligaciones del contrato, acoger sus peticiones de indemnización y otorgarles un beneficio. Si tal determinación era justa es muy discutible y se prestó, en todo caso, para mayores críticas.

En conformidad con aquella decisión, las partes constituyeron la comisión ante notario, quedando integrada por dos miembros de cada parte, que actuarían como "árbitros arbitradores, y amigables componedores"[44]. Los designados fueron Santiago Echevers, ministro de la Corte de Apelaciones, y José María Rozas, prior del Tribunal del Consulado, por parte del Estado, y Fernando Antonio Elizalde, fiscal de la misma Corte, y el comerciante español Benito Fernández Maqueira por parte de los estanqueros. Este último fue reemplazado por Manuel Rengifo debido a su renuncia.

El desempeño de los jueces fue arduo y debido a la complejidad de las cuentas y la imposibilidad de ponderar objetivamente algunas situaciones no previstas, optaron por "la razón y la equidad" para conciliar los intereses de las partes. Estaban en su derecho para hacerlo, pero algunas de sus determinaciones dejaron atrás la prudencia o fueron francamente antojadizas. Comenzaron por declarar que el término del contrato se debió a la decisión unilateral del Estado y que, por lo tanto, cabía indemnizar a la otra parte por los perjuicios que se le irrogaban, bajo el concepto de lucro cesante, daños morales y por las ganancias previsibles en el futuro, estimación, esta última, bastante ilusoria.

Para ese efecto se asignó a la compañía el derecho de un 8% sobre el total de compras y ventas realizadas, calculadas en 1.639.799 pesos que, en definitiva, debido a algunos descuentos, correspondió a 87.260 pesos, cantidad muy elevada para una negociación tan breve.

Una consideración correcta de esa decisión debe tener en cuenta que había sido la misma compañía la que había sugerido el término

---

[43] *Sesiones de los cuerpos legislativos,* tomo XIII, pág. 28.
[44] *La Aurora,* 25 de enero de 1828.

del contrato, de suerte que no había existido ninguna arbitrariedad por parte del Estado y moralmente no cabía solicitar una indemnización. A mayor abundamiento, la decisión del Congreso no había sido objetada por la empresa.

Una segunda decisión que arroja sombras en el asunto fue el acuerdo de considerar a Portales, Cea y compañía no como una empresa comercial, sino como administradora de un ramo fiscal. Es decir, habría realizado un trabajo para el Estado y no un negocio propio, y el fisco debía hacerse cargo del debe y el haber o, más sencillamente, de las deudas dejadas por la empresa. El país debía cargar con el desacierto, además de la parte insoluta de los vencimientos sobre Londres.

Esa interpretación del contrato era tanto más discutible en cuanto el sistema administrativo de la época era tergiversado en su método y en su espíritu.

Desde la época colonial el cobro de algunos impuestos era rematado a asentistas particulares que pagaban una suma alzada y quedaban con el derecho a cobrar y percibir la contribución respectiva. Pero ese método no implicaba obligación económica ninguna para el fisco y los asentistas corrían con el albur de un buen o mal negocio. En el caso del estanco, ese había sido el modelo, aunque irregular en la concesión; pero los árbitros, en lugar de reconocerlo así, atribuyeron a la compañía, en forma ficticia, un carácter de simple administradora por cuenta del Estado.

En su asentamiento, los jueces compromisarios incluyeron, a pedido de Portales, un artículo según el cual la empresa recompensaría con 100.000 pesos a quien descubriese suplantación de partidas, inexactitud, dolo o fraude en sus libros.

Los historiadores han referido ese hecho como prueba de impecable honradez, pero es una falsa apreciación, porque solo fue garantía de la corrección de las cuentas[45].

Nada podría subsanar las censurables condiciones que rodearon la negociación de comienzo a fin.

---

[45] Es curioso comprobar cómo los historiadores han resbalado superficialmente en las sombras del estanco, sin profundizar realmente en los aspectos objetables desde el punto de la ética pública: el procedimiento para entregar la concesión y los términos de esta, la audacia de los empresarios y los criterios fijados para la rescisión. Tampoco han reparado en los procedimientos dolosos en la liquidación de cuentas, que Melchor Concha y Toro expuso en 1862 en la obra ya citada, ampliamente conocida por los investigadores.

Generalmente se escabulle el tema, anotando que la gente de la época criticó la negociación, como si ello hubiese sido injusto.

Establecidas las condiciones para poner punto al contrato, hubo que ajustar las cuentas, conforme los libros de la compañía, tarea que fue confiada a dos comerciantes de prestigio, Juan Diego Barnard y Horacio Gerauld. En ese cometido hubo nuevos tropiezos, pero finalmente la liquidación quedó concluida en septiembre de 1828.

Referir todos los detalles del acuerdo de liquidación y ajuste de las cuentas sería sumamente engorroso; pero hay hechos que no se pueden dejar pasar por alto. En un comienzo las cuentas exhibidas por la compañía fueron entregadas a la Caja de Descuentos para que las revisase y formulase sus observaciones en caso de haberlas. La Caja alcanzó a formular los reparos; sin embargo, a petición de Portales y Cea se dictó un decreto que la marginó del conocimiento de la materia y se designó un fiscal *ad hoc*, don José Joaquín Rodríguez Zorrilla, como defensor de los derechos del Estado[46].

También hubo dificultades entre los liquidadores, que formaron las cuentas sin esperar algunas aclaraciones solicitadas a la Caja de Descuentos y uno de los árbitros, Santiago Echevers, se negó a suscribir el acuerdo de sus colegas.

Mientras tanto, el fiscal Rodríguez Zorrilla había sido reemplazado por don José Santiago Montt, por razones ajenas al asunto, y en conocimiento de lo obrado formuló reparos de fondo y acusó a su predecesor de no haber defendido los derechos del Estado. Una de sus decisiones fue rechazar el traspaso al fisco de la fragata *Revolución*, que la compañía del estanco deseaba entregar en calidad de "especie estancada" para completar el valor del reintegro que debía efectuar por aquel concepto.

Melchor Concha y Toro al estudiar estas materias y señalar cifras concretas e indudables, concluye que la pérdida fiscal ascendió a 890.456 pesos. Esa suma equivalía al doble del rendimiento anual y ordinario del estanco y era casi igual a la renta proveniente de las aduanas, que era la más gruesa entrada del fisco. Correspondía, además, a más de la mitad del presupuesto de la nación.

El calor bastante elevado de todos estos asuntos dejó algunas marcas que pesaron desde entonces en la beligerancia política que fue envolviendo a Portales. Tanto él como sus socios, amigos y funcionarios públicos que actuaron en los tratos del estanco fueron denominados estanqueros por sus enemigos, denostándolos así con el recuerdo del negocio[47].

---

[46] Melchor Concha y Toro, *Chile durante los años de 1824 a 1828*.
[47] Concha y Toro, obra citada.

Otra consecuencia, deplorable para el prestigio de Chile en el exterior, fue la protesta de los acreedores ingleses, que en Londres acosaron al embajador don Mariano Egaña y propalaron las más graves opiniones contra el gobierno chileno. Una reunión de ellos amenazó con recurrir al ministro George Canning en busca de una acción gubernativa y se llegó a sugerir la designación de dos delegados para examinar las rentas de Chile.

Egaña obtuvo algún dinero para pagar parte del primer dividendo, pero luego no pudo concertar nuevos arreglos, y, sin recibir comunicaciones oportunas de Santiago, solo pudo contener a los acreedores con promesas que al fin resultaron falsas. La indignación subió de punto muchas veces y Egaña escribió a su padre: "casi me he muerto y tirito al acordarme de esto". En otra carta comentaba, no sin humor, que "entre tanto, Cea, Portales, Gandarillas, Errázuriz y *el héroe de la vega de Talcahuano* [Freire], viven, comen, brindan; hacen listas para elecciones de diputados y van a pasar a la posteridad"[48].

Resumiendo su situación, decía que pasaba por "insigne mentecato". Así quedó el crédito de Chile por muy largos años.

A raíz del negocio, Portales vio acentuarse su abominación contra el desorden y la falta generalizada de moral, atribuyéndole fuerte incidencia en el fracaso, igual que en Lima. Era la inmoralidad de toda la gente, los abusos, el engaño y las intrigas y no tanto las perturbaciones políticas, que no aparecen mencionadas en sus papeles de aquellos años. Pero de acuerdo con su pensamiento, tal como aparece antes y después, debía corresponder al gobierno "enderezar" y "moralizar" a los ciudadanos.

El cuanto a la fortuna de Portales, el negocio del estanco le fue favorable y no podía ser de otra manera dadas las condiciones que rodearon toda la gestión. No sabemos cuánto pudo ser el capital de la firma Portales y Cea después de sus ruinosas actividades en Perú y tampoco si al reinstalarse en Chile tuvo un éxito económico sustancial; pero todo hace suponer que su giro no era muy holgado al comprometerse en el estanco.

Mientras se concluía la liquidación con el Estado, los dos socios y amigos decidieron poner término a su compañía y celebraron un convenio, en julio de 1828, para dividir los bienes y el capital en giro[49]. Cea

---

[48] En el periódico *El crisol* de fecha 28 de agosto y 15 de septiembre de 1829, Portales respondió en un artículo titulado *Estanco* a quienes señalaban la existencia de un bando de estanqueros y sus oscuros manejos. No respondió, sin embargo, a los asuntos de fondo del negocio, desvirtuando solo cuestiones de menor alcance.

[49] El documento se encuentra en el Archivo Nacional, Archivo Judicial de Valparaíso, legajo 1018, tercera serie, fojas 1 a 48.

reservó para sí un importante conjunto de bienes raíces en Valparaíso: una casa de altos en que habían residido los gobernadores del puerto, junto al castillo de San José, todos los terrenos, patios y los edificios viejos inmediatos al cerro; en la plaza, una casa grande con seis almacenes subterráneos; en otro costado de la plaza, una casa de tres cuerpos; un sitio junto a esa casa y otro sin edificio alguno en el Almendral.

También se adjudicaron a Cea las deudas que había a favor de la sociedad y quedó obligado a pagar las deudas de esta, exceptuadas las provenientes del estanco.

Portales recibió todas las acciones y derechos procedentes del estanco, equivalentes a lo adeudado por el Estado con motivo de la liquidación. Le correspondían, en consecuencia, los 87.260 pesos que debía saldar el fisco, de los cuales debían deducirse las deudas de la sociedad con sus acreedores, cuyo monto es ignorado[50].

También se adjudicaban a Portales un sitio sin edificar, junto a la plaza, más la cantidad de 7.000 pesos en dinero pagables por Cea en compensación por el mayor valor representado por los bienes inmuebles.

Los datos no permiten establecer la cifra exacta de los capitales recibidos por don Diego Portales; pero los montos en juego dejan ver que no debió quedar en situación muy desmedrada. Él mismo comentaba por entonces a su amigo Benavente: "mi situación no es tan triste como Ud. se figura"[51].

Para una estimación de las cifras, digamos que las entradas fiscales de aquel año fueron de 1.660.000 pesos, que una casa comercial extranjera pagaba una patente anual de 200 pesos y un almacén corriente, 50 pesos.

[50] No se entiende cuál pueda ser el carácter de esas deudas, ya que el Estado se había hecho cargo de las pérdidas del estanco.
[51] Carta de 29 de julio de 1828. *Epistolario*, I, 270.

La honradez y sus manchas

La honestidad de Portales como hombre de negocios y estadista pasa por verdad indiscutible para admiradores y críticos. A nadie se le ha pasado por la mente dudar de ella, en lo que debe verse el influjo del mismo Portales, que reiteradamente mencionó su honradez con satisfacción no exenta de orgullo y tono épico.

Es indudable que una mirada superficial sobre sus procedimientos es aparentemente favorable. En los tratos con otros negociantes fue puntilloso, velando en forma obsesiva por el cumplimiento de sus obligaciones, así como exigía honradez a todos los demás. Sus cartas están llenas de datos al respecto, sea para cumplir compromisos onerosos aunque sus finanzas estuviesen por el suelo, como para señalar con indignación la deshonestidad de otros comerciantes.

El cumplimiento en los negocios era para él una condición fundamental en el desarrollo de la vida económica y por eso propició desde el gobierno la promulgación de la ley de 8 de febrero de 1837 sobre el juicio ejecutivo, que con sus disposiciones claras y rigurosas superó la ineficacia de la legislación dejada por la colonia. Los incumplidores comenzaron a caer con rapidez. Habría que pensar qué habría ocurrido a la compañía del estanco si se le hubiese aplicado esa ley.

Es bien sabido que como ministro renunció a sus sueldos y que en calidad de gobernador de Valparaíso cedió los de ese cargo a favor de las milicias del lugar. Eso cuando su fortuna estaba maltrecha y ahorraba hasta los centavos en una vida muy modesta.

Con todo, la integridad tuvo sus fisuras si nos atenemos a datos concretos avalados por su propia firma. Ya en los días de Lima, cuando los acreedores estaban al acecho para cobrar sus dineros, procuraba mantener en secreto una negociación favorable en Pisco e instruía a José Manuel Cea para que guardase reserva. Trataba de sustraer ese capital del pago de las deudas[52]. ¿No pensaba aún en la responsabilidad que debía tener un deudor?

Establecido en Valparaíso de vuelta de Perú, escribía a su agente en Santiago las siguientes líneas sobre una internación de 156 barriles de

---

[52] *Epistolario*, I, 187.

yerba mate, que debían pasar por la aduana, cuyas oficinas estaban en la capital: "Si le llegan a preguntar a Ud. por qué buque fue internada esta yerba, diga Ud. que no sabe, porque para no pagar la alcabala de provincia hemos hecho un enjuague"[53].

Comerciante despierto, en la misma carta indicaba que la yerba dulce de mejor calidad había sido revuelta con la mala para su venta. Cinco días más tarde remitía otra partida con el propósito de mezclarla en Santiago[54].

Por esos mismos días enviaba a la capital varios cajones con 175 docenas de sombreros de pita, pero en las guías se consignaban 5 docenas menos en la esperanza de que en la aduana no contasen todos los sombreros. Portales estimaba que 5 docenas eran una bagatela[55].

Otro caso en que resultaron defraudados los intereses del Estado es relatado por el propio Portales en enero de 1832. En esa oportunidad instruía a Garfias para que en el remate de los diezmos de Copiapó se arreglase con el otro postor, comentándole que aquel era un mal negocio y ofreciéndole 50 o 100 pesos para que no se presentase a la subasta y así poder conseguirlo él con menor desembolso[56].

Puede pensarse que esos casos no representan una gran deshonestidad y que entonces como hoy eran más o menos frecuentes. También puede señalarse que no hay indicios de similares manejos en otras cartas. No obstante, puede suponerse que no serían los únicos en la carrera del comerciante. Debe considerarse también que la documentación histórica siempre es incompleta, de suerte que los casos detectados no son necesariamente los únicos. Permiten estimar que tras de ellos hay una actitud más extendida. Pero aun sin entrar en suposiciones, es indudable que la honradez distó de ser intachable.

El caso es interesante, además, desde un punto de vista netamente historiográfico. Los estudiosos de Portales no han reparado en testimonios tan explícitos y han aludido sin la menor duda a su honradez. Ni siquiera Guillermo Feliú Cruz, uno de los editores de las cartas, pudo sustraerse a la sugestión de la honestidad. En nota colocada al asunto de los sombreros se pregunta si fue una "argucia" de Portales y en otras notas se refiere a su delicadeza y honradez.

Es un ejemplo de lo que indicábamos al comienzo de este libro: el investigador ve lo que está predispuesto a ver.

---

[53] *Epistolario*, I, 213.
[54] Lugar citado y pág. 216.
[55] *Epistolario*, I, 218.
[56] *Epistolario*, I, 380.

En relación con los intereses fiscales, además de los episodios aduaneros, la actitud de Portales fue contradictoria.

Estando de gobernador de Valparaíso y en mala situación económica, Antonio Garfias, de acuerdo con Estanislao Portales, se propusieron cobrar más de seis mil pesos que el gobierno le adeudaba y que estaban debidamente documentados. Su reacción, sin embargo, fue de gran indignación y escribió a Garfias en tono destemplado: "¿Están locos Estanislao y Ud.?". Solo así y por sus buenos deseos puede disculparse el paso que intentaban dar.

"Primero consentiría en perder un brazo que consentir en que se le cobrase un peso al fisco. Desechen Uds. tal idea como tentación del enemigo malo..."[57].

El episodio muestra una delicadeza notable, pues se trataba de sumas que realmente se le debían y era legítimo cobrar.

Esa misma delicadeza aparece eclipsada tres años más tarde, siguiendo en estrechura económica, cuando decidió llevar a cabo una gestión bastante anormal.

El año 1827, al ocurrir el llamado motín de Campino, desde la cárcel en que le pusieron los rebeldes, como simple particular y de manera oficiosa, sin acuerdo de nadie, solicitó de las cajas del estanco 3.700 pesos para repartirlos entre los soldados fieles, comprometiéndose a reintegrarlos de su propio bolsillo si el gobierno no se hacía cargo de la deuda. Aplastado el motín y liberado Portales, se inició un expediente para obtener la condonación fiscal, pero pasó el tiempo y no se avanzó nada[58].

En mayo de 1834 se removió el caso y Portales se mostró ansioso para que el gobierno diese por finiquitada la deuda. El momento, sin embargo, no era propicio, en cuanto el ministro de hacienda era Manuel Rengifo, entonces distanciado de él y cabeza de los "filopolitas". El consejo de ministros acordó remitir los antecedentes al Congreso y Portales vio peor cariz al asunto. La situación le pareció muy injusta, ya que había antecedentes comparables, y temiendo, quizás, un debate desdoroso e inútil, desistió y se resignó a pagar la suma al factor del estanco mediante cuotas mensuales.

Disgustado con el resultado, encontró inmediatamente una forma de resarcirse: solicitaría ser agregado a la guarnición de Valparaíso, con cuyo sueldo pagaría en parte su desembolso mensual. No contaba, sin embargo, con los diez años de servicio exigidos por la ley y para salvar

[57]   *Epistolario*, I, 326.
[58]   *Epistolario*, III, págs. 232, 245, 249, 262 y 266.

el inconveniente encargó a Garfias obtener sigilosamente documentos probatorios de "agregaciones" efectuadas sin aquel requisito.

La honradez atribuida a los personajes descollantes de la historia suele ser una elaboración *a posteriori,* encontrándose muchos casos en que intereses deshonestos o indebidos apetitos materiales opacaron las conductas preclaras. Entre los militares ha sido frecuente, porque han estimado que sus servicios les han hecho acreedores a favores especiales y han contado con que el reconocimiento general aceptaría la adjudicación de recompensas. Entre los muchos casos, que sería fácil señalar con documentos en mano, está el del general Prieto, que contó con la aprobación de Portales.

El vencedor de Lircay poseía una chacra en las afueras de Santiago y, necesitado de darle agua, adquirió unos regadores del Canal del Maipo, de propiedad del Estado, por el valor de setecientos pesos, que debían descontarse periódicamente de su sueldo. Pasaron algunos años sin que se le hiciesen los descuentos y en 1831 los ministros de la tesorería hicieron el cobro. El general dirigió entonces una carta al vicepresidente José Tomás Ovalle solicitando se le condonase la deuda, dando por razón que hasta entonces no se le habían hecho los descuentos.

Reunidos Ovalle, Rengifo y Portales, según testimonio de este último, acordaron perdonar la deuda "en consideración a los importantes servicios prestados por el general, y a que su honor estaba en descubierto"[59].

Casi es innecesario recordar que los "importantes servicios" aducidos por el ministro Portales pocos meses después de Lircay eran el apoyo prestado al movimiento que puso a los pelucones en el poder.

[59] *Epistolario,* I, 340.

La Anarquía: un concepto equivocado

El periodo que corre entre la caída de O'Higgins el año 1823 y la llegada de los conservadores al gobierno en 1830 ha sido designado generalmente como Anarquía. Tal calificación, rotunda y negativa, ha sido del gusto de los historiadores conservadores, que se han complacido en agregarle adjetivos grises hasta convertirla en un basural de la historia. En ello ha habido percepciones equivocadas y el deseo de contraponer el caos al orden que habría impuesto Portales.

Un primer error fundamental es haber empleado sin meditación una calificación que en América designa la etapa de luchas sangrientas, crímenes, abusos y cuartelazos, en que caudillos regionales y nacionales se apoderaron de la función gubernativa para manejarla de manera prepotente e irresponsable, basándose en el apoyo de las tropas y de las huestes irregulares que les seguían en las provincias. La anarquía fue una etapa de caudillaje militar, en que los impulsos irracionales primaron sobre las intenciones reflexivas destinadas a crear un ordenamiento político estable.

En Chile no existió nada de eso, y la fisonomía anárquica fue más aparente que real.

Demos por aceptado que hubo continuos cambios de gobierno, más o menos forzados, que se sucedieron gobernantes, congresos y constituciones y que hubo movimientos militares. Pero cabe preguntarse si esas alteraciones fueron profundas o simplemente un oleaje superficial, muy visible, que con su estruendo ha impedido a los historiadores reparar en los aspectos positivos, silenciosos y menos espectaculares.

Para poner las cosas en su lugar, debe tenerse en cuenta que la violencia y la huella sangrienta fueron insignificantes. No hubo ningún crimen político, nunca se llegó a choques brutales ni a represalias crueles, y unos poquísimos ajusticiamientos se efectuaron en virtud de sentencias de tribunales competentes. Generalmente, el acomodo, el perdón o un arreglo prudente zanjaban las consecuencias de un levantamiento o de una perturbación política, porque reinaba una mentalidad complaciente y bondadosa. Se consideraba que un delito político no era comparable a los otros y que, siendo vituperable, recibía una condena moral y en los casos más flagrantes un confinamiento o un alejamiento de las filas en caso de militares. El perdón era también un recurso muy usado. No se pensaba en castigos ejemplares ni golpes de autoridad.

En esa forma se evitaban acciones y reacciones tremendas; pero al mismo tiempo se prolongaba un ambiente blando que estimulaba nuevas aventuras al amparo de la impunidad.

No surgieron, por lo tanto, odios implacables y la violencia quedó reducida a las conversaciones en las tertulias, a los pasquines y la prensa.

La imagen del caudillo militar, decidido y atrabiliario, tampoco está presente en esos años, porque los jefes realzados por la lucha de la emancipación fueron personalidades desvaídas, oscuras y prudentes, que careciendo de fuerza propia seguían los impulsos de los políticos. Esforzados y valientes en los campos de batalla, no tenían preparación ni habilidad para conducirse en los asuntos públicos, y por eso su falta de ambiciones y desapego frente al poder. Facilitaban su espada para tal o cual acción, porque entendían estar sirviendo a la patria, pero las contingencias políticas les envolvían y terminaban desplazados o ellos mismos se marginaban mascando resentimiento. Una galería de retratos sicológicos sería deplorable.

Freire fue el de mayor actuación en esos años, demostrando siempre buenas intenciones y una ineptitud también constante. No tuvo ideas fijas, estuvo con uno u otro bando y como director supremo se atuvo a las orientaciones de sus ministros. Fue juguete de los grupos y hasta su esposa, doña Manuela Caldera, y la familia de ella, influían en su ánimo vacilante. Desde que llegó al poder en 1823, a la caída de O'Higgins, hasta su derrota militar en Lircay el año 1830, su carrera pública fue de despeñadero en despeñadero, con episodios lamentables.

Tampoco hubo en la época figuras políticas lúcidas y atractivas, que hubiesen podido dar coherencia a las fuerzas erráticas y estructurar una organización. Los intelectuales forjaron utopías y entremedio impulsaron algunas medidas acertadas y destinadas a perdurar, mientras los señores de las familias más rancias, sin verdadera cultura, apoltronados y temerosos, rehuían la acción política y mostraban reticencia por los cargos oficiales.

Sea que las dificultades del momento arredrasen a muchos o que simplemente se prefiriese la vida apacible, el hecho es que había una actitud muy extendida de indiferencia hacia el poder.

En el sucederse rápido de los acontecimientos, como en toda época de quiebre, afloraron individuos vehementes y aventureros, como el boticario Fernández, el "cuico" Padilla, algunos sacerdotes incoherentes, el "conocido truchimán y caballero de industria" don Pedro Chapuis y

José Manuel Novoa "Don Negocio", entre otros. También jefes militares de menor graduación, ambiciosos, megalómanos y paranoicos, dispuestos siempre a mezclarse en cualquier intentona.

Pero si bien esos personajes pululan en los corrillos y animan las tensiones, hay una realidad mucho más importante: la actuación de figuras superiores que con su inspiración y sus reformas procuraron y lograron, en parte, conducir a la república hacia un nuevo orden. Juan Egaña, de destacada actuación en los sucesos de la Independencia, miembro de cuanta comisión se formó para estudiar asuntos de interés público, intelectual y jurista, fue el autor de la Constitución de 1823. Su hijo don Mariano tuvo características y actuaciones parecidas. Ambos fueron una mezcla de espíritu conservador y progresista. José Miguel Infante, abogado y estudioso, procurador de ciudad en 1810, que en el cabildo abierto señaló con sólidos argumentos la legitimidad de formar una junta de gobierno, fue el autor de la ley de abolición definitiva de la esclavitud en 1823: tres años más tarde impuso el proyecto de organización federal. Diego José Benavente, hombre de ideas claras en materias de hacienda pública, planteó reformas muy avanzadas para la época e inició el ordenamiento de ese rubro. El general Francisco Antonio Pinto, que poseía rara cultura y prudencia, fue el gobernante ilustrado de fines del periodo.

Junto a ellos actuaron otras personalidades menores, igualmente honestas en sus actitudes, como Agustín y Domingo de Eyzaguirre, Manuel de Salas, Pedro Nolasco Mena, Ventura Blanco Viel y tantos otros, algunos de los cuales sobresalieron por una modestia enfermiza.

Puede discutirse el acierto de sus ensayos, pero de ninguna manera las intenciones y el espíritu elevado en todas sus tareas.

Al abordar la época en cuestión, más que lanzar juicios condenatorios desde una cómoda posición posterior, que no se compadece con la historia, lo importante es buscar explicación a las perturbaciones sufridas entonces, porque desde un punto de vista científico más que nada interesa comprender.

Los años que siguieron a la lucha emancipadora están marcados por una profunda pobreza que dificultó enormemente la marcha del país y produjo graves problemas y angustias en la vida de la población.

El gasto militar se empinó agudamente desde que hubo que formar nuevos cuerpos, mantener ejércitos y recrearlos después de cada contraste. Y no pensemos solo en las fuerzas patriotas, sino también en las realistas, que se mantenían con los recursos del país. Continuamente hubo que rearmar, reequipar, dotar de caballos, acémilas y carretas para el transporte, a las fuerzas operativas, tanto por el desgaste como por las pérdidas después de cada derrota y las deserciones constantes. Uno de los mayores gastos estuvo representado por la formación de la Expedición Libertadora del Perú, en que además de dotar al ejército para una larga campaña en un escenario distante, hubo que reequipar a la escuadra y adquirir a precios exorbitantes nuevos barcos, pertrechos navales, armas y alimentos, sin contar la paga de almirante a marinero, casi todos ellos extranjeros.

Todavía el país se empeñó en crecidos desembolsos para equipar una expedición que consolidase la independencia de Perú y dos campañas navales y terrestres para libertar a la isla de Chiloé en años de miseria.

La caja fiscal debió responder a esas demandas y el aparato tributario fue recargado al máximo posible. Se gravaron los impuestos existentes, se crearon contribuciones especiales y se impusieron exacciones directas sobre los personajes enemigos, ya patriotas, ya realistas, según el tiempo que corría. Las tesorerías demoraban en pagar a los acreedores del Estado o se dejaban los cumplimientos para mejores tiempos.

En medio de la vorágine, el sector agrícola fue el más afectado. El mercado tradicional de Perú quedó cerrado casi por completo para los productos chilenos desde que el virrey decidió enfrentar al movimiento criollo, produciendo un virtual colapso en el comercio. En el campo mismo los bienes agrícolas se vieron afectados por las campañas. Los ejércitos se mantenían en el terreno, también cualquier destacamento y aun las pequeñas partidas, de modo que se tomaban caballares, vacunos y ovejunos para la alimentación, charqui, harina, cueros, grasa y cuanto fuese de utilidad, a cambio de los cuales los jefes y aún los sargentones dejaban vales, que nadie sabía si se pagarían algún día.

Peor fue todavía la estrategia de campo arrasado practicada en algunas circunstancias.

Pero no concluyeron allí las angustias de los hacendados, porque durante la Reconquista fueron incautadas las propiedades de los patriotas más señalados, y luego el gobierno de O'Higgins devolvió la mano en forma más drástica aún. Esos secuestros" de predios causaron daño a los propietarios y, en general, a la producción, porque debieron ser mal arrendados o peor administrados por encargo del Estado, en la imposibilidad de venderlos.

El sector minero, en cambio, no resultó afectado y con su aporte evitó que la economía fuese asfixiada por completo. Los distritos del norte no fueron afectados por la guerra y conforme el derecho colonial los mineros no debían ser enrolados en las tropas, sin contar otros privilegios.

Además, la producción de plata fue incrementada con el descubrimiento de las vetas de Agua Amarga en 1811 y Arqueros en 1825.

La postración general tuvo consecuencias negativas en la disciplina militar por la falta de recursos para mantener en forma adecuada a los cuerpos, la reducción de sueldos y el licenciamiento una vez concluida la emancipación. Muchas veces las guarniciones se encontraron en una real miseria, descalzas, carentes de ropas y debiendo cada hombre recurrir a las amistades para reparar los ayunos de cuartel. Esa fue la situación que determinó –en Concepción– el levantamiento de Freire contra O'Higgins y que recrudeció luego en otros episodios.

Una muestra colorida del ambiente en que vivían la gente de armas y el pueblo en Valparaíso fue lo que ocurrió en septiembre de 1825 al ser desarmadas algunas naves de la escuadra. "Despedidos los individuos que las tripulaban –manifestaba el cabildo de la ciudad–, sin ración, sueldo ni satisfacción de sus muchas deudas atrasadas, la marinería y tropa debe necesariamente abandonarse, como ya lo hemos sentido, a los desórdenes y excesos que produce el hambre, desnudez y resentimientos, y engrosar el cuerpo de forajidos que infesta esta ciudad. La brigada de artillería, casi en el mismo caso, sufriendo todo género de necesidades, y sin recursos aun para aliviar a sus compañeros, que yacen en el mismo cuartel afligidos por los males y en un lamentable abandono, son circunstancias entre otras que justamente han alarmado a este vecindario, como que amenazan su reposo y los más preciosos bienes de que está en posesión".

Por su parte, el gobernador del puerto, José Ignacio Zenteno, escribía al ministro de hacienda que aquel lugar estaba expuesto a un motín militar y a un levantamiento de los muchos vagos que concurrían de todas partes. Hacía meses que la guarnición no recibía sueldo y a él mismo se le adeudaba el suyo desde hacía ocho meses. "En estas circunstancias –comentaba– se desarma la escuadra y cerca de doscientos individuos de ella son botados a tierra sin goce de sueldo, de ración ni arbitrio alguno para subsistir... El clamor de esos infelices resuena por toda la población y unido al descontento de la tropa prepara el más activo combustible para el incendio que tememos".

La situación concluyó con una reunión popular de más de quinientos vecinos a las puertas del cabildo y la designación de una comisión para buscar soluciones, evitándose así un estallido violento.

En ese clima no podía haber tranquilidad en el país y se comprende que el descontento militar y en otros sectores fuese un caldo de cultivo para la subversión y la delincuencia.

Los altos sectores de la sociedad fueron afectados en otro orden de cosas, además del deterioro económico. El núcleo más tradicional de la aristocracia, el compuesto por las familias con títulos de nobleza, títulos de las órdenes de caballería y mayorazgos, que por prestigio y vinculaciones ejercía bastante influencia, vio alterada su situación por los cambios traídos por la Independencia. Siendo un grupo de ideas y sentimientos conservadores, apegado a la monarquía y el antiguo régimen, debió sufrir reformas dirigidas expresamente contra él, como la abolición de los títulos de nobleza, la prohibición de emplear escudos y el intento de despojarle de la institución de los mayorazgos, que inmovilizaba en sus manos los grandes latifundios.

En virtud de las ideas liberales, O'Higgins promovió la extinción de los mayorazgos, pero el asunto se enredó en el Senado y no llegó a ser ley, aunque por lo menos una familia exvinculó su propiedades. El tema se reactivó años más tarde y luego la Constitución de 1828 disolvió la institución, durante cuya vigencia se exvincularon dos mayorazgos.

Esas reformas estaban de acuerdo con el espíritu moderno y se las estimaba indispensables en un sistema republicano; pero afrentaron a los grandes señores aristócratas en sus sentimientos y sus viejas costumbres, generando un descontento que se reflejaba de modo velado en la beligerancia política.

Pero en el fondo había mucho más. La rancia aristocracia había sido desplazada de las influencias oficiales propias del régimen colonial y en su lugar se había instalado un círculo de militares e intelectuales que estando ligados a la aristocracia extensa estaban en pugna con los intereses y los ideales de su núcleo central. El resentimiento de las antiguas familias patricias tenía que ser mayor en cuanto siempre se habían considerado lo mejor del país y destinadas por su riqueza, poder social y brillo, a influir en el destino nacional o dirigirlo.

El trastorno en los sectores elevados estuvo conectado también a la marginación de la Iglesia y los problemas surgidos en torno a ese elemento tan importante de la estructura social.

La Iglesia se dividió frente al proceso emancipador. Una parte del clero, especialmente algunas individualidades inquietas, adhirieron a la causa criolla, pero la mayor parte y la jerarquía se mantuvieron leales al rey por costumbre y formación mental. No debe olvidarse que el régimen del patronato real había hecho del monarca una especie de jefe de la Iglesia americana en los asuntos administrativos y terrenales, amagando aspectos espirituales no pocas veces. Los obispos y otros eclesiásticos constituidos en dignidad debían su nombramiento al rey o sus agentes.

Así las cosas, los gobiernos republicanos, específicamente los de O'Higgins y Freire, debieron luchar contra la tendencia monárquica en el clero, respaldada por encíclicas papales de los años 1818 y 1824. La cuña más dura en la brega fue el obispo de la diócesis capitalina, José Santiago Rodríguez Zorrilla, realista de corazón, con aparentes arrepentimientos temporales, que mantuvo una lucha a veces abierta y otras alentando bajo capa a clérigos y frailes. En esos avatares sufrió la dura presión gubernativa, un destierro a Mendoza, otras malas pasadas que ahondaron las diferencias y el destierro definitivo.

La negativa de Roma a reconocer los gobiernos independientes de América fue otro obstáculo grande, pero se vio alguna claridad en la designación para Chile de un vicario apostólico, monseñor Juan Muzi, porque no obstante ser una autoridad interna en la Iglesia, su nombramiento significaba reconocer de alguna manera la existencia de un gobierno autónomo con el que había problemas. La desilusión, sin embargo, llegó junto con el enviado papal. Rodríguez Zorrilla y el clero monarquista captaron la voluntad del visitante y tomaron nuevas ínfulas junto con él. La misión fracasó y el gobierno dirigido por Freire desencadenó la reforma de las órdenes religiosas, que se meditaba desde hacía algún tiempo a causa del relajamiento en la vida conventual. Entre las medidas más duras estuvo la prohibición del funcionamiento de más de dos claustros de una misma orden en cada ciudad y la existencia de cualquiera que no contase con ocho sacerdotes a lo menos. Pero la disposición más grave fue la incautación de los predios rurales de las órdenes con el objeto de venderlos por cuenta del Estado, que se comprometió a la vez a otorgar una congrua para la sustentación de cada sacerdote.

Los cambios quedaron a medio camino. El Estado pudo enajenar poquísimas chacras y haciendas por la escasez de capitales y por la reticencia a adquirir esos bienes en un país profundamente católico. Solo se logró perturbar la explotación de tierras más o menos extensas, deteriorar los ingresos conventuales y acentuar la animosidad de buena parte del clero y de los fieles.

En la lucha con la Iglesia el reformismo republicano había herido la dignidad de la vieja institución, sus sentimientos y sus finanzas, creando un ambiente odioso, que arrastraba a la aristocracia por su espíritu intensamente religioso y sus relaciones con el clero.

Tiempo de utopías y desengaños.
Su legado permanente

Después de 1810 los prohombres se encontraron con la oportunidad de organizar el país, con todas las dificultades e ilusiones de semejante labor. Todo era enigma para adelante y hubo que recurrir a los juristas e intelectuales para que junto con los hombres de acción meditasen y llevasen a la práctica las reformas nebulosas que andaban en las mentes. Se cumplía el ideal de Platón de que los filósofos gobernasen o que los gobernantes se hiciesen filósofos y el resultado fue el que era de esperar.

El desconcierto y los errores fueron perfectamente comprensibles si se atiende a la época y sus circunstancias. La experiencia republicana era casi por completo nueva, porque algunos casos como el de las ciudades italianas, las provincias unidas de Holanda y la confederación helvética, habían sido limitados y fundamentados en ideologías muy distintas. Solamente Estados Unidos constituía una experiencia de magnitud y correspondiente a los nuevos ideales. Mas, su ejemplo era distante por la geografía, el idioma y las costumbres y, sobre todo, porque allí había virtudes públicas y cierta experiencia en el manejo de los asuntos oficiales. La información sobre la marcha de Estados Unidos fue inconsistente, como asimismo el conocimiento de los grandes documentos de su revolución y unión.

Los conocimientos de los chilenos cultos provenían de las obras teóricas del racionalismo del siglo XVIII y de unas constituciones, como la norteamericana, la francesa, la española de 1812 y los ensayos hispanoamericanos. Era una base insegura, que podía inspirar algunas decisiones atinadas y también muchas dudas.

Los dilemas eran mayores si se piensa que el único sistema republicano exitoso era el de Estados Unidos, sirviendo los demás como ejemplo de descalabros políticos.

No tiene nada de extraño, en consecuencia, que los constituyentes chilenos ensayasen fórmulas irreales y que estuviesen muy lejos de lograr éxito.

La serie de sistemas constitucionales es bien conocida. El primero, dejando de lado algunos documentos de carácter constitucional, fue la Constitución de 1823, debida a Juan Egaña, que vació en ella las curiosidades de su formación intelectual: instituciones de la antigua

Roma, la filosofía moral de epicúreos, en el buen sentido del término, y de estoicos, el pensamiento político de la Ilustración, la tradición española, las categorías constitucionales modernas y el propio ingenio. Resultado: una carta indigesta, impracticable por los sistemas de equilibrio y control entre los poderes del Estado y las autoridades, que hacían engorrosa la tramitación de cualquier asunto público. Pero la singularidad más notable fue la incorporación de conceptos éticos, que se traducían en un control de los ciudadanos mediante visitadores que debían recorrer el país, y la mantención de un registro donde se inscribirían las buenas y malas acciones de cada uno. Ello determinaba derechos y oportunidades.

La llamada Constitución "moralista" apenas tuvo vida más allá de su promulgación, porque nació desprestigiada y fue destruida por el primer sismo político.

Le siguió en 1826 el régimen federal, implantado parcialmente por algunas leyes de tipo constitucional. Era una imitación del sistema norteamericano y mexicano, inspirado con extraña constancia por José Miguel Infante. El país era dividido en ocho provincias, cada una con un intendente y una asamblea de representantes. Gran parte de las autoridades era de elección popular, incluso los curas; se concedían muchas libertades y todo estaba pensado para una gran autonomía local.

En el fondo, la filosofía que animaba al federalismo chileno era el propósito de acercar el poder a los ciudadanos para que estos ejerciesen realmente sus derechos y participasen en las cuestiones públicas. Se deseaba, al mismo tiempo, evitar la concentración del poder en el primer mandatario como una manera de preservar las libertades, en lo que debe verse el mal recuerdo de las monarquías y del desempeño dictatorial de O'Higgins.

Tan buenas intenciones descansaban en una apreciación completamente reñida con la realidad chilena: no había personas preparadas para participar en tantos organismos e instancias políticas ni madurez cívica para asumir responsabilidades delicadas. Ocurrió entonces lo que tenía que ocurrir. Hubo disputas acerca de los límites entre las provincias, algunos pueblos solicitaban cambio de jurisdicción, las ciudades discutían el derecho a ser las cabezas regionales y en ese cuadro caótico se llegó a alistar las milicias locales para imponer posiciones. La autoridad aparecía impotente, mientras el bandidaje y hasta la insubordinación de las tropas aumentaban el desorden. Se agregaba el problema, planteado por algunas provincias, de la insignificancia de sus recursos económicos para subsistir.

El federalismo se vino abajo por sí mismo y, curiosamente, fueron las provincias las que miraron a la capital demandando una solución.

Un avance notable fue la Constitución de 1828 influida por el español José Joaquín de Mora y que ha sido caracterizada como liberal. Representó un gran paso adelante por su espíritu y la ajustada técnica constitucional y ha sido reconocida por todos los tratadistas como un código bien meditado, aunque adelantado respecto del estado del país.

Establecía una clara y armoniosa independencia entre los poderes. El presidente de la república no podía ser reelegido; en la tramitación de la ley solo tenía voto suspensivo y el Congreso imponía la aprobación por simple mayoría. El electorado era ampliado, se establecía la tolerancia religiosa, la libertad de imprenta y una variada gama de derechos individuales. Además, abolía los mayorazgos, según hemos ya señalado.

Por todas esas características puede considerársele como el coronamiento del esfuerzo organizativo antes que la reacción conservadora la echase por tierra.

En la serie de ensayos hay que ver algo más que situaciones contradictorias y absurdas hasta lo pintoresco. Hubo principios abstractos que quedaron incorporados para siempre y disposiciones concretas que por largo tiempo normaron la vida institucional pasando de una carta a otra.

Entre los primeros figura el régimen republicano, la idea de la soberanía popular, sistema representativo, separación e independencia de los poderes, responsabilidad de las autoridades, libertades públicas y derechos individuales, que hoy nos parecen inherentes a la condición republicana, pero que entonces eran conquistas que hubo que afianzar.

Entre las segundas, evitando minucias, mencionaremos las siguientes. Como derechos individuales y libertades públicas quedaron consagrados la libertad personal, la seguridad, la inviolabilidad del hogar, de la correspondencia y papeles, la igualdad ante la ley, los cargos y las cargas públicas, el derecho de opinar, publicar las opiniones y presentar peticiones, el derecho de propiedad y de indemnización en caso de expropiación.

También se reconoció la libertad de imprenta y la obligación del Estado de asegurar la instrucción pública.

El derecho de *habeas corpus* quedó establecido de manera explícita y del mismo modo la detención solo por orden de juez competente, salvo el caso de delito *in fraganti*.

Como atribuciones específicas del Presidente de la República se señalaron las que debían prevalecer, solo con variaciones de detalle y se incluyó el derecho de patronato sobre la Iglesia. Se estatuyó la obligación de dar cuenta anual de la marcha de la nación y de la administración y se especificó su responsabilidad política. También se creó el Consejo de Estado.

El poder legislativo fue organizado en dos cámaras y se creó la comisión permanente, antecesora de la comisión conservadora, encargada de ciertas funciones en los periodos de receso parlamentario.

La justicia, tal como se había estructurado en la Constitución de 1818, quedó con su organización definitiva.

Es interesante recordar, también, que un artículo de la Constitución de 1823 pasó a la de 1833 y luego a la de 1925, prolongándose así como una hermosa norma de vida institucional, que enorgullecería a la nación por largo tiempo: el que establecía que "la fuerza pública es esencialmente obediente: ningún cuerpo armado puede deliberar".

No hay duda de que los conceptos que hemos recordado estaban tomados de la filosofía política europea y que muchas disposiciones estaban calcadas de algunas constituciones; pero el mérito está en haberlas ensayado y tratado de llevarlas a la práctica en un país ayuno de experiencia política.

La validez del esfuerzo organizativo es tan evidente, que la Constitución de 1828 sirvió de modelo a la de 1833, por más que cambiase la índole política, y esta fue presentada como una reforma de aquella. A la vez, la de 1925 fue una reforma de la de 1833.

El conjunto de principios y normas positivas ya señalado no fue de manera alguna insignificante. Conformó una base esencial en la construcción de un nuevo estado de derecho, iniciado con la Independencia y muy avanzado antes de 1830. Forma parte del legado permanente.

Pero todavía hay más, porque los gobiernos de la época tuvieron realizaciones concretas que fueron de evidente utilidad, aún sin contar la liberación de Chiloé.

En materias de hacienda pública, pese al gravísimo deterioro económico, y quizás por ello, se avanzó en el ordenamiento de las finanzas. Se abolió la "alcabala del viento" o impuesto de compraventa sobre los bienes de consumo habitual y se propuso reemplazar el diezmo por una contribución sobre los predios rurales que más tarde sería planteada por Manuel Rengifo en la transformación de la tributación agrícola y muy posteriormente en la llamada "conversión del diezmo". El ministro de hacienda Diego José Benavente inició en 1823 una política económica y de regularización de las finanzas sobre la base de ideas claras y justicieras. Procuró concretar el establecimiento de almacenes francos en Valparaíso para el depósito temporal de mercancías extranjeras que debían reembarcarse, proyecto formulado con anterioridad y que solo fue realizado por Rengifo. Señaló la conveniencia de reemplazar los impuestos sobre la renta por otros sobre los capitales invertidos en propiedades urbanas y agrícolas y en el comercio, por ser más fáciles de controlar. Llevó a cabo, además, la negociación del estanco, con el mal resultado ya indicado.

Para aliviar la escasez del circulante y fomentar el crédito propuso la acuñación de moneda de cobre y la creación de un banco particular con derecho a emitir billetes, que también se harían realidad más tarde.

Con posterioridad al desempeño de Benavente hubo varias decisiones importantes y exitosas. Se insistió en la reserva nacional del cabotaje, se dictó una nueva ordenanza de aduanas y se trasladó a Valparaíso la aduana de Santiago, los organismos de control de las rentas y contabilidad fueron transformados o suprimidos para crear otros con procedimientos más claros y expeditos. Finalmente, se comenzó a regularizar la deuda interna mediante su reconocimiento y clasificación, con el objeto de pagar a los viejos y nuevos acreedores, evitar el crecimiento de la deuda de arrastre y preparar el servicio de toda ella. En esa labor cupo un papel destacado al ministro Ventura Blanco Viel, que dejó así muy avanzado el arreglo de la deuda interna y allanado el camino para el trabajo de Manuel Rengifo.

En esa forma, se iniciaron o se dejaron planteadas medidas de gran importancia.

La cultura nacional también recibió un estímulo, aunque los frutos no llegaron a la madurez que se esperaba. Fueron fundados el Liceo de Concepción y el de Talca; en Santiago fue creado el Liceo de Chile, regentado por José Joaquín de Mora, que tuvo el apoyo del gobierno y de los pipiolos; el Colegio de Santiago, dirigido por Andrés Bello; el primer colegio de señoritas, creado por la señora de Mora y otro formado por los esposos Versin, franceses traídos de Buenos Aires por los pelucones.

Tanto el colegio de Mora como el de su esposa fueron profundamente innovadores por las asignaturas incluidas en sus planes de estudio.

Por aquel tiempo llegaron al país contratados por el Estado don Andrés Bello, José Joaquín de Mora, el médico José Pasamán y el matemático Andrés Garbea, todos ellos destinados a diversos trabajos y a la educación. Como simple particular llegó Claudio Gay.

El balance de la época, en total poco más de siete años, arroja resultados significativos en todos los aspectos a pesar de la turbulencia política y la sensación de caos. Al menos, no es posible calificarla de anarquía ni de periodo estéril y tenebroso[60].

[60] El primero en revalorizar el periodo 1823-1830 fue Federico Errázuriz Zañartu en *Chile bajo el imperio de la Constitución de 1828* (Santiago, 1861). Por nuestra parte, en el vol. 3 de la *Historia de Chile* (Santiago, 1976), publicada conjuntamente con Osvaldo Silva, Fernando Silva y Patricio Estellé, planteamos una visión similar a la presentada aquí. Pero ha sido Julio Heise quien ha abordado el tema en forma sistemática y detenida en *Años de formación y aprendizaje políticos. 1810-1833* (Santiago, 1978).

La reacción aristocrática

Las reformas llevadas a cabo por la tendencia liberal e igualitaria habían provocado el disgusto profundo de la aristocracia tradicional, herida en sus intereses, sus sentimientos y sus concepciones. Pero su desplazamiento era superficial, porque mantenía sin la menor alteración el latifundio de la región central, su prestigio y poder social, manifestados sobre el endeble sector medio, los servidores y los campesinos; conservaba, también, sus múltiples vinculaciones con todas las esferas elevadas del clero, la administración y el comercio, acostumbradas a respetarla y servirla.

La Iglesia, igualmente resentida por los ataques a su dignidad, su situación institucional y su organización económica, era un cuerpo que dejaba sentir su influjo desde el corazón de los fieles. El poder y las sugestiones de la jerarquía se derramaban desde los dos centros diocesanos, la curia y las parroquias dispersas en el territorio, mientras las órdenes religiosas, a pesar de las reformas, mantenían su estructura y a través de los conventos, enclavados en las ciudades, ejercían una poderosa influencia.

Desde 1827 el grupo de los estanqueros, capitaneado por Diego Portales, se había agregado a la lucha contra el pipiolismo y sus gobernantes. Aglutinaba a quienes habían participado en el negocio del estanco, a personajes destacados de la administración y extendía sus vínculos a comerciantes y a ciertas autoridades que por diversos motivos habían tenido contacto con las actividades de la empresa monopólica. La red de su influencia se prolongaba, además, entre funcionarios inferiores, empleados de la compañía, guardias y cuadrilleros que habían formado el aparato controlador del estanco. Portales y Cea habían utilizado la estructura y los contactos mantenidos por el Estado en el ramo y, una vez que concluyó el contrato, esa misma organización se restituyó a la tutela del Estado[61].

Juzgando la importancia de los estanqueros, Rodríguez Aldea escribía a O'Higgins que antes de llegar al poder ya eran "los más temibles y de

---

[61] Así se desprende de la índole de las negociaciones con el Estado y de las instrucciones dadas por la empresa a los administradores el día siguiente de celebrar el contrato, el 24 de agosto de 1824. *Sesiones de los cuerpos legislativos,* tomo XI, pág. 104.

importancia por dinero, influjo, relaciones y plan combinado" y agregaba que su jefe era "hombre ciertamente de resolución, genio emprendedor y de una actividad increíble".

Entre la gente de la época hubo comentarios adversos a Portales por rodearse de personajes insignificantes y de algunos españoles que no merecían aprecio. Era un grupo muy reducido de colaboradores directos, que no contradice de ninguna manera la orientación aristocrática del gobierno. Tampoco puede ignorarse que tuvo a su lado figuras de relieve, sobre todo en los primeros años de su labor oficial.

La crítica se hacía más enconada porque en aquel grupo estaban incluidos tanto chilenos como españoles que habían sido contrarios a la causa patriota. El más destacado era el canónigo Juan Francisco Meneses, espíritu oscuro, que como funcionario colonial había sido asesor de los gobernadores Francisco Antonio García Carrasco, Mariano Osorio y Francisco Casimiro Marcó del Pont, y a quien se atribuía el denuncio de patriotas en aquellos días aciagos. Posteriormente, admitido al sacerdocio, había hecho fe de espíritu republicano, pero siguió siendo enemigo de cuanta innovación se procuraba realizar.

El vicepresidente don José Tomás Ovalle no escapaba a la sindicación de realista. Un o'higginista empedernido, Ramón Mariano de Arís, hombre muy limitado en perspicacia y recolector de chismes y rumores por calles y tertulias, escribía al prócer, en junio de 1831, sobre la falta de servicios públicos de Ovalle y su antigua adhesión a la causa del rey mientras los patriotas habían sufrido persecuciones: "el godo Ovalle ni a ninguno de su familia que se haya sabido jamás el menor servicio al país; antes, por el contrario, todos ellos enemigos nuestros y de nuestra libertad política. Y este godo bebiendo y comiendo con los talaveras, cuando nosotros gemíamos en los cadalsos, mazmorras, presidios y emigraciones. Y que jamás fue incomodado en lo menor ni por la patria y mucho menos por los godos, y con esto lo que hacía era burlarse de los patriotas que gemían entonces las desgracias que les cercaban"[62].

Arís las endilgaba también contra Victorino Garrido, un funcionario de la hacienda real que tomó servicio por la causa patriota en 1818, des-

---

[62] *Archivo de don Bernardo O'Higgins,* tomo XXXIII, pág. 430. Utilizamos la correspondencia de Arís no obstante el carácter discutible y pintoresco del personaje, porque refleja las ideas que circulaban en el ambiente. Sus informaciones no son enteramente ciertas ni falsas, pero representan una realidad histórica de gran importancia: el pensamiento corriente, la verdad del momento, que explica situaciones y reacciones.

tacado por su sagacidad y a quien Portales confió comisiones audaces y de responsabilidad.

"A fulano Garrido, oficial de talaveras –escribía al mismo O'Higgins en mayo de 1830– le han comisionado para que arregle todas las oficinas de afuera y lo han hecho administrador de la Aduana de Valparaíso. Dice aquel adagio viejo: 'nadie sabe para quién trabaja'. No se ve acomodos de importancia más que en los godos, de suerte que éstos en vida y en muerte nos han de perseguir y en todas circunstancias encuentran apoyos para su prosperidad y abatimiento de los patriotas. Los patriotas pereciendo de hambre y pidiendo limosna y los godos riéndose de todos ellos en los mejores destinos. De suerte que estos infelices patriotas han expuesto sus vidas, sus intereses, cárceles, prisiones, destierros, emigraciones, por libertarse de todos ellos y después, si se lograba, restablecer la patria, tener algún descanso. Todo se ve al contrario; ellos gozando de prosperidad, los mejores destinos y atenciones de los que mandan y los patriotas despreciados, abatidos, abandonados de esos propios gobernantes"[63].

En otra carta recargaba las tintas sobre Garrido: "Este malvado godo es la persona de Portales y éste ni hace nada ni sale de su casa si no es en su compañía. Es hasta donde puede llegar la desgracia de los chilenos, pues este godo es el que decide nuestras cuestiones y lo que él diga es lo que se hace: de tomar armas; desterrar; de prisiones; del arreglo de las temporalidades; de quitar empleados sean políticos, militares o eclesiásticos y por sus propias manos, también da los destinos [empleos]. Y la miseria en que se hallan nuestros paisanos y compatriotas, éstos les hace someterse a este godo condenado para que les dé una platita miserable, para poder sostener y quitar el hambre a sus desgraciadas familias".

Muchos otros "godos" pícaros, malvados y detestables desfilan por las cartas de Arís y también aparece la figura misma de Portales "un triste hombre por todas sus partes" y cuyo nombre no se había escuchado "una sola vez antes de esta desgraciada época". Comenta que sus palabras favoritas cuando alguien se acercaba a hablar con él eran "carajo, canalla y otras expresiones groseras de esta clase, que [no] son propias de un hombre de corte e ilustración y así está en la primera magistratura". Se extrañaba Arís que tal hombre dispusiese de la vida y hacienda de todos los ciudadanos y de quienes habían ofrecido su sangre a la patria[64].

<hr>

[63] *Archivo* citado, XXXIII, págs. 239 y 497.
[64] *Archivo* citado, XXXIII, pág. 372.

Para los contemporáneos y especialmente para los militares y quienes habían asumido responsabilidades durante la lucha emancipadora, era incomprensible y molesto estar dominados por un hombre de negocios que no había hecho nada por la libertad y el régimen republicano. Ese fue un motivo más de descontento y se agregaría a la decisión final de sus enemigos.

Todos esos eran elementos sociales poderosos, cohesionados en diferentes grados y, en cuanto a la aristocracia y la Iglesia, ansiosos de recuperar su situación y de manejar el poder público.

Ha sido frecuente entre los historiadores y los divulgadores afirmar que el éxito de la institucionalidad creada en 1833 se debió a que Portales y sus colaboradores, apartándose de teorías e ilusiones, encontraron un sistema político que correspondiese a la realidad de la sociedad chilena. El asunto se plantea así como un problema netamente intelectual: la habilidad y sabiduría para pensar en un régimen adecuado.

Tal mirada sufre de evidente estrabismo y confunde el orden de las cosas.

Las instituciones –llamémoslas así provisoriamente– no fueron tanto un juego sutil de la razón, sino la expresión de los intereses, ideales y sentimientos conservadores y aristocráticos, siendo estos, por lo tanto, la base de la creación. En otras palabras, los más altos grupos sociales, incluida la Iglesia, necesitaban recuperar sus privilegios, sus posesiones, su influencia y su acceso al poder, adecuando las instituciones políticas y, lo que es consubstancial: estableciendo gobiernos fuertes que sirviesen a esos objetivos.

El apoyo de esos grupos fue muy claro, como asimismo el restablecimiento de su situación una vez que estuvieron en el poder, para cuyo efecto se dictaron disposiciones que les favorecieron.

No significan, tales hechos, que se careciese de ideales, como la aspiración al orden, pero los ideales andan siempre mezclados con aspectos subalternos y no puede ignorarse, por otra parte, que los pipiolos y reformistas también tenían ideales, solo que dentro de otro ordenamiento social y bajo una concepción más amplia de la libertad.

El movimiento político de la rancia aristocracia encabezado por Portales trae anexa otra cuestión, que ha sido abordada con extremo simplismo por los panegiristas suyos. El ministro sería el organizador de la república y del "estado en forma", el hombre que con clarividencia y voluntad poderosa habría torcido el rumbo de los hechos para enderezar al país hacia un destino de grandeza. Esa visión, añeja y propia del siglo XIX, descansa en una valoración excesiva del individuo, propia del liberalismo, y en una confianza en el papel del personaje histórico. Desconoce los grandes fenómenos sociales, las fuerzas poderosas que se abren paso en la historia y achica el visor del microscopio hasta captar solamente la gesticulación de una criatura. Es una incapacidad intelectual, que actúa por inercia y prefiere ignorar el avance de la historia en método y teoría, que requieren de mayor cultura y complejidad en el análisis[65].

Para no ahondar en el tema, que nos apartaría del objetivo central, preguntémonos si el descubrimiento de América no se habría efectuado de no existir Colón. La paradoja es demasiado clara: habría bastado la decisión de un individuo y nada explicaría el desenvolvimiento de la economía europea, la ampliación del comercio, la avidez por los metales preciosos y las especies, ni la infinidad de expediciones marítimas que desde hacía más de cincuenta años estaban rompiendo los horizontes en todas direcciones.

Significaría que sin O'Higgins, Camilo Henríquez y otros cuantos personajes Chile no se habría independizado. Que sin Alessandri no habría existido un movimiento social hacia 1920.

En sentido contrario y para ser consecuentes, tendríamos que afirmar que si Cristóbal Colón hubiese decidido practicar la ruta de las Indias por el mar Rojo y el océano Índico, nuestro continente habría permanecido ignorado durante algunos siglos, hasta que el azar hubiese brindado un personaje similar. Que si Alessandri hubiese optado por el egoísmo oligárquico no habrían irrumpido las fuerzas sociales de la primera mitad del siglo.

Si aplicamos el mismo criterio a Portales, habría que aceptar que de haber sido liberal, con su poderosa inteligencia, audacia y voluntad, habría podido imponer esa tendencia y alejar el predominio aristocrático y su esquema organizativo.

En la historia, todo quedaría librado, al fin, a la presencia fortuita de personajes, de cualquier signo, que serían los verdaderos protagonistas de ella.

La verdad es que son los grandes procesos que vive una sociedad los que orientan su trayectoria y que los personajes no son más que los intérpretes sensibles de esa tendencia, que con voluntad y decisión despejan el camino y facilitan su desarrollo. En los grandes procesos de mediana

---

[65] No nos extendemos en consideraciones más amplias sobre el papel del personaje en la historia porque ya lo hemos hecho en la introducción al tomo I de la *Historia del pueblo chileno*.

duración reside el cambio histórico, mientras el personaje actúa solo en el detalle de los acontecimientos y en el corto plazo.

Cuando el personaje procede en el sentido de los grandes procesos, alcanza éxito; pero ello no significa que sea el autor de un movimiento histórico.

En el caso que nos ocupa, digamos que fue la aristocracia, con todo su viejo prestigio y poder, la que gravitó para imponer el orden autoritario que le acomodaba y que Portales fue el caudillo que la interpretó y dio forma a sus aspiraciones.

Alberto Edwards se aproximó a esta interpretación, aunque con otros acentos y preocupaciones, porque hizo girar los hechos exclusivamente en torno a ideales y sentimientos políticos. Para él, Portales habría restablecido el poder autoritario de los tiempos de la colonia, tan caro a la aristocracia tradicional. Esa sería la idea nueva de puro vieja.

Camino al poder

La actuación política de Portales comienza a hacerse nítida los años 1827 y 1828, cuando el fracaso del estanco pesaba dolorosamente en su espíritu y en los círculos santiaguinos, a la vez se manifestaba una preocupación general por el desorden en las filas del ejército y la sublevación de algunos cuerpos.

En enero de 1827, gobernando el vicepresidente don Agustín de Eyzaguirre, se amotinó el coronel Enrique Campino, adueñándose de la capital con los dos regimientos de la guarnición. Fue en esas circunstancias que Portales interpuso su firma desde la prisión en que le tenían los sublevados para sacar dinero del estanco y repartirlo a las tropas leales.

Escribió en esos días, además, una carta a su amigo Ramón Freire, que encabezó desde Aconcagua la defensa del gobierno, expresándole su angustia:

"Las circunstancias peligrosas en que nos hallamos no me permiten abstenerme de dar este paso. Una sola hora que Ud. demore puede importar una nueva revolución. En estos momentos críticos no hay quien tome una sola medida de seguridad, y se está dejando libre el campo a los enemigos del orden, que hacen nuevos esfuerzos para perturbarlo. No crea Ud. que esta es una prevención nacida de miedo o ligereza. Andan libres y conmovidos los hombres más comprometidos en el movimiento que acaba de sofocarse. Todo exige un pronto remedio, y nada puede hacerse sin Ud. que es el único autorizado legítimamente para tomarlo.

"Vuele Ud., señor, y haga que [Diego José] Benavente no se demore, cualquiera sea su enfermedad. Su presencia interesa mucho en el Congreso, donde, se dice, hay ya un partido para acordar el indulto de los foragidos, y un olvido absoluto de los crímenes [delitos] con que se han manchado; lo que equivale a decretar la completa ruina del país y la dominación de Bolívar"[66].

La última referencia toma pie del rumor que circulaba sobre el propósito del general venezolano de enviar a O'Higgins a tomar el poder en Chile; pero lo que interesa es la enorme vehemencia con que el co-

---

[66] *Epistolario, I*, 246.

merciante enfocaba los disturbios políticos, sin que le faltase razón, y el temor por la ausencia de autoridad.

Desde que los pipiolas afianzaron su poder en el gobierno el año 1827, en que resultó elegido presidente el general Francisco Antonio Pinto, la actitud de Portales se fue haciendo más intolerante hacia aquella tendencia. Solo reparaba en los aspectos negativos, el relajamiento político y los trajines de algunos personajes de dudosa conducta moral.

Un episodio menor nos pinta al comerciante fuera de sus casillas, porque uno de sus amigos, Diego José Benavente, tuvo rasgos de condescendencia con algunos pipiolos y una gentileza con José Joaquín de Mora.

La chismografía santiaguina funcionaba activamente y en la cabeza de Portales habían ido quedando registrados algunos rumores contra el ex ministro de hacienda, hasta llegar el momento en que no pudo contenerse y le envió desde Valparaíso una carta sin humor ni sutilezas.

Comenzaba recordándole la sinceridad de su amistad y cómo debía, por eso mismo, romper el silencio que venía guardando desde hacía tiempo. Algunas personas habían tratado de hacerle creer que estaba traicionando su amistad, pero él los había reprendido y no le había comentado esos hechos para no incomodarlo. Se trataba, indudablemente, de deslealtad política más que de amistad personal, pero Portales las veía íntimamente unidas.

"Después –escribe– se me avisó que Ud. había hecho de mí la pintura más desfavorable, tratándome de exaltado, irreflexivo, inmoderado, injusto, vengativo, etc., y todo para justificar al señor [presidente] Pinto". Luego prosigue: "Un bribón escribió a otro de su ralea hará poco más de un mes, que luego sería Ud. alistado en las banderas del Ministerio, los amigos de Ud. nos reímos de ese anuncio. Se escribió posteriormente que Ud. había tenido en Maipú una entrevista con Pinto; a mí no me alarmó este paso, porque Ud. me lo había indicado antes, y porque esperé que de él más bien podía resultar un bien que un mal a la causa de los buenos. Se me escribió después que la reserva que Ud. guardaba acerca de lo que se trató en la entrevista, había dado lugar a tales y tales chismecitos que menguaban su caracter. En seguida se difundió aquí que al día siguiente de la entrevista y de resultas de ella había andado Mora de casa en casa predicando que Ud. era el primer hombre y el más importante de la república, cuya noticia fue escrita también a personas del gobierno. Después supimos su asistencia al *cotorrero* exámen del Consulado, y la aceptación del convite que le había hecho Mora a comer en el Liceo; se ha asegurado que Ud. se abrazó con él después de muy tiernos y expresivos brindis, y se canta esta alianza como el triunfo de los malvados. Para realzar más los colores de este cuadro ridículo se ha escrito y la carta ha sido leída en mi casa, que Ud. había asegurado con entusiasmo en la sala de lectura y en presencia de personas que se citan, que sólo Pinto podía organizar esta máquina desconcertada, y que a él estaba reservada únicamente la gloria y la posibilidad de hacer la ventura de Chile, etc.".

Se ve que Portales creía en lo que no quería creer y por eso su tono enfático y molesto, en que no asoma nada del espíritu jocoso que le caracterizaba.

Según se desprende de la carta, Benavente le había comentado a través de su correspondencia los motivos que tenía para acercarse a Mora, pero no se había convencido. Refiriéndose a ese punto, reconvenía duramente a Benavente y criticaba su condescendencia, para agregarle: "No quiero extenderme más, y si lo dicho le disgusta, le ruego evitemos ulteriores contestaciones a este objeto, hasta que más sereno pueda Ud. discurrir mejor sobre la pureza de las intenciones que me animan y disculpar mi celo por la honra de un amigo que me interesa tanto como la mía propia".

Cerraba la carta considerando que dentro de poco los intereses y afectos de ambos podrían manifestarse opuestos en apariencia; pero le aseguraba su real aprecio y su buena fe: "He jurado guerra eterna a los malvados [los pipiolos], y si se verificase el imposible de que Ud. se convirtiese en uno de ellos, sería el único pícaro con quien pudiera estar en paz, y a quien desearía bienes y felicidad".

No obstante que la misiva era como para poner fin a cualquier amistad, Benavente tuvo la delicadeza de responderla y con ánimo apacible y digno:

"Anoche al desmontarme del caballo, he leído su estimada del 6. En ella leo una nueva prueba de la amistad que me dispensa, y lejos de ofenderme la franqueza de su expresión sólo extraño que no sea más lata, y que me haya diferido por algún tiempo ciertas explicaciones. Voy a contestarle con la misma sinceridad o con mayor si es posible.

"Ahora 6 u 8 meses me dijo mi hermano Juan José que tenía Ud. reservados ciertos chismecillos, pero no pudo explicarme su naturaleza ni entidad. Cuando nos vimos en ésa olvidé preguntárselos y Ud. sin duda el contármelos por el mismo desprecio con que los recibió. Sirva de advertencia general que yo hablo siempre de mis amigos y enemigos como si se hallasen presentes. En esta virtud, pude haber dicho que Ud. era exaltado, loco si se quiere, abogando con tanto calor por la causa pública, y olvidándose de la particular. Temía que el golpe dado últimamente en la suspensión del pago de su deuda se hubiera anticipado y arruinado su fortuna. Sé que Ud. no hace caso de esta consideración, pero yo no he podido ser indiferente a ella. Algún malvado tergiversaría estas expresiones y llevaría a Ud. esa pintura que me dice desfavorable, pero que en realidad un buen criterio la habría encontrado muy honrosa, pues significa nada menos que el abandono de intereses particulares de mucha consideración por marchar en pos de una quimera, o cuando menos de bienes romancescos.

"No menos violenta interpretación se ha dado a lo que he dicho sobre la elección de Pinto. Creo en realidad que de los candidatos es el que me parece mejor. Si así no fuese, mi juicio caería en error, pero nunca mi corazón en crimen ni bajeza. ¿Quién puede criticarme por esto? Algún miserable sin discernimiento o que querría arrastrarme a impulso de sus pasiones".

En cuanto a una posible participación en el ministerio, todo no había pasado de conversaciones entre amigos, tenidas en su presencia, de las que tomó base José Manuel Gandarillas para divulgar que se le incluiría en uno de los cargos.

Respecto de los exámenes de las alumnas de la señora de Mora en el edificio del Consulado, anota que después de dejar a su esposa en uno de los asientos, fue invitado con insistencia a ocupar un lugar entre los asistentes más destacados. Durante el acto pudo comprobar el adelanto de las alumnas y manifestó francamente su admiración. Sus palabras llegaron a oídos de Mora, que expresó a cierta persona el deseo de invitarlo a comer; pero con el fin de soslayar el posible compromiso, se dirigió después de la ceremonia a su chacra. Sin embargo, recibió allí un recado de su señora anunciándole la invitación y que debía aceptarse para no provocar una ruptura. "Concurrí –sigue comentando– y hubo allí una profunda circunspección, como que debía ser estudiada por una y otra parte. Brindé en general por los progresos de la educación, y todo finaliza aquí sin haber nada más"[67].

Este episodio, que significó el distanciamiento de los dos amigos, habla a las claras del apasionamiento e intolerancia de Portales y de su espíritu dominante que no admitía la menor desviación. Para él, en esos momentos, la política estaba dividida entre los "buenos" y los "malvados". Por lo tanto, era inaceptable que el amigo Benavente mostrase el menor rasgo conciliatorio.

[67] Tanto la carta de Portales como la de Benavente, fechadas el 6 y el 11 de septiembre de 1829, se encuentran en el *Epistolario*, I, 294 y 297.

El cambio de cartas ocurrió en momentos en que se creaba una situación muy tensa por la disputa del poder y que condujo finalmente a la guerra civil.

En virtud de las disposiciones de la carta fundamental de 1828, se procedió el año 1829 a elegir un nuevo Congreso y presidente y vicepresidente de la república. Esas elecciones se vieron perturbadas por toda clase de abusos y disposiciones caprichosas, a que no fueron ajenos los funcionarios de gobierno y sus partidarios, pese a los deseos de Pinto de evitar la intromisión oficial y permitir elecciones libres. Un motín militar en Santiago pretendió impedir las elecciones de congresales, pero fue aplastado.

Las elecciones, en que por primera vez se amplió la base popular, significaron un gran triunfo para los liberales, que se habrían impuesto aun sin intervenciones indebidas. El Congreso se reunió el 16 de septiembre y procedió a abrir las actas de los colegios electorales, resultando mayoría absoluta por el general Pinto para Presidente de la República, que de inmediato fue proclamado en esa calidad.

La elección del vicepresidente, en cambio, ofrecía alguna dificultad porque ninguno de los candidatos había logrado mayoría absoluta. El resultado fue el siguiente, expresado en número de electores elegidos, conforme el sistema vigente:

Francisco Ruiz Tagle	100 votos
Joaquín Prieto	61 votos
Joaquín Vicuña	48 votos
José Gregorio Argomedo	33 votos

De acuerdo con la constitución, correspondía al Congreso, en tal caso, elegir al vicepresidente. El buen criterio parecía indicar que la votación debería reducirse a las dos mayorías más altas y se presentó una moción en ese sentido, pero fue rechazada por la fuerte mayoría pipiola que dominaba en el parlamento, ateniéndose a la letra de la constitución, que no tenía ninguna norma específica para tal caso.

Efectuada la elección, resultó vencedor Joaquín Vicuña, de las filas liberales, que se encontraba en el tercer lugar y con escasa votación. Con ello no se violaba el código, pero sí el buen criterio y la equidad, que tanta falta hacían en esos tiempos revueltos.

El verdadero motivo de aquella determinación de los pipiolos estaba en el propósito de contar con uno de los suyos en la vicepresidencia, pues no era un misterio para nadie que el presidente Pinto estaba decidido a renunciar al mando, como ya estaba alejado so pretexto de mala salud, debido a la repulsión que le causaban muchas actitudes de sus partidiarios y la presencia de algunas figuras nada recomendables entre los colaboradores del gobierno.

La actuación imprudente de los parlamentarios liberales desató la indignación de la oposición pelucona, pues ese hecho era la culminación de una serie de arbitrariedades que parecían no tener término. El mismo presidente Pinto, que ya estaba determinado a alejarse del poder y no estaba hecho para enfrentar dificultades, renunció a asumir la primera magistratura, en una determinación que solo podía agravar el estado de los asuntos públicos.

El bando pelucón inició desde ese momento un llamado a la insurrección, cuyo primer episodio tuvo lugar en Concepción. La asamblea de aquella provincia desconoció la elección de presidente, sin presentar ningún argumento válido, y la de vicepresidente, afirmando que la Constitución había sido violada. Procedió, además, a tomar medidas gubernativas que estaban más allá de sus atribuciones. Sus pasos fueron seguidos por la asamblea de Cauquenes y contó con el apoyo del general Joaquín Prieto y de los coroneles José María de la Cruz y Manuel Bulnes, inclinados al grupo conservador y que tenían el mando de las fuerzas más importantes del ejército. Fracasó, sin embargo, el propósito de obtener la adhesión de la asamblea de Valdivia, que estimó que no se había violado la carta fundamental.

Mientras tanto, Pinto fue requerido en forma perentoria por el Congreso, en dos oportunidades, para asumir la presidencia, y terminó por aceptar para luego renunciar definitivamente. En esa pugna quedó en claro la obcecación de diputados y senadores para mantener sus decisiones y a la vez se hizo público el parecer personal de Pinto sobre vicios de legitimidad en la actitud de aquellos. Regaló de ese modo un apoyo más a la causa de pelucones y estanqueros.

En medio de esos sucesos, tanto el general Pinto como Benavente buscaron un camino de conciliación para evitar males mayores, pero los hechos estaban desatados.

La imprudente elección de vicepresidente fue el pretexto de los enemigos del gobierno para justificar la guerra civil.

Sería inútil especificar la serie de acontecimientos y las acciones militares que se desarrollaron a continuación. Las fuerzas del general Prieto llegaron a dominar el centro del país y la capital a la vez que los políticos del movimiento procuraban dar visos de legitimidad a sus actos. Con ese objetivo convocaron a un Congreso de Plenipotenciarios, reunido en febrero de 1830 y compuesto por los representantes de las ocho provincias, bajo la idea de que las alteraciones políticas habían roto la unidad y era necesario restablecerla con la concurrencia de cada una de las regiones. Además de ese cometido, al Congreso le correspondería determinar si la Constitución había sido violada durante el régimen precedente, siendo la elección del vicepresidente el punto central. Un tercer punto era generar desde aquel Congreso un gobierno provisorio y fijar el procedimiento para llegar a un régimen definitivo.

Los plenipotenciarios, como era de esperar, resultaron todos adherentes del bando en el poder y sin dilación tomaron acuerdos decisivos. El fundamento de sus determinaciones fue una apreciación ambigua y discutible: que "la voluntad general" había estimado nulas y contrarias a la Constitución las actuaciones del anterior Congreso. Por lo tanto, quedaban abrogados todos los acuerdos de aquel cuerpo y se designaban un presidente y un vicepresidente por parte del mismo Congreso de Plenipotenciarios. Este último, a su vez, seguiría en ejercicio hasta que se dictase una nueva ley de elecciones, continuando después con el carácter de Comisión Permanente de acuerdo con las normas de la Constitución para los periodos de receso parlamentario.

Se establecía de ese modo un régimen provisorio hasta verificar nuevas elecciones de presidente, vicepresidente y otras autoridades, presumiblemente el año siguiente.

Quedaba consumado el atropello definitivo de la Constitución.

En virtud de los acuerdos, los plenipotenciarios eligieron el 17 de febrero de 1830 a don Francisco Ruiz Tagle como presidente y a don José Tomás Ovalle en calidad de vicepresidente. Ruiz Tagle era un patricio de respeto, primo de Portales, que venía teniendo algún papel en los últimos sucesos a pesar de su índole pasiva. En los pocos días que desempeñó el cargo demostró, sin embargo, altura de carácter y espíritu ecuánime. Con entereza resistió las imposiciones drásticas de sus partidarios y del Congreso de Plenipotenciarios, que estaban deseosos de aniquilar a sus adversarios, aunque no pudo imponerse.

Un episodio muy ingrato fue la decisión del Congreso de solicitar a todas las autoridades y funcionarios el reconocimiento de su investidura que, como era de suponer, debía suscitar resistencia. La Corte Suprema no contestó el requerimiento y lo mismo hicieron catorce jefes militares o respondieron negativamente. Apremiados estos últimos a presentarse en el Congreso a manifestar su acatamiento, concurrieron siete de ellos vestidos de civil, declarando que por haber cesado el régimen constitucional se sentían desligados del servicio y no retornarían a él hasta el restablecimiento de la carta fundamental. Entre los involucrados estaban algunos generales de gran prestigio, partícipes de las glorias de la Independencia, como eran José Manuel Borgoño, Juan Gregorio las Heras y Francisco de la Lastra[68].

No quedó al Congreso de Plenipotenciarios otro camino que oficiar al presidente Ruiz Tagle para que tomase drásticas medidas, que no podían ser otras que dar de baja a los recalcitrantes. Inútilmente el presidente dilató la resolución porque finalmente debió ordenar la separación de las filas del ejército, comenzando de ese modo la dura persecución contra los oficiales constitucionales.

Las actitudes de Ruiz Tagle generaron el descontento entre sus partidarios y fue Portales quien se encargó de convencerle de la conveniencia de su renuncia. En reemplazo suyo asumió el vicepresidente Ovalle el 1 de abril.

Ovalle era miembro importante de la aristocracia, había tenido alguna actuación en los sucesos anteriores, pero no tenía la menor afición al poder. Sus formas caballerosas no le impedían mostrar cierta entereza de carácter, sobre todo en esos días en que debió tomar medidas decisivas para afianzar su gobierno, cuando ardía la guerra civil.

Al asumir el mando tuvo algunas dificultades para constituir el ministerio por la renuencia de las personas que parecían más indicadas y decidió entonces, el 6 de abril, designar a Diego Portales, amigo y compadre suyo, como ministro del interior, relaciones exteriores, guerra y marina.

El nombramiento de Portales fue recibido con gran satisfacción por el bando que iba triunfando, pues veían en él al personaje decidido e inteligente que mejor podía representarles y guiarles, porque desde la incubación de la lucha y a través de su desarrollo había mostrado habilidad para cohesionarlos y manejar las situaciones problemáticas.

Portales jamás demostró afición por la actividad política ni ambición de poder. Desde la reclusión en el quehacer personal en los años de la Independencia y luego en todas las vicisitudes de su vida, procuró concentrarse en sus asuntos y en una existencia modesta, que no era ajena a los placeres naturales. Esas cosas hacían su felicidad y con razón diría que no cambiaba la presidencia por una zamacueca bien zapateada.

La aceptación de cargos ministeriales en dos oportunidades, durante la vicepresidencia de Ovalle y luego la presidencia de Prieto, ha sido

---

[68]   Estos hechos y otros a que aludimos constan en los documentos publicados en el tomo XVIII de las *Sesiones de los cuerpos legislativos.*

entendida como un rasgo de gran desinterés y patriotismo, en que sacrificando su bienestar y arriesgando la suerte de su fortuna, todo lo habría pospuesto por servir al país. Sin embargo, no se ha ahondado en sus motivos y tanto los historiadores como los panegiristas no han ido más allá de las palabras declamatorias. Afortunadamente, los documentos ayudan a aclarar el punto y de una manera insospechada.

José Antonio Rodríguez Aldea, en carta a O'Higgins, a comienzos de 1831, le refería sus conversaciones con Portales cuando recién se habían conocido y urdían sus planes para acabar con el gobierno pipiolo. En esos encuentros, para fundamentar su intención de procurar un cambio, Portales le manifestó que "tenía una fortuna hecha y le interesaba un gobierno de orden"[69].

Después de triunfar los pelucones y asegurados en el gobierno, Portales volvió a sus negocios, que tenía descuidados y requerían de toda su actividad. Una carta suya de 29 de marzo de 1830, dirigida a su agente Newman, le muestra atareado y preocupado: "en la paralización absoluta de mis negocios, pagando intereses, haciendo gastos indispensables por todas partes, etc., sólo una estricta economía puede salvarme de la ruina que me amenaza. Hoy repito a Ud. esto mismo y con más razón, porque las ocurrencias políticas alejan cada día de la República la tranquilidad necesaria para contraerse al negocio".

Por entonces operaba en diversos rubros. Traficaba en frutos del país para proveer a los distritos mineros de Coquimbo y Copiapó, adquiriendo trigo, harina, charqui y sebo. Poseía la fragata *Independencia*, destinada a ese movimiento y que tomaba carga similar y cualquier mercancía de otros comerciantes, disponiendo los movimientos de la nave a los puertos más indicados y con carga completa. También remataba el cobro del diezmo en algunos distritos, y una parte gruesa de su capital estaba invertida en una negociación minera en Copiapó, asociado con un señor Garín, sin que se viesen buenas ganancias. Por esa razón se decidió por ir a aquella ciudad: pero un hecho inesperado cambió la situación y con ello la vida del comerciante, según refiere él mismo a Newman.

"Ya tenía mulas, cabalgaduras y todo pronto para salir esta semana a Valparaíso y de allí a Copiapó por tierra... mas esta mañana ha llegado un propio que comunica la noticia de que Uriarte ha sublevado a la guarnición de aquella plaza y a los prisioneros de la *Juana Pastora*, y conociendo la apatía de nuestro gobierno para tomar las medidas necesarias, creo

---

[69] Encina, *Portales,* tomo I, pág. 87.

que tomará cuerpo aquella sublevación, y he perdido la esperanza de ir a atender al negocio de Garín, en que tengo invertida la mayor parte de mi fortuna, y que repito la creo en peligro"[70].

Al mismo tiempo, las fuerzas pipiolas levantaban cabeza y el general Freire organizaba en la región del Maule un ejército para enfrentarse con el del gobierno.

Los sucesos de Copiapó eran, en realidad, algo distintos; pero lo que interesa es que Portales los consideró muy graves y que vio con desesperación que afectarían sus negocios. Sintió una vez más la necesidad del orden y pensó que el gobierno se comportaría con tibieza.

No sabemos nada más de sus lucubraciones y su estado de ánimo, que duraron muy poco, pues fue una semana después de la carta mencionada que tomó la resolución de aceptar los cargos de ministro.

Tales hechos son de una elocuencia muy clara y si no bastasen por sí mismos, tenemos la propia declaración de Portales, lanzada tiempos más tarde en un estallido de sinceridad. A propósito de los empeños de amigos y gente del gobierno para que retomase el cargo de ministro, escribía a Garfias: "si un día me agarré los fundillos y tomé un palo para dar tranquilidad al país, fue sólo para que los j... y las p... de Santiago me dejaran trabajar en paz"[71].

A confesión de parte relevo de pruebas, dice el aforismo jurídico.

Podrá parecer un exceso atribuir a interés material la determinación de poner orden, pero en todo caso no hay duda haber sido muy importante y que finalmente fue lo que arrastró al comerciante a asumir tareas que le fastidiaban. Es posible que no hubiese violentado su carácter de no existir una razón tan poderosa como el futuro de sus negocios.

El asunto debe ser colocado en una perspectiva mayor para captar su realidad. Si en la actitud de Portales hubo también un sentimiento elevado –identificado con la suerte del país– no sería incongruente con su egoísmo, porque este puede aferrarse a ideales superiores y confundirse con ellos. También puede ocurrir que el sentido superior, la suerte de la nación o el patriotismo, sean una elaboración de un sector social y de sus personajes, tras los cuales se ocultan sus intereses. En este caso se ha diseñado una ideología atractiva y sonora que resulta convincente para la mayoría y que pasa a ser una fuerza moral poderosa para implantar un sistema.

Esta parece haber sido la situación en los años portalianos. La grandeza de Chile, el patriotismo, la decencia, el orden, la buena administración y

---

[70] *Epistolario*, I, 302.
[71] Carta de 10 de diciembre de 1831. *Epistolario*, I, 352.

otras categorías, eran el alegato del grupo más conspicuo de la aristocracia, que llevaba tras de sí la defensa del rango, del latifundio, la mantención de la jerarquía social, la intangibilidad de una Iglesia conservadora y, en suma, el rechazo a cualquier atisbo de modernidad.

El dictador implacable

Asumir las tareas ministeriales en momentos en que el gobierno levantado por los insurrectos debía probar su fortaleza en los campos de batalla fue una determinación audaz, propia del carácter vehemente de Portales.

Pese a la ilegitimidad del movimiento y a la incertidumbre, el ministro comenzó de inmediato a actuar con seguridad absoluta y, según opinión certera de Edwards, como si su gestión estuviese respaldada por un sistema no interrumpido de legítima autoridad.

El mismo día 17 de abril de 1830, cuando en los campos de Lircay, situados al norte de Talca, eran derrotadas definitivamente las fuerzas constitucionales al mando de Ramón Freire, Portales firmaba en la capital el decreto que daba de baja a aquel jefe y a todos los oficiales de su ejército. Días más tarde se tomaba igual determinación respecto del general Francisco Antonio Pinto, que por especial deferencia del presidente Ruiz Tagle no había sido comprendido en su oportunidad.

Entre los nuevos jefes y oficiales caían algunos de gran mérito y que también disfrutaban de las glorias de la lucha emancipadora, siendo los más destacados Benjamín Viel, Guillermo Tupper y José Rondizzoni, llamados "los oficiales gringos" por su condición de extranjeros. Ellos habían mantenido invariablemente una actitud profesional de tipo europeo, manteniéndose fieles a la autoridad legítima en todas las vicisitudes de los años precedentes y oponiéndose a los movimientos subversivos. En premio recibían ahora una separación deshonrosa, que en el caso de Tupper fue tanto más ingrata en cuanto cayó víctima del encuentro al ser ultimado, después de rendido, por un piquete de soldados y de indios incorporados a las huestes de Prieto.

Días más tarde, el 7 de mayo, el gobierno obtenía del Congreso de Plenipotenciarios un acuerdo secreto para confinar o desterrar a los prisioneros del ejército de Freire y a cualquier otro individuo[72].

Las determinaciones gubernativas eran doblemente odiosas, pues recaían sobre jefes distinguidos y se tomaban contra el ejército que había defendido el orden institucional.

---

[72] *Sesiones de los cuerpos legislativos,* tomo XVIII, pág. 232.

En los campos de Lircay quedó definida, sin lugar a dudas, la victoria del gobierno, pero un cuerpo de tropas al mando del coronel Viel pudo retirarse en orden y dirigirse por tierra hacia Coquimbo, con el propósito de reagrupar fuerzas e iniciar una nueva ofensiva. Para dispersarlo se dispuso la salida de una división cuyo mando ofreció Portales al general José Santiago Aldunate, jefe de gran prestigio y ánimo equilibrado, que permanecía alejado de los asuntos públicos y rehuía mezclarse en luchas internas.

Aldunate se mostró reticente para aceptar el cargo y solo cedió por la insistencia del ministro Portales. Los hechos en que se vio envuelto y el extraño procedimiento del gobernante son descritos por el mismo general en una carta dolorida que escribió más tarde a Manuel Blanco Encalada, cuyo texto ahorra comentarios: "Como yo, para hablar con verdad, no sostenía compromisos personales, ni estaba encarnizado contra el partido contrario, determiné interiormente hacer todo lo posible para evitar otra catástrofe como la de Lircay: 1°. porque ni el país ni el gobierno reportaba [obtenía] utilidad alguna con otro triunfo de otra clase; 2°. porque cada día que durase más la guerra, serían diez años de atraso para el país, y gran ruina para el erario; 3°. porque con un tratado se darían garantías a algunos oficiales beneméritos, que de otro modo hubieran sido dados de baja, quedando en la mayor miseria, etc.

"Instruido yo de estas máximas, pero conociendo al mismo tiempo el encarnizamiento y preocupación de las personas que capitanean los partidos, quise, antes de marchar, recibir instrucciones y órdenes terminantes para consultarlas con mí conciencia, y determinarme o no [según fuesen ellas] a tomar sobre mí una gran responsabilidad con el mando de la división. En conversaciones particulares con el presidente y ministro no dejé de hacerles entender que mi decisión últimamente dependía de las instrucciones que me dieran. Más claro: les hice comprender indirectamente, que si el Gobierno no concedía algunas garantías a los individuos que continuaban en el norte haciendo la guerra, yo no podría tomar el mando de la división, porque fiel a mi propósito, aunque fuera a costa de mi empleo, no tomaría parte en la guerra civil, y sólo marcharía al norte lisonjeado de que podía cortar la guerra... Creo con muchísimo fundamento, que de resultas de esas conversaciones determinaron no darme instrucciones, y creo también, que ellas me hubieran prescripto cosas que hubieran rechazado mis opiniones. Insté al fin por las instrucciones, y dije que no marcharía sin ellas. Se me ofreció remitírmelas a Aconcagua, y tampoco fueron allá; hasta que cansado de esperar, y conociendo que con estudio se demoraban, dejándome, puede decirse, como indirectamente autorizado para obrar, pero echándome a mí la responsabilidad"[73].

Mediando esa situación, Aldunate dirigió su renuncia desde San Felipe, sin que el gobierno se pronunciase sobre ella y dejando las cosas en el mismo estado de ambigüedad; pero mientras tanto, el general continuó con la misión que le había sido confiada, marchando con las tropas hasta Choapa. En el trayecto recibió un oficio de Portales anunciándole el envío de algunos refuerzos y aconsejándole que mientras tanto no aventurase una lucha incierta, por cuanto el nuevo contingente podría ser bastante "para hacer entrar en su deber a los que siguen la bandera de la anarquía"[74].

Con esas palabras parecía respaldarse la decisión de llegar a un acuerdo.

Cuando las fuerzas rivales se preparaban para un choque en las cercanías de Illapel, el futuro se presentaba oscuro para Viel y sus hombres, aunque estaban en condiciones de tomar la iniciativa con éxito momentáneo. La situación táctica inmediata de la división de Aldunate era insegura por la falta de elementos materiales y porque aún no se reunían todas las tropas que debían integrarla. En tales circunstancias un arreglo era posible, y Aldunate emprendió una negociación. Viel estuvo de acuerdo y aceptadas las condiciones, ambos suscribieron el tratado de Cuzcuz el 17 de mayo. Según sus cláusulas, las tropas y oficiales de Viel se incorporaban a la división gobiernista, mantendrían sus grados y no serían perseguidos por sus actuaciones durante la guerra civil. Los soldados que lo deseasen serían licenciados y se otorgaría salvoconducto a los civiles que habían acompañado a Viel. Este último, consecuente con sus principios, renunció a esas garantías y consignó su propósito de correr la misma suerte de los jefes que se habían negado a reconocer al Congreso de Plenipotenciarios.

El general Aldunate tomó inmediatamente las medidas para dar cumplimiento ordenado al tratado. Parte de los soldados fue incorporada a su división, otros fueron licenciados y Viel pudo dirigirse a Valparaíso con el evidente deseo de ponerse a salvo de cualquier medida. Tres capitanes y otros oficiales marcharon a Santiago confiados en las estipulaciones del pacto.

[73] La carta de Aldunate, de 23 de junio de 1830, fue publicada sin su consentimiento en el periódico *El defensor de los militares denominados constitucionales* de fecha 30 de agosto del mismo año.

[74] Citado por Barros Arana, *Historia jeneral de Chile,* tomo XV, pág. 589.

Sin embargo, el convenio contrariaba la decisión de Portales de dar de baja y perseguir a los derrotados de Lircay, y la situación era tanto más embarazosa en cuanto estaban comprometidos el prestigio y el honor del general Aldunate. Por esas razones, el ministro vaciló durante algunos días, hasta tomar una resolución inquebrantable: desconocer el tratado y proceder contra los oficiales de Viel.

La ambigüedad inicial, deliberada o no, derivaba en un conflicto moral.

Según el parecer de Portales, Aldunate no había sido dueño de su palabra y, por lo tanto, no le comprometía, sobre todo porque "sin instrucción ni facultad para tratar" no podía haberlo hecho sin consultar al gobierno. Pero tratando de dar alguna satisfacción al general amigo, le autorizó para asegurar a la gente de Viel que sus vidas serían respetadas.

La desautorización era un golpe muy grave para Aldunate, en cuanto se desconocía su palabra y los rivales ya se habían sometido, quedando a merced de las autoridades de Santiago. La buena fe era defraudada y podía pensarse que Aldunate se había prestado para una felonía. Mediando esos hechos, el general envió desde La Serena un oficio solicitando se le sometiese a consejo de guerra con el fin de aclarar su conducta y abriendo su pecho a Blanco Encalada, en la carta ya mencionada, dejó ver que había sido víctima de un juego deshonroso.

"Estoy sumamente aburrido –escribía al amigo– y deseo solamente que se me juzgue para soterrarme en un lugar donde nadie me vea... Yo bien creo que el gobierno es el primero que ha gustado de la cesación de la guerra; pero para aparecer ante el público con firmeza, presume desagrado. Una de las razones o la principal para la desaprobación, es la falta de instrucciones; y esto es lo que casi me ha vuelto loco, porque casi toca esto en mala fe. ¿Podrá negárseme que he pedido instrucciones repetidas veces? ¿Que no quería marchar de Santiago sin ellas? ¿Que al fin salí porque se me prometió mandármelas a Aconcagua? ¿Que de este punto hice mi renuncia, asegurando, que con los documentos que tenía no podía responder del éxito de la campaña? ¿Que no se me contestó nada oficialmente ni tampoco se me remitieron nunca las instrucciones? ¿No podré yo probar que con estudio se me han retenido? ¿Por qué culparme ahora?".

La actitud cavilosa de Portales, sugerida por Aldunate, es bastante verosímil, pues el ministro utilizó en muchas ocasiones la intriga y métodos vedados para alcanzar sus objetivos. Él sabía perfectamente que Aldunate era un pacifista y habría aprovechado su prestigio y fama de ecuánime en la convicción de que procuraría la capitulación de Viel. Por eso la situación habría quedado en estado de ambigüedad y no se habría dado por enterado de la renuncia del general, dejando que las cosas siguieran su curso. Una vez lograda la rendición sería fácil desautorizarla, quedando todos los beneficios para el gobierno sin haber disparado un tiro.

Presentada la petición de consejo de guerra por Aldunate, Portales la rechazó y luego envió a este un oficio explicándole la confianza del gobierno. En opinión del ministro, el general se había excedido en sus atribuciones y, en todo caso, un tratado debía contar con la ratificación de la autoridad superior para que tuviese vigencia. Le manifestaba, además, que el gobierno no dudaba de que había actuado con buena intención, aunque con errores de concepto.

En forma muy dura, el oficio recordaba las fechorías causadas por muchos de los integrantes de la división de Viel, presentándolos como verdaderos delincuentes, con quienes no se podía tener consideración y menos celebrar acuerdos.

El tono del oficio, en las palabras y en el fondo, era un verdadero reproche para el jefe militar, tanto por atribuirle desconocimiento de sus deberes y facultades reales, como por haber tratado con gente nefasta rebajando su propio honor. Se le daba una satisfacción, pero a la vez se le criticaba.

No sabemos cuál pudo ser la reacción de Aldunate frente a esa comunicación ni qué nuevas circunstancias o entretelones pesaron en su ánimo. El hecho es que decidió seguir colaborando con el gobierno desde las filas del ejército y luego fue designado intendente de Coquimbo. Mientras tanto, la persecución contra la gente de Viel había sido llevada adelante. Los tres capitanes que se habían dirigido a Santiago fueron aprisionados y el resto de los oficiales quedó confinado en la ciudad y sometido a vigilancia. El mismo Viel optó por refugiarse en una fragata francesa de guerra y permaneció abordo algunos meses, hasta que el gobierno le condenó a destierro.

La suerte de Ramón Freire no fue mejor. Después de Lircay se dirigió por caminos extraviados a la hacienda de Chena, en las cercanías de San Bernardo. Su presencia fue conocida por el gobierno, que se abstuvo de actuar y aun le hizo saber que no impediría su salida al extranjero. Se respetaban así los servicios prestados por el general, antiguo amigo de Portales, y se evitaban los inconvenientes y críticas que acarrearían al gobierno medidas violentas contra un personaje que gozaba de gran prestigio y popularidad.

Freire pensaba que la causa constitucional no estaba enteramente perdida y con unos pocos amigos y servidores se dirigió al norte, cuando la división de Viel aún no capitulaba. En el valle de Aconcagua, sin embargo, tuvo una caída de caballo y debió regresar a las cercanías de la capital, donde fue detenido por las autoridades.

El nuevo intento de Freire había hecho cambiar las cosas, porque mostraba que el general persistía en su lucha contra el gobierno pelucón. Portales perdió entonces los estribos, preparó el destierro, y para dar mayor base a su determinación pidió el acuerdo del Congreso, en una gestión que no pasaba de ser una mascarada. Con ese objeto envió a aquel organismo una comunicación con desusadas críticas contra su víctima. Le presentaba como un vulgar ambicioso, movido por una desmesurada obsesión por alcanzar el poder, sin reparar en medios. "Su ambición –decía el documento– defraudó las rentas del erario, arruinó la riqueza de muchos particulares, comprometió la neutralidad de los extranjeros, llevó la guerra civil hasta las extremidades de la república, y puso a la patria a los bordes del precipicio"[75]. Aludía luego a su "falso patriotismo y la fingida bondad de su carácter", para terminar proponiendo su expulsión del país.

Solamente la pasión podía lanzar tales acusaciones contra un hombre que siempre dio muestras sobradas de idealismo y de desapego del poder y que en sus actuaciones no tuvo otra culpa que ser contradictorio a causa de sus pocas luces. Su bondad y aun su ingenuidad no podían ser discutidas y menos aún su honestidad y sus buenas intenciones, de modo que las acusaciones de haber defraudado las rentas del Estado y arruinado a muchos particulares eran de indudable mala fe. Los otros aspectos, aludidos en forma ambigua, no eran más que el efecto lamentable de una guerra civil en que todos habían participado.

Como era de esperar, Freire fue deportado e igual suerte corrieron algunos oficiales que le habían sido adictos. Se completó así la persecución contra los militares constitucionales.

Una segunda tarea iniciada por Portales con el propósito de afianzar al gobierno fue silenciar a la prensa. Para ese efecto hizo modificar la composición de los jurados de imprenta, integrados por ciudadanos que decidían si había lugar a la formación de causa. No necesitaba, sin embargo, recurrir a los tribunales para silenciar a cualquier periódico opositor, porque la facultad secreta para confinar y desterrar podía usarla discrecionalmente contra los que criticasen al gobierno. Pesaba, además, el ambiente opresivo que rodeaba a los escritores de oposición.

---

[75] *Sesiones de los cuerpos legislativos.*

No obstante la situación adversa, en junio comenzó a publicarse *El defensor de los militares denominados constitucionales*, que se propuso mostrar a la dictadura en una de sus principales incongruencias. Junto con recordar los servicios de las víctimas, presentó las injusticias cometidas con ellos por el hecho de haber apoyado la causa de la legitimidad. Derivó también a críticas de carácter político por las actuaciones gubernativas y se atrajo de ese modo la ira de Portales, cuyas medidas no se dejaron esperar. Cuatro de los colaboradores del periódico fueron apresados y confinados en diversas ciudades mientras un quinto era enviado al exilio, donde falleció meses más tarde.

Otro periódico que debió cerrarse a causa de la persecución fue *El criticón médico*, uno de cuyos autores era el médico español José Passamán, caracterizado por sus críticas al gobierno, que fue expulsado del país.

Un caso más bullado fue el de *El trompeta*, escrito con gran valentía y muy crudo en sus ataques al régimen. Para acallarlo se detuvo a cinco personas, incluidos el dueño de la imprenta, el impresor José Joaquín de Mora, cuya pluma podía adivinarse en los artículos más elegantes y mordaces.

Mora, junto con dos de los detenidos, fue enviado al extranjero; pero el ingenioso español no se fue sin ridiculizar a Portales y al vicepresidente Ovalle en versos dignos de alegrar las páginas de la historia.

El uno subió al poder
con la intriga y la maldad;
y el otro sin saber cómo
lo sentaron donde está.

El uno cubiletea,
y el otro firma, y no más:
el uno se llama Diego,
y el otro José Tomás.

El uno sabe que en breve
todo en humo parará;
el otro cree que en la silla
tiene su inmortalidad.

El uno lucha y se afana;
el otro es hombre de paz;
el uno se llama Diego,
y el otro José Tomás.

El uno hace los pasteles
con su pimienta y su sal;
el otro hasta en los rebuznos,
tiene cierta gravedad,

El uno es barbilampiño;
pero el otro es Mustafá:
el uno se llama Diego,
y el otro José Tomás.

El uno tiene en la bolsa
reducido su caudal;
el otro tiene unas vacas,
y un grandísimo sandial.

El uno saldrá a galope,
y el otro se quedará:
el uno se llama Diego,
y el otro José Tomás.

El uno es sutil y flaco.
que parece hilo de holán;
y el otro con su barriga
tiene algo de monacal.

El uno especula en grande;
el otro cobra el mensual;
el uno se llama Diego,
y el otro José Tomás.

De uno y otro nos reiremos
antes que llegue San Juan.
Uno y otro en aquel tiempo,
¡sabe Dios dónde estarán!

Quitándonos el sombrero,
gritaremos a la par:
¡Felices noches don Diego!
¡Abur don José Tomás!

La letrilla fue publicada en *El Trompeta* y no hubo quien no estallase en carcajadas. Fue comentada por amigos y enemigos del uno y del otro, se repetían los versos y se dijo luego que la herida había sido tan grande en el ánimo de Ovalle, que había apresurado su muerte, ocurrida tiempo después.

Aquella versaina fue también el canto de cisne de *El Trompeta*.

La expulsión de Mora fue la culminación del odio que le tenía Portales, manifestado con anterioridad en diversas medidas destinadas a perjudicar al Liceo de Chile, regentado por el español y que significaron el cierre del establecimiento.

Una comisión de adeptos al gobierno informó de manera desfavorable sobre el orden, la organización del colegio y la religiosidad, sin pronunciarse sobre el nivel de la enseñanza y los planes de estudio, que eran de indudable jerarquía e incluían asignaturas novedosas e importantes. Tomando pie de ese informe, Portales decidió retirar del Liceo las numerosas becas establecidas para su existencia, eliminó la subvención entregada para una sección de formación militar y promovió cuestiones sobre el arriendo del local de la Maestranza, de propiedad estatal, donde funcionaba el colegio.

Esas disposiciones y el ambiente creado en contra del establecimiento fueron más que suficientes para causar su ruina y la misma suerte tuvo que correr el colegio de señoritas dirigido con notable éxito por la esposa de Mora.

A la vez que perseguía a los enemigos políticos, Portales procuró afianzar al gobierno mediante el despliegue de la fuerza, comenzando por ajustes en el ejército. La expulsión de los oficiales constitucionales, más de 130, fue seguida de medidas constantes para mantener la disciplina y la adhesión al gobierno, en una oficialidad acostumbrada a la irresponsabilidad, la mala vida y los vicios, ocultos bajo las apariencias de una dignidad militar, los gestos formales y las palabras altisonantes. El peón de las medidas fue Joaquín Prieto en su calidad de general en jefe y luego como presidente. Portales procuró, además, valerse de jefes eficaces y leales, respaldando su carrera y entregándoles cargos de responsabilidad. Fue el caso de los coroneles José Antonio Vidaurre y de Manuel Bulnes, personaje equilibrado, discreto y leal.

La creación de la Academia Militar, destinada a dar formación rigurosa a los futuros oficiales y a inculcarles los principios del deber y la responsabilidad, fue otra iniciativa para dar solidez al ejército.

El arreglo del orden militar no podía, sin embargo, dar resultados inmediatos, porque los hábitos y la mentalidad de la gente de armas no eran modificables de la noche a la mañana. Bien lo sabía el ministro y por esa razón, queriendo contrarrestar el poder del ejército, echó mano de una organización colonial, las milicias, que habían sobrevivido apenas a los trastornos de la Independencia. Estaban compuestas por los hombres en estado de cargar armas de origen modesto, aunque muchos se excusaban por distintas razones, y por oficiales de los altos grupos sociales que costeaban sus propios gastos. Solían reunirse los días festivos para efectuar ejercicios y práctica con las armas, y ordinariamente algunos hombres permanecían de turno para atender diversos trabajos: guardia en las cárceles, algunas tareas en los fuertes, traslado de reos, conducción de correspondencia oficial y otros menesteres. Los milicianos formaban generalmente cuerpos de infantería y su eficacia era reducida. No recibían remuneración pero se les asignaba algún pago para su mantención cuando estaban de servicio.

Portales procedió a formalizar las milicias y a organizarlas y dio instrucciones precisas para su disciplina y la realización de ejercicios que las pusiesen en pie de verdadera eficiencia. En Santiago se establecieron cuatro batallones y cantidades variables en provincia, llegando a sumar en total 25.000 hombres.

Bajo las nuevas orientaciones, la Guardia Cívica o Guardia Nacional, como se le llamó indistintamente, llegó a ser una organización armada numéricamente mucho mayor que el ejército y que alcanzó notable preparación. Estuvo compuesta de infantería y caballería en Santiago, y en Valparaíso de una brigada de artillería; contó con fusiles además de las tradicionales lanzas y sables, y se la dotó de uniformes. Su disciplina, la destreza en las evoluciones y el despliegue en batalla fueron de gran precisión.

Llevado de su preocupación por las milicias, Portales se hizo nombrar comandante de uno de los batallones de Santiago y cedió su sueldo para incrementar los fondos que se le destinaban. Posteriormente, siendo gobernador de Valparaíso, atendió en forma especial al adiestramiento de los cuerpos allí existentes. Su puntualidad en asistir a los ejercicios y las exigencias con la oficialidad y la tropa fueron proverbiales, logrando un desempeño que le enorgullecía. Obtuvo la cesión de un amplio espacio en Playa Ancha y ese fue su campo de Marte.

En carta a un amigo expresaba entonces: "Ayer me hallaba maniobrando en línea sobre el campo de Playa Ancha con una fuerza de más de 1.400 hombres de las tres armas, y me encontraba puerilmente lisonjeado con la idea de que Valparaíso no podría ser fácilmente penetrado por una fuerza invasora ni por las sugestiones y tentativas de los malos"[76].

---

[76] *Epistolario*, II, 418 y 443.

En otra oportunidad escribía: "voy disponiendo el campo para hacer de Valparaíso un punto de apoyo para la seguridad pública y para los hombres de bien comprometidos y que pudieran correr riesgo en un golpe de mano que acertaran los díscolos de Santiago".

Está claro que concebía a la Guardia Nacional como "un recurso de seguridad", según su propia expresión, y en ello no se engañaba, pues su poderío era comparable al del ejército y así quedó probado años después, cuando vengó la muerte del mismo ministro.

La actuación de Portales durante su primer ministerio se cierra con algunos hechos políticos importantes que debían afirmar al régimen.

En conformidad con la Constitución se efectuaron las elecciones de diputados y senadores y las de electores de presidente, resultando elegidos los partidarios del gobierno en inmensa mayoría.

Por otra parte, mediante un acuerdo inconstitucional se decidió adelantar la reforma de la Carta de 1828 que, según sus disposiciones, no podía ser modificada antes de 1836. Se ideó con ese objeto, en forma precipitada, una consulta a los electores aprovechando la elección de parlamentarios para determinar si otorgaban facultad a estos para acordar la reforma. El resultado no podía ser otro que el esperado.

Según las apariencias, Portales no tuvo la iniciativa en el asunto, que fue estimulado desde la prensa por Manuel José Gandarillas contando con la adhesión de los partidarios del gobierno, pero tampoco se opuso al plan de reforma ni a la nueva violación del código fundamental.

En medio de esos ajetreos falleció el vicepresidente Ovalle, el 21 de marzo, y fue reemplazado en calidad de interino por Fernando Errázuriz. Quedaba por decidir a quién elegirían los electores de presidente, pues la muerte de Ovalle significaba la desaparición del candidato más indicado.

La figura de Prieto adquiría importancia en esas circunstancias y Portales se resolvió a favor de él sin vacilaciones. El general, que nunca había mostrado ambición de poder, contaba con buenos y leales servicios a la causa pelucona y su triunfo en Lircay le había rodeado de prestigio. Con su persona era posible atraerse la voluntad del ejército, y colocado en la presidencia era un obstáculo para las pretensiones de los o'higginistas, que pugnaban por restablecer al prócer en el mando.

Bien sabía Portales la carta que jugaba.

Avanzados ya esos últimos manejos y elegido Prieto, que debía asumir la presidencia el 18 de septiembre, Portales renunció a sus cargos de ministro, pero rechazada su decisión y determinado a alejarse de la intervención directa en los asuntos de gobierno, aceptó ser subrogado por los oficiales mayores de los ministerios, quedando como titular.

El orden aristocrático y conservador

La sublevación de 1829, iniciada por grupos heterogéneos, tuvo el claro sello de una revancha aristocrática y conservadora que se propuso restablecer muchas de las viejas categorías coloniales.

Existía, en los años que vamos viendo, una aristocracia en sentido extenso, compuesta por el sector dueño de las haciendas, los altos cargos, de la cultura superior, del prestigio y el poder social, que comprendía por igual a pipiolos y pelucones, y que era la protagonista de la vida pública. Sus ramas se extendían a distintos puntos del país y era muy significativa la de Concepción. Pero dentro de ella anidaba el grupo más encumbrado, conformado por los poseedores de mayorazgos, las familias que habían tenido títulos de nobleza y que se encerraban en su espíritu pacato, muy ligadas a la Iglesia y discretamente orgullosas de su grandeza aldeana. Este grupo era esencialmente santiaguino.

Este núcleo, el más tradicional, fue el actor poco visible de la revuelta, pero fue el gran beneficiado con las actuaciones de Portales, Benavente, Rodríguez Aldea y Gandarillas en los ajetreos políticos y de los esfuerzos organizativos de Mariano Egaña, Manuel Rengifo y Joaquín Tocornal.

Un contemporáneo de espíritu liberal y ardoroso, Pedro Félix Vicuña, precisa de manera cruda el apoyo: "Portales, levantando a los que llamábamos godos y habían servido con fanatismo la causa de Fernando VII, a la aristocracia semibárbara de la época colonial, y lisonjeando al clero, que en la época pasada había perdido su importancia, había levantado un partido que no podía dejar de serle fiel. Las preocupaciones [prejuicios], los privilegios y el fanatismo eran impulsados como resortes de aquella organización"[77].

El papel retraído del grupo rancio se debía a la mediocridad intelectual y a un espíritu pusilánime vecino a la prudencia y no carente de alguna sabiduría práctica. En lugar de las actuaciones visibles y descollantes, prefería sumirse en el pequeño arte de la influencia, las presiones sutiles, el uso de los compadres, el rumor y el chisme, que terminaban por crear situaciones favorables para ella.

---

[77] Pedro Félix Vicuña, *Memoria íntima de don Pedro Félix Vicuña Aguirre*, pág. 92.

Portales, siendo de familia aristocrática, no se identificaba con su mentalidad y las costumbres de aquel sector. Era demasiado inteligente para quedarse en el mimetismo. Su ánimo altanero y realista le hacía objeto del sarcasmo y del desprecio y no sería aventurado pensar que él fuese quien más se riese con la figura de don José Tomás Ovalle en los versos de Mora.

En una rabieta epistolar se refería a ella en tono destemplado por los tropiezos puestos al gobierno, con palabras tales que los editores de las cartas debieron poner puntos suspensivos: "H... y p... son los que joden al Gobierno y son ellos los que ponen piedras al buen camino de éste. Nadie quiere vivir sin el apoyo del elefante blanco del Gobierno y cuando los h... y las p... no son satisfechos en sus caprichos, los pipiolos son unos dignos caballeros al lado de estos cojudos. Las familias de rango de la capital, todas jodidas, beatas y malas, obran con un peso enorme para la buena administración"[78].

No obstante el grosor de esas palabras y los denuestos variados contra los personajes de la aristocracia, en que abundan sus cartas, Portales fue el caudillo eficaz del núcleo tradicional y este se sintió interpretado por él en sus ideas y sus intereses.

Para poner las cosas en el orden correcto, debe entenderse que el éxito del ministro se debió a que supo encabezar las poderosas fuerzas sociales y mentales del pasado, que seguían gravitando a pesar del embate libertario e igualitario de la Independencia.

El gobierno fuerte y la imposición del orden –orden aristocrático– fue el principal aporte a la causa del grupo más elevado, porque de esa manera se preservaba su situación y el manejo del poder contra innovaciones peligrosas. Por esa razón "las familias de rango de la capital", no obstante ser "jodidas, beatas y malas" demandaban siempre los servicios del comerciante de Valparaíso.

La Constitución de 1833 es el documento capital del ordenamiento aristocrático, porque con su concepto del poder y sus disposiciones concretas estuvo destinada a consagrar las aspiraciones del núcleo tradicional.

Es sabido que Portales, ya retirado a Valparaíso, no tuvo interés especial en la Constitución y que no participó en su elaboración, aunque en alguna carta sugiere a los amigos inclinarse por los planteamientos de Mariano Egaña, que eran los más autoritarios y conservadores.

---

[78] *Epistolario*, I, 353.

El código de 1833 aparece traspasado por la obsesión del orden, que configura toda la vida pública y el funcionamiento del Estado bajo la mano poderosa del Presidente de la República. Ya el manifiesto emitido por el presidente Joaquín Prieto con motivo de la promulgación, expresó aquel sentido fundamental, anunciando que sería "el más severo observador de sus disposiciones, y el más cuidadoso centinela de su cumplimiento". Luego agregaba que los constituyentes "despreciando teorías tan alucinadoras como impracticables, sólo han fijado su atención en los medios de asegurar para siempre el orden y tranquilidad pública contra los riesgos de los vaivenes de partidos... La reforma no es más que el modo de poner fin a las revoluciones y disturbios, a que daba origen el desarreglo del sistema político en que nos colocó el triunfo de la independencia"[79].

Finalizaba el documento con un exhorto al respeto de la Constitución: "No omitiré género alguno de sacrificios para hacerla respetar, porque con su veneración considero que se destruirá para siempre el móvil de las variaciones que hasta ahora os ha mantenido en inquietudes. Como custodio de vuestros derechos os protesto del modo más solemne, que cumpliré las disposiciones del código que se acaba de jurar con toda religiosidad, y que las haré cumplir valiéndome de todos los medios que él me proporciona, por rigorosos que parezcan".

Habrá que estar de acuerdo con que la obsesión del orden era una verdadera amenaza.

Conforme la tendencia, los derechos y libertades consignados en la Constitución eran muy escasos. Se limitaban a la igualdad ante la ley, las cargas y los cargos públicos, la libertad de movimiento, la inviolabilidad de la propiedad, el derecho de presentar peticiones, la libertad de publicar opiniones sin censura previa y el derecho de *habeas corpus*.

En conjunto, esas estipulaciones eran más pobres que las consignadas en las constituciones anteriores.

Una gran latitud tenían las atribuciones del Presidente de la República que, según opinión de todos los historiadores y tratadistas del derecho, era una especie de monarca constitucional. Su periodo duraba cinco años, renovable por otros cinco. Además de las facultades corrientes en los jefes de Estado, contaba con otras que son características de un régimen autoritario. Solo podía ser acusado una vez concluido su man-

---

[79] Utilizamos el texto de la proclama y de la Constitución publicados por Luis Valencia Avaria en *Anales de la república*, tomo I, pág. 160, edición de 1951.

dato y hasta el plazo de un año. Las causales de la acusación eran haber comprometido gravemente el honor o la seguridad del Estado o infringido abiertamente la Constitución. Podía, en consecuencia, trasgredir el código fundamental siempre que no fuese abiertamente, y desde luego las leyes, que no se mencionan.

Concurría a la formación de las leyes mediante propia iniciativa e influía decisivamente en su tramitación: podía proponer modificaciones a los proyectos aprobados en la Cámara de Senadores y de Diputados o vetarlos por tres años consecutivos, salvo que ambas corporaciones insistiesen por los dos tercios de sus miembros presentes. Ello significaba que el presidente podía inhibir prácticamente la voluntad legislativa del parlamento. No se legislaba sin su anuencia.

Al primer mandatario correspondía designar a los magistrados de los tribunales de justicia a propuesta de esos mismos tribunales y del Consejo de Estado, y de igual manera los jueces letrados. Podía, por lo tanto, contar con un poder judicial obsecuente[80].

También le correspondía velar por la pronta y cumplida administración de justicia y la conducta ministerial de los jueces sin necesidad de recurrir a la Corte Suprema. El Consejo de Estado –hechura del presidente– conocía de los juicios de competencia entre las autoridades y los tribunales de justicia.

El presidente ejercía el derecho de patronato sobre la Iglesia como había correspondido a los reyes de España: proponía los eclesiásticos para los cargos de dignidad –obispos y miembros de los cabildos metropolitanos– y era de su resorte conceder el pase o retener las bulas, breves y rescriptos papales, salvo algunos casos que requerían la dictación de una ley.

El carácter aristocrático y conservador de la Constitución se expresa en diversos artículos. Las elecciones de presidente y de senadores eran indirectas, procediéndose a elegir los electores correspondientes, en el deseo de alejar de esa función al ciudadano común. Para mantener la estabilidad de las situaciones políticas se dispuso una duración de nueve años de los cargos de senadores y una renovación por tercios. La reforma de la Constitución debía tener necesariamente como cámara de origen la de senadores, y se requería la concurrencia de dos congresos sucesivos –mediando la renovación de la Cámara de Diputados– para

---

[80] No obstante que la modalidad para la designación de los magistrados ha subsistido en épocas posteriores, constituye de todas maneras una grave limitación a la independencia del poder judicial.

ser aprobada. La tramitación de la reforma era igual que la relativa a las leyes, incluido el veto presidencial. Es decir, la carta era irreformable si no existía un gran acuerdo político previo.

Un hecho muy significativo es que el código reconoció la existencia de las vinculaciones o mayorazgos, que habían sido abolidos por la Constitución de 1828, y consideró la posibilidad de disolverlos, reservando su valor a los herederos legítimos.

La situación de la Iglesia constituyó otro factor interesante dentro del régimen imperante, porque a pesar de la erosión causada por el reformismo liberal y las ideas modernizantes, conservaba su gran poder social.

A través del patronato siguió estrechamente ligada al Estado y mostró su adhesión a los gobiernos de Ovalle, Errázuriz y Prieto, que la favorecieron con diversas decisiones.

Una primera medida de gran significación fue la devolución de las propiedades rurales a las órdenes religiosas, que de esa manera recuperaban bienes considerables y reconquistaban una independencia económica que les había sido coartada por el sistema fiscal de subvenciones. Había, además, una cuestión moral: reivindicar el prestigio y el poder atropellado por la reforma liberal.

La restitución no solo era satisfactoria para el clero regular, sino que el común de la gente la vio como un acto de estricta justicia para superar una afrenta y tal vez un pecado.

También se procedió por entonces a separar el Seminario del Instituto Nacional, pues al crearse este último en 1813 se le había agregado el centro formador de sacerdotes junto con sus rentas. En el hecho, el sistema significó simplemente la existencia de dieciséis becas para seminaristas, sin llegar a constituir una sección especial, y con el paso del tiempo las obligaciones religiosas se relajaron, los estudios no fueron los adecuados y, en fin, dejaron de cumplirse a cabalidad los objetivos señalados por el Concilio de Trento para los seminarios.

La separación era razonable, pero sirvió para disputas entre los liberales, la Iglesia y el gobierno, hasta que el Congreso aprobó la separación y un decreto de 18 de noviembre de 1835, con la firma de Prieto y Portales, dispuso su cumplimiento y la devolución de las rentas.

Igualmente, el gobierno autorizó el restablecimiento del Colegio Franciscano de Chillán, que había sido nido, cuartel y fortaleza de la causa monárquica y que con los avatares de la Patria Nueva había quedado reducido a ruinas.

Según una anécdota, recogida por un cronista franciscano, el restablecimiento del convento habría recibido un apoyo oficial a raíz del triunfo pelucón en Lircay. El padre Domingo González, que buscaba los medios para esa tarea, se encontraba en el campamento de Joaquín Prieto en vísperas de la batalla y tuvo con el general un curioso diálogo.

Prieto: –Ore mucho, padre, para que salgamos bien, porque si Dios nos favorece con el triunfo, le restablezco su colegio.

P. González: ¡Oh! señor, si mis ojos cansados por la edad y por el dolor hubieran de ver en la tarde de mi vida tanta dicha, me postraría ante el Dios de los ejércitos en no interrumpida súplica.

Prieto desenvainó su espada y besándola dijo: –Juro que cumpliré mi promesa[81].

Así ocurrió en efecto.

Decisiones de otra índole pusieron de manifiesto la influencia del clero y los deseos gubernativos de complacerle. En consonancia con las ideas de los católicos y de los moralistas más rigurosos, se estableció la censura sobre la representación teatral y se agregaron funcionarios del Estado a la censura de libros importados, que la Iglesia ejercía de manera oficial desde los años coloniales.

El gobierno de Prieto se empeñó también en que al obispado de Santiago se le diese la categoría de arzobispado para constituirlo en sede metropolitana, quedando las otras diócesis como sufragáneas. Se solicitó a la Santa Sede, además, la erección de obispados en Coquimbo y Chiloé.

Esas medidas tenían lugar dentro de un marco más amplio, que Tocornal había señalado en la memoria ministerial de 1835: la necesidad de restablecer a la Iglesia en su antiguo pie. Al respecto el documento indicaba que era penosa la situación del culto y agregaba que "el estado de la Iglesia y de la educación religiosa es más triste todavía. Adonde quiera que se vuelvan los ojos, se ven templos ruinosos, ya por sus antigüedad y por la negligencia en repararlos... Pero la escasez de pastores es un mal todavía más grave; y si no se le pone pronto remedio, tendremos el dolor de ver casi extinguida la instrucción religiosa en algunos distritos, y privada de la administración de Sacramentos y de los consuelos espirituales una parte no corta de la población, que careciendo al mismo tiempo de todo género de enseñanza y acostumbrada a vivir errante, sin sentir casi nunca el freno de la ley, vendrá probablemente a caer en un estado de completa barbarie. La pintura que hacen los intendentes

---

[81] P. Roberto Lagos O.F.M. *Historia de las misiones del Colegio de Chillán*, pág. 530.

de las necesidades que padecen bajo este respecto un gran número de departamentos, es a cual más melancólica".

La memoria recordaba que en el distrito de Valdivia no había más que dos curatos y que en Chiloé, donde antiguamente había veintidós sacerdotes, no quedaban sino tres.

También preocuparon al gobierno las misiones entre los indios, que se encontraban en fuerte decadencia. Para difundir "la religión católica que profesa la nación", decía el decreto respectivo, se procuró traer misioneros desde Italia.

La Constitución de 1833 expresó la vinculación con la Iglesia al incluir las instituciones del patronato, y le dio una situación de privilegio en consonancia con el espíritu religioso de la sociedad. En su artículo 5° establecía que la religión de la República de Chile era la Católica Apostólica Romana, con exclusión del ejercicio público de cualquier otra. Una disposición similar había consignado la Constitución de 1828, pero a continuación había agregado que nadie sería perseguido ni molestado por sus opiniones privadas. Ahora desaparecía ese refugio íntimo.

Mediante el artículo 102 se dio cabida a un sacerdote constituido en dignidad –obispo o miembro de cabildo eclesiástico– en el Consejo de Estado, organismo asesor del presidente y dotado de algunas atribuciones específicas.

En otro orden de cosas, relacionado con los símbolos políticos y sociales, se juzgó importante disponer y reglamentar la participación de las autoridades en las ceremonias y procesiones religiosas. Se determinó que diez de estas eran de asistencia obligatoria para los altos dignatarios y aun para los empleados de los ministerios, los jueces, los profesores del Instituto Nacional y los militares de rango inferior. A todos ellos se les señalaba su ubicación de acuerdo con un orden de precedencia, las autoridades superiores debían concurrir con traje negro de corte y con espada, los militares con calzón corto, charreteras, medias y zapatos con hebillas y los funcionarios corrientes debían colocar la cucarda nacional en su sombrero[82].

El decreto respectivo fue de inspiración del ministro Joaquín Tocornal; pero es evidente que Portales, a pesar de la mofa que hacía de tales cosas, apreció su utilidad, pues dispuso por decreto del 1° de septiembre

[82] Decreto de 2 de agosto de 1832, firmado por Prieto y Joaquín Tocornal. *Boletín de las leyes, y de las órdenes y decretos del gobierno*, II, pág. 156.

de 1836 que las autoridades, funcionarios y militares concurriesen sin necesidad de citación previa[83].

La disposición favorable del gobierno hacia la Iglesia se debía a la fuerte conciencia religiosa de la mayoría de sus personajes y al apoyo que esta prestaba a la tendencia conservadora.

Entre los estadistas de religiosidad más acendrada se contaba al sacerdote Juan Francisco Meneses, espíritu conservador y tosco, antiguo funcionario del gobierno colonial que como adepto de la monarquía la había servido denunciando a los patriotas. Colaborador decidido del gobierno, se desempeñó como ministro de hacienda durante algún tiempo, sin contar muchas otras tareas.

Otro personaje extremadamente católico y conservador fue Joaquín Tocornal, empleado de la hacienda pública que ascendiendo posiciones y como propietario agrícola llegó a tener un puesto en los círculos aristocráticos. Vivía en las prácticas litúrgicas, la visita a las iglesias y el trabajo como síndico de un convento de monjas. Meticuloso, estricto y de poco vuelo, fue hombre de confianza de Portales y su colaborador en el Ministerio de Hacienda durante su segundo periodo.

Mariano Egaña también era hombre de sólida fe, pero su apego al derecho y su adhesión irrestricta al patronato estatal le enajenaron la voluntad de la Iglesia.

La actitud de Portales frente a la religión había llegado a ser, en cambio, de total indiferencia, pasando de la mística de los primeros años a un escepticismo de tipo volteriano y socarrón. Con motivo de una peste de escarlatina que iba cobrando muchas víctimas en Valparaíso, escribía a un amigo: "En el puerto han muerto algunos chiquillos de familias conocidas, y hemos tenido sacramentada a la Nieves Santa María; y, al largarla, la mujer de Manterola, la de Almeida y otras visibles; pero por la infinita misericordia de Dios, ya están todas fuera de peligro. El domingo en la noche vi salir el Rosario de Santo Domingo, que fue a ofrecer a la puerta de la casa de la Santa María; pero ha sido patente el milagro; porque mediante el Rosario y los purgos, sudoríficos, vomitivos y refrigerantes, la Nieves comenzó a mejorar desde el lunes. Mas, por uno de aquellos altos juicios, que no alcanzamos a comprender, han sanado las otras enfermas, que aunque no se les ha llevado el Rosario, tomaron los mismos medicamentos que la Nieves. ¡Oh Dios, qué grandes son tus bondades para con tus

---

[83] *Boletín* citado, II, 415.

criaturas! Si no vemos más que hombres de todas las edades j... a dos cabos, es porque así convendrá, y si D. Antonio Garfias y yo, que sabríamos hacer tan buen uso de la plata, no la tenemos, es porque conviene que la tengan tantos pícaros, miserables, enemigos de los de su especie. ¡Qué consuelo suministra nuestra santa religión! En ella espero vivir y morir creyendo y confesando todo cuanto cree y confiesa nuestra Santa Madre la Iglesia"[84].

Brutal y chocante se muestra en otra carta por la lejanía de las amigas a que estaba acostumbrado: "¿Sabe usted que la maldita ausencia de las señoras aun no me deja comer ni dormir a gusto? Examino mi conciencia con más proligidad que lo hacía cuando tomaba los ejercicios espirituales de San Ignacio, y encuentro que las quiero del mismo mismísimo modo que el señor San José a nuestra Señora la Virgen Santísima, no sufro erección con su memoria y todo el mal está sólo en el corazón, sin que descienda una sola línea"[85].

La falta de fe no le impedía reconocer el gran poder de la Iglesia y la influencia de los sacerdotes en la sociedad, como lo dejó de manifiesto al expresar que "creía en los curas y no en Dios". Esa misma idea está implícita en una carta relativa a la proposición de un nombre para el obispado de Santiago, que debía efectuar el gobierno. En su opinión, el indicado era el obispo de Ceram, Manuel Vicuña, "siempre obsecuente con el Gobierno, siempre pronto a cooperar con él a la causa del orden". Si no fuese el escogido, el gobierno se conquistaría "el desafecto de los hombres de bien y de la gran mayoría, que está convencida de la influencia que tienen en la política y en las buenas costumbres el orden y arreglo del Estado Eclesiástico"[86].

En su vida privada también dio muestras de creer en los curas y en el efecto ordenador de la religión. Estando en posesión de la hacienda de Pedegua –cercanías de La Ligua– estimó conveniente establecer un oratorio para el servicio de los campesinos. Escribió con ese objeto a Garfias, encargándole la adquisición de los ornamentos, que especificaba con minucia: un cáliz con todas sus arritrancas, un par de vinajeras de cristal, un misal, una cruz con un cristito, un buen lienzo del Carmen de una vara de alto y una piedra de ara que estuviese bendita. Procuraría adquirirlos usados para que fuesen más baratos, aunque esos y otros gas-

[84]   *Epistolario*, I, 404.
[85]   *Epistolario*, II, 393.
[86]   *Epistolario*, II, 260.

tos era necesario efectuarlos en "honra y gloria de Dios para domesticar esta gente"[87].

No era, sin embargo, la opinión de Portales la que provocaba la conjunción de la Iglesia y el gobierno, sino la tendencia común de aquella institución y de la rancia aristocracia. Esa razón explica que Portales aceptase a los eclesiásticos y ellos a él, a pesar de su vida de libertino.

[87] *Epistolario*, III, 220.

El uso práctico del poder

La experiencia durante el primer ministerio agudizó en Portales sus ideas referentes al manejo de los pueblos, tal como ya lo había expresado en sus misivas de Perú. Creía haber tropezado con un aparato gubernativo ineficaz, una falta de organización clara y una escasa aptitud funcionaria para actuar con decisión y responsabilidad.

Si esos hechos eran objetivos podría discutirse largamente; pero lo más probable es que la situación fuese la normal en términos administrativos y que por ello se hiciese insoportable para la vehemencia y las obsesiones de un gobernante que, personalmente, era la imagen viva de la eficacia y laboriosidad.

Los demás no estaban poseídos de la misma fiebre y el ministro había tenido que centralizar las decisiones y recargar su trabajo con preocupaciones subalternas. En ello no se violentaba, porque su carácter dominante se lo exigía y podía así imponer su voluntad. Faltaba, además, una buena organización y una legislación renovada, que por el momento no se podían abordar, debiendo quedar todo en manos de la autoridad superior.

Comentando estos temas a Joaquín Tocornal con motivo de su designación como ministro del Interior en mayo de 1832, fijaba claramente su pensamiento: "Yo creo que estamos en el caso de huir de reformas parciales que compliquen más el laberinto de nuestra máquina, y que el pensar en una organización formal, general y radical, no es obra de nuestros tiempos. Suponiendo que para ella no se encontrase un inconveniente en el carácter conciliador del gobernante [Prieto], demanda un trabajo que no puede ser de un hombre solo, y para el que no diviso los apoyos con que pueda contarse. En primer lugar, se necesitaría la reunión de unas buenas Cámaras por el espacio de tres años a lo menos; el Congreso nada hará de provecho y substancia por lo angustiado de los periodos de sus reuniones. Se necesitan hombres laboriosos que no se encuentran, y cuyas opiniones fueren uniformadas por el entusiasmo del bien público, y por un desprendimiento mayor aún que el que se ha manifestado en las presentes Cámaras, las mejores sin duda que hemos tenido. Los desaciertos y ridiculeces de Bolivia lucen porque son disparates organizados, pues han marchado con plan, y los funcionarios públicos han trabajado con un tesón que se opone a la flojedad de los chilenos y a esa falta de contracción aún a nuestros propios negocios particulares. Es, por estos motivos y otros infinitos que omito por no ser de una carta, poco menos que imposible el trabajar con éxito en una organización cual se necesita en un país donde todo está por hacerse, en donde se ignoran las mismas leyes que nos rigen, y en donde es difícil saberlas, porque es difícil poseer una legislación y entresacar las leyes útiles de entre los montones de derogadas, inconducentes, obscuras, etc., etc.[88]. Podrá decirse que al menos el gobierno puede dedicar sus tareas a la reforma de un ramo; pero debe responderse que estando tan entrelazados todos los de la administración, no es posible organizar uno sin que sea organizado otro o lo sean todos al mismo tiempo.

"El orden social se mantiene en Chile por el peso de la noche y porque no tenemos hombres sutiles, hábiles y cosquillosos: la tendencia casi general de la masa al reposo es la garantía de la tranquilidad pública. Si ella faltase, nos encontraríamos a oscuras y sin poder contener a los díscolos más que con medidas dictadas por la razón, o que la experiencia ha enseñado ser útiles; pero, entre tanto, ni en esta línea ni en ninguna otra encontramos funcionarios que sepan ni puedan expedirse, porque ignoran sus atribuciones. Si hoy pregunta usted al intendente más avisado, cuáles son las suyas, le responderá que cumplir y hacer cumplir las órdenes del gobierno y ejercer la subinspección de las guardias cívicas en su respectiva provincia. El país está en un estado de barbarie que hasta los intendentes creen que toda legislación está contenida en la ley fundamental, y por esto se creen sin más atribuciones que las que leen mal explicadas en la Constitución. Para casi todos ellos no existe el Código de Intendentes, lo juzgan derogado por el Código Constitucional, y el que así no lo cree, ignora la parte que, tanto en el de Intendentes como en su adición, se ha puesto fuera de las facultades de estos funcionarios por habérselas apropiado el gobierno general.

"*En el tiempo de mi ministerio* (como dice don J.M. Infante), procuré mantener con maña en este error a los intendentes, porque vi el asombroso abuso que iban a hacer de sus facultades si las conocían..."[89].

---

[88]   Portales tiene razón en su juicio, pues el cuadro de las leyes vigentes era confuso. Además de las leyes en uso desde la época colonial, que de las Leyes de Indias podían remontarse hasta las Siete Partidas, y aún el Fuero Juzgo, de acuerdo con el ordenamiento supletorio de Castilla, se encontraban las leyes y decretos dictados después de 1810. En esa maraña era difícil acertar a veces qué normas estaban vigentes, cuáles derogadas explícita o implícitamente y otras cuestiones sobre el uso y la costumbre como fuente de derechos.

[89]   *Epistolario*, II, 226.

El ex ministro se explayaba aún sobre la necesidad de dictar una ley de régimen interior que normase las obligaciones y facultades de las autoridades y cabildos y velar, también, por la conducta de los jueces.

Portales tenía un concepto del buen funcionario y cuando encontraba alguno adecuado lo apoyaba y procuraba asegurarle su carrera. Es evidente que en este caso experimentaba satisfacción.

Con motivo de la designación de Miguel Dávila como intendente de Santiago, junto con felicitarlo le daba los siguientes consejos: "El plan de conducta, único que puedo y debo señalar a usted, es el siguiente: cumpla escrupulosamente con las obligaciones de su cargo sin consideración alguna con intereses opuestos a la razón o la justicia. Yo bien veo que siguiendo bien esta máxima, se granjeará muchos enemigos, principalmente cuando sea consecuencia de algunas disposiciones generales que se vea obligado a tomar en obsequio del buen orden; pero crea usted, firmemente, que éstos lo serán sólo en aquellos momentos en que no consulten otra cosa que su interés particular, y que en su corazón harán a usted luego la justicia que se merezca. Estos actos, a medida que se repitan, darán a usted mayor respetabilidad, y los ataques que se le dirijan, harán, por consiguiente, menos impresión en el pueblo y al fin no se les dará importancia alguna"[90].

Esas normas éticas y de buen servicio debían conformar una eficiente administración pública en sentido general, pero Diego Portales no vacilaba en estimar que las autoridades debían estar muy atentas a imponer la política de los gobernantes, valiéndose de medios suaves o duros según las circunstancias. Ya en su segundo ministerio felicitaba por su desempeño al intendente de Aconcagua, Fernando Urízar Garfias: "Por aquella parte de su conducta ministerial, que se ha puesto en mi noticia, le voy descubriendo gobernaderas: veo que tiene Ud. la prudencia y la firmeza, y que entiende el modo más útil de conducir al bien a los pueblos y a los hombres. Palo y bizcochuelo, justa y oportunamente administrados, son los específicos con que se cura cualquier pueblo, por inveteradas que sean sus malas costumbres"[91].

Ahí se encontraba una pedagogía gubernativa, en que todo el aparato administrativo debía responder al "despotismo ilustrado" del ministro, deseoso de imponer la felicidad a la fuerza.

[90] Carta de 6 de febrero de 1833, Valparaíso. *Epistolario*, II, 350.
[91] *Epistolario*, III, 486.

Desprecio por el derecho y la institucionalidad

El principal mérito atribuido a Portales es la creación de un régimen político estable, basado en el derecho y la institucionalidad. Es el "régimen portaliano", superior a los personalismos y la arbitrariedad que, al crear la imagen abstracta de la ley y la autoridad, debía atender a los fines superiores de la nación.

En algunas ocasiones el estadista se refirió a esos temas de manera enfática, según su costumbre, y tomando como base sus palabras podría esbozarse lo que debió ser su pensamiento en tal sentido. Es lo que han hecho algunos historiadores y ensayistas.

La realidad documental, sin embargo, es mucho más compleja, porque partiendo también de otros testimonios de nuestro personaje, más enfáticos aún, su pensamiento toma un giro distinto, llegando a ser absolutamente contrapuesto.

El asunto, con todo, no es cuestión de énfasis en tal o cual sentido, sino de apreciar cuál de las dos posiciones revela de manera más exacta y sincera las ideas del ministro. También debe observarse cuál de ellas guarda consonancia con sus actuaciones concretas.

Las cartas de Lima nada plantean sobre esta materia, limitándose a una apreciación sobre los sistemas políticos y la necesidad de un gobierno fuerte, cuyos hombres fuesen "verdaderos modelos de virtud y patriotismo" en lo que parece insinuarse mayor confianza en las personas que en las instituciones y las leyes.

Portales, retirado de su primer ministerio, demostró escaso interés por la Constitución de 1833 cuando el proyecto se discutía en la Convención. Escribiendo a Garfias en mayo de 1832, le expresaba su resolución de no viajar a Santiago, a pesar de las instancias de los amigos del gobierno, y le agregaba: "no me tomaré la pensión [molestia] de observar el proyecto de reforma: Ud. sabe que ninguna obra de esta clase es absolutamente buena ni absolutamente mala; pero ni la mejor ni ninguna servirá para nada cuando está descompuesto el principal resorte de la máquina"[92].

---

[92] *Epistolario*, II, 203.

No puede ser más claro: no importa la normativa jurídica, sino el principal resorte de la máquina, es decir, la voluntad y la dureza de los hombres de gobierno y del sector social que representaban.

Meses más tarde, en diciembre, apenas mostraba interés por el avance de la discusión del código. Celebraba que la Convención marchase bien y deseaba saber si Egaña estaba contento con la labor, opinaba favorablemente sobre el artículo relativo a la esclavitud y reconocía que en una visita a Santiago había suplicado a los amigos que apoyasen el "voto" de Egaña, el más conservador y autoritario, "para evitar las demoras y males que ocasiona la divergencia hasta en los puntos o materias más insignificantes"[93].

Ese desgano es comprensible si ninguna constitución es absolutamente buena ni absolutamente mala.

En sus actuaciones públicas Portales demostró desprecio por el régimen constitucional, antes y después de asumir el poder. No tuvo inconveniente en apoyar el levantamiento de 1829 contra el orden constitucional, bajo pretexto, injustificable, de que los gobernantes pipiolos habían infringido el código de 1828. Luego dio de baja a los militares defensores de la legitimidad y, finalmente, aceptó la reforma de aquella Constitución antes del plazo que ella señalaba. Esta infracción es tanto más deplorable en cuanto el movimiento que llevó a Portales al poder fue efectuado para preservar la integridad de la Constitución y asegurar el respeto a ella. El mismo Portales así lo declaró reiterada y públicamente.

La conclusión que resta es que la intangibilidad de una constitución dependía, para Portales, de la utilidad que prestase a su posición política. Si no era así, podía vulnerársela.

En cambio, le resultaba insoportable una violación, por pequeña que fuese, si amagaba sus convicciones y los planes que había trazado. Así ocurrió en junio de 1833, residiendo en Valparaíso, cuando un episodio gubernativo le sacó de sus casillas. En esa oportunidad, el presidente Prieto dictó un decreto de ascenso a un oficial del ejército y como el ministro de la Guerra, Ramón de la Cavareda, se negase a suscribirlo, como disponía la Constitución, el presidente hizo que lo firmase el oficial mayor del ministerio y el nombramiento siguió su curso.

No era, aquella, una transgresión importante; pero bastó para que Portales saltase y tirase a Prieto la renuncia a su cargo de gobernador del puerto, aunque el asunto no le tocaba como tal. Su justificación, en carta

---

[93] *Epistolario*, II, 298, 302 y 303.

dirigida a Cavareda, revela un estado de ánimo exaltado: "Esto da lugar a esperar que la Constitución va a quedar impunemente atropellada, y abierta la puerta para quebrantarla en lo sucesivo.

"Habiendo sido yo uno de los que esforzaron más el grito contra los infractores e infracciones de 1828 y 1829; cuando en los destinos que me he visto en la necesidad de servir, he procurado con el ejemplo, el consejo, y con cuanto ha estado a mi alcance, volver a las leyes el vigor que habían perdido casi del todo, conciliarles el respeto, e inspirar un odio santo a las transgresiones que trajeron tantas desgracias a la República... cuando hasta hoy no he bajado la voz que alcé con la sana mayoría de la nación, contra las infracciones de la Constitución del 28... no puedo manifestarme impasible en estas circunstancias, ni continuar desempeñando destinos públicos, sin presentarme aprobando, o al menos, avenido ahora con las infracciones que combatí poco antes a cara descubierta"[94].

Si las anteriores pruebas no bastasen a demostrar la falta de aprecio por la ley escrita, existe otro documento, claro, preciso y notable por su espíritu y su lenguaje, que despeja toda duda.

La escena en Valparaíso, diciembre de 1834. El gobernador, en su gabinete, escribe a Garfias, agobiado por la idea de que unos sospechosos de sedición puedan escapársele amparándose en el vericueto de las leyes:

"Mi don Antonio

"A propósito de una consulta que hice a don Mariano (Egaña) relativa al derecho que asegura la Constitución sobre prisión de individuos sin orden competente de juez, pero en los cuales pueden recaer fuertes motivos de que traman oposiciones violentas al gobierno, como ocurre en un caso que sigo con gran interés y prudencia en este puerto, el bueno de don Mariano me ha contestado no una carta sino un informe, no un informe sino un tratado, sobre la ninguna facultad que puede tener el gobierno para detener sospechosos por sus movimientos políticos. Me ha hecho una historia tan larga, con tantas citas, que he quedado en la mayor confusión; y como si el papelote que me ha remitido fuera poco, me ha facilitado un libro sobre el *habeas corpus*. En resumen: de seguirse el criterio del jurisperito Egaña, frente a la amenaza de un individuo para derribar la Autoridad, el gobierno debe cruzarse de brazos, mientras, como dice él, no sea sorprendido *infraganti*.

"Con los hombres de la ley no puede uno entenderse; y así, para qué carajo! sirven las Constituciones y papeles, si son incapaces de poner

---

[94] *Epistolario*, II, 410.

remedio a un mal que se sabe existe, que se va a producir, y que no puede conjurarse de antemano tomando las medidas que pueden cortarlo. *Pues es preciso esperar que el delito sea infraganti.*

"En Chile la ley no sirve para otra cosa que no sea producir la anarquía, la ausencia de sanción, el libertinaje, el pleito eterno, el compadrazgo y la amistad. Si yo, por ejemplo, apreso a un individuo que sé está urdiendo una conspiración, violo la ley. Maldita ley, entonces si no deja al brazo del gobierno proceder libremente en el momento oportuno! Para proceder, llegado el caso del delito *infraganti*, se agotan las pruebas y las contra pruebas, se reciben testigos, que muchas veces no saben lo que van a declarar, se complica la causa y el juez queda perplejo. Este respeto por el delincuente o presunto delincuente, acabará con el país en rápido tiempo. El gobierno parece dispuesto a perpetuar una orientación de esta especie, enseñando una consideración a la ley que me parece sencillamente indígena. Los jóvenes aprenden que el delincuente merece más consideración que el hombre probo; por eso los abogados que he conocido son cabezas dispuestas a la conmiseración en un grado que los hace ridículos. De mí sé decirle que con ley o sin ella, esa señora que llaman Constitución, hay que violarla cuando las circunstancias son extremas. ¡Y qué importa que lo sea, cuando en un año la parvulita lo ha sido tantas por su perfecta inutilidad!

"Escribí a Tocornal sobre este mismo asunto, y dígale usted ahora lo que pienso. A Egaña que se vaya al carajo con sus citas y demostraciones legales. Que la ley la hace uno procediendo con honradez y sin espíritu de favor. A los tontos les caerá bien la defensa del delincuente; a mí me parece mal el que se les pueda amparar en nombre de esa Constitución, cuya majestad no es otra cosa que una burla ridícula de la monarquía en nuestros días.

"Hable con Tocornal, porque él ya está en autos de lo que pienso hacer. Pero a Egaña dígale que sus filosofías no venían al caso. ¡Pobre diablo!

"Hasta mañana. Suyo D. Portales"[95].

---

[95] *Epistolario,* III, 378.

Aparentemente, de acuerdo con la tendencia del derecho moderno, Portales tendría razón en cuanto al procedimiento que deseaba seguir en el asunto concreto. Pero es difícil calificar la materia en forma precisa, porque no hay mayor información y la duda aumenta porque el ex ministro expresa que "pueden" recaer motivos de sospecha sobre los personajes que vigila. Es posible que se tratase de una exagerada apreciación debida a la obsesión del orden, que se confirmaría porque en definitiva Portales no tomó medida ninguna. Egaña debió juzgar insuficientes los indicios o estimó que ellos no configuraban el delito de conspiración.

En todo caso, el asunto no altera en nada la cuestión de fondo que nos ocupa.

Imposible no disfrutar del lenguaje y la desenvoltura de las opiniones en una carta escrita con la vehemencia de un hombre genial.

En ella se encuentra, además, y esto es lo que nos interesa, un concepto sobre la Constitución y el derecho en términos más generales. Las "constituciones y papeles" no sirven si atan las manos del gobernante; la voluntad de este es el hecho determinante cuando hay "un mal que se sabe existe"; pero en esas consideraciones cae en una contradicción: si se sabe que el mal existe es porque hay pruebas suficientes para demostrarlo y se puede, por lo tanto, recurrir a la justicia cumpliendo con todas las disposiciones legales. Si las pruebas no existen o las presunciones son débiles, no hay razón para que la autoridad administrativa proceda, y la ley hace bien en limitar actuaciones arbitrarias.

La posición de Portales provenía de la opinión enconada que tenía contra los abogados y los jueces que, sin descartar que a veces cayesen en abusos y lenidad, debían, conforme a derecho, otorgar al inculpado todas las garantías para su defensa dentro de un juicio llevado con el rigor procesal. Esa era la traba que impedía a Portales actuar discrecionalmente.

En sentido más amplio, el comerciante y estadista sentía una repulsión hacia el derecho, que con sus elaboraciones y sutilezas se le presentaba como una entelequia intelectual divorciada de la realidad, que el hombre de acción debía enfrentar directamente.

Si el derecho es un fárrago de poca utilidad, bien puede violársele, al menos tratándose de las leyes fundamentales del Estado y sobre todo si "las circunstancias son extremas". En consecuencia, no existe una institucionalidad jurídica abstracta, permanente —en la medida en que puede serlo—, general y superior al gobernante. Este es el que decide con su personal criterio si se mantiene dentro de las leyes o las quebranta, lo que en esencia es la negación completa del derecho. La dirección de la nación queda entregada a la decisión del que gobierna. El estado de derecho es reemplazado por la voluntad personal.

En esas deducciones no hay exageración ninguna y es el mismo Portales quien se encarga de confirmarlas en frase memorable: "la ley la hace uno procediendo con honradez y sin espíritu de favor".

El gobernante es la ley.

No le preocupaba a Portales la subjetividad para juzgar cuando había una circunstancia extrema ni tampoco la determinación de honradez y ausencia de favoritismo que debía hacer el que manda. ¿Ha habido, en el mundo, algún gobernante que no se haya atribuido honradez y no tener espíritu de favor?

Pero no eran las concepciones generales y abstractas las que preocupaban a Portales, sino las cuestiones inmediatas, que él ya tenía resueltas con su criterio personal.

Si todo esto no es el personalismo más marcado y la negación de toda institucionalidad, no se comprende qué pueda ser.

Los raciocinios de 1832 y 1833 son consecuentes con los esbozados en Perú, cuando señalaba las características que debía tener el estadista y los atributos de su poder. Se confirman, por otra parte, con las medidas tomadas en su primer ministerio y con las que llevaría a cabo durante el segundo[96].

---

[96] El abogado señor Alejandro Guzmán Brito ha recopilado recientemente varios artículos suyos en el libro *Portales y el derecho*, uno de los cuales procura demostrar la solidez de las ideas jurídicas de Portales. Esa opinión, sin embargo, descansa en un enfoque equivocado y en el desconocimiento de hechos concretos. El autor reúne citas de las cartas en que el ministro alude a las leyes corrientes y el desempeño ajustado de los jueces. Pero ese no es el punto. No importa que Portales apreciase las leyes civiles, las que regulaban los negocios o la administración de justicia. El problema, tratándose de la actuación pública y el uso del poder, reside en el derecho constitucional y el administrativo; eludir esos aspectos es ocultar la verdad.

Es cierto que Portales declaró de manera enfática que debían observarse las disposiciones constitucionales en un caso que contrariaba su visión de la política. Pero no bastan las palabras de un personaje; es necesario conjugarlas con los hechos.

Guzmán elude sistemáticamente la violación de la Constitución de 1828, la aberración jurídica de las facultades extraordinarias, la monstruosidad de las leyes represivas y el manejo oscuro del poder oficial. No se detiene en el personalismo, declarado y hecho práctica, que es la negación del estado de derecho y de la institucionalidad. Más aún, en una actitud difícil de entender en un abogado y estudioso de la juridicidad, estima correcto el pensamiento de Portales de que una constitución debe ser violada cuando las circunstancias son extremas. En buen romance, el derecho es una pantalla tras la cual el gobernante, cuando lo estime necesario, puede actuar a su antojo. El derecho positivo, con sus normas generales de aplicación obligada y permanente, no existe. Por último, todo está entregado al arbitrio de la autoridad, del que detenta el poder y la fuerza. Es la negación más absoluta del derecho público, que señala de manera taxativa las atribuciones de las autoridades públicas. Además de ser este un principio universal del derecho, la Constitución de 1833 lo declaró explícitamente en su artículo 160: "Ninguna magistratura, ninguna persona, ni reunión de personas pueden atribuirse, *ni aun a pretexto de circunstancias extraordinarias*, otra autoridad o derechos que los que expresamente se les haya conferido por las leyes. Todo acto en contravención a este artículo es nulo".

En *Portales y el derecho* se mencionan los escasos estudios de derecho del personaje que, por supuesto, no prueban nada. Inútil resulta también el intento de establecer una influencia de Montesquieu en los conceptos políticos de Portales, pues sus ideas andaban diluidas en el ambiente y podía conocérselas sin haber pasado por lecturas directas. Más valioso que probar filiaciones intelectuales, que no preocupaban a Portales, es hacer hincapié en la poderosa inteligencia de este, superior a los estudios profundos para elaborar su pensamiento.

En historia no vale la pena estudiar cuanto asunto aparezca en las fuentes, sino que es tarea esencial del investigador concentrarse en lo que tiene un sentido explicativo de verdad. Para ello es indispensable una visión amplia e intuitiva –la sensibilidad cerebral de que hablaba Encina– que siendo admirable en Edwards, le llevó a percibir que en Portales lo importante era su genialidad y no sus estudios ni conocimientos teóricos.

Muchos otros alcances pudieran hacerse al libro *Portales y el derecho,* pero los señalados son los de más peso.

Lamentamos que el autor haya concurrido al "tribunal de la historia" con una mala defensa para una peor causa. Nos sorprende, más que nada, su ligereza en materias de derecho, que ningún tribunal podría admitir.

Desdén hacia el poder

Después del primer ministerio, que desempeñó durante diecisiete meses, desde el 6 de abril hasta el 31 de agosto de 1831, Portales volvió a sus trabajos habituales. El orden parecía asegurado y podía dar empuje a sus negocios, para cuyo objeto se estableció en Valparaíso, que le permitía, además, estar alejado de los rumores políticos, aunque no demasiado. Lograba, así, no quedar envuelto en las intrigas e influir con su correspondencia en los círculos de gobierno.

Portales rechazaba la ostentación, las formalidades y todas las vanalidades de una gran figuración. Nunca deseó estar en primer plano, prefirió actuar desde las bambalinas y si el compromiso era ineludible, situarse detrás del primer mandatario. Por eso estuvo junto a Ovalle, promovió la candidatura de Joaquín Prieto y aceptó ser ministro de ambos.

Se dijo de él que su ambición era tan desmedida, que no aspiraba a mandar él mismo, sino mandar a los que mandaban[97]. Esa apreciación, sin embargo, es una verdad a medias. No buscaba el mando por el mando, a manera de goce egoísta, sino que trataba de usarlo o de manipularlo desde atrás para impedir cualquier desviación en el camino del orden. De ahí su correspondencia llena de indicaciones para los hombres de gobierno, sus críticas, sarcasmos y estallidos de cólera, que indudablemente repercutían en Santiago. Desde lejos se mantenía vigilante y los amigos sabían que estaban bajo esa mirada de águila. La renuncia a los ministerios reiterada a pesar de que el círculo del gobierno procuraba retenerle en él, fue siempre sincera e insistente. Sus cartas, además, expresan continuamente el desapego por las actuaciones públicas y la búsqueda de una vida independiente y sin ataduras.

Establecido ya en Valparaíso y preocupado del "estado melancólico" de sus negocios, escribía a un amigo que no ambicionaba nada, conformándose con vivir en la pobreza, llevando la existencia que apetecía, y le agregaba: "jamás podría conformarme con la pérdida de mi independencia, de ese bien que siempre ha sido para mí el más estimable"[98].

[97] *Epistolario*, III, 369.
[98] *Epistolario*, II, 294

Más tajante aún se mostraba al referirse a las cuestiones públicas en carta a su amigo el ministro Joaquín Tocornal: "Usted no puede formarse idea del odio que tengo a los negocios públicos y de la incomodidad que me causa el oír sólo hablar sobre ellos; sea éste el efecto del cansancio o del egoísmo que no puede separarse del hombre, séalo de mis rarezas con que temo caer en el ridículo, porque éste debe ser el resultado de la singularidad con que suelo ver las cosas; en fin, séalo de lo que fuere, lo cierto es que existe esa aversión de que yo me felicito"[99].

A través de numerosos episodios puede apreciarse que eran los círculos de amigos pelucones los que requerían de Portales a cada paso, porque reconocían su personalidad avasalladora y le querían junto al gobierno o dentro de él. Había, en cierto modo, una abulia o cobardía para tomar medidas drásticas y se vivía esperando las señales de Portales o su presencia.

Con motivo de tres cartas, escritas de manera concertada por Fernando Elizalde, Joaquín Tocornal y Manuel Gandarillas, solicitándole que pasase a la capital, escribió a ellos en los siguientes términos: "Quieren ustedes que vaya a Santiago, ¿a qué? ¿Cuáles son los asuntos graves que hay que consultar conmigo, y que no puedan ser consultados con ustedes? ¿Cuáles son los males que hay que remediar, y de qué modo pueda yo conseguirlo? Si con el consejo, bueno o malo, ¿no podría darlo desde aquí? A más de que el Gobierno tiene en su seno un hombre [Manuel Rengifo] con quien puede consultar en todos los negocios en que desee saber mi opinión, porque casi siempre hemos andado acordes. Si, pues, no hay necesidad de presentarse en esa a lucir lo letrado, menos la hay de lucir lo guerrero, porque no diviso el enemigo que se presente a combatir, a menos que éste sea algún molino de viento o alguna manada de ovejas. Cuatro bribones despreciables son los que se empeñan en inquietar el cotarro ¿hay más que darles un grito? ¿Se pretende que yo sea el gritón?"[100].

Imposible una manera más directa de negarse y de enrostrar a los amigos su debilidad.

Parecida intransigencia y dureza mostró frente al presidente Prieto, que requería de su presencia y apoyo en marzo de 1834: "Siento tener que contestar su estimada de 22 del corriente, que recibí ayer a mediodía, negándome a la petición que en ella me hace, de pasar a Santiago

---

[99] Carta de 16 de julio de 1832. *Epistolario*, II, 226.
[100] Carta de 29 de febrero de 1832. *Epistolario*, II, 449.

para conferenciar sobre la renuncia de los señores ministros Tocornal y Rengifo.

"Estoy íntimamente persuadido de que el mejor servicio que puedo hacer al país en las presentes circunstancias, es llevar adelante mi resolución de no mezclarme en los asuntos públicos, y separarme hasta de las ocasiones que pudieran tentarme a faltar a mi propósito. Éste tiene su origen exclusivo en las mejores intenciones y en el más decidido patriotismo, y si es mal interpretado por algunas personas, atribuyéndolo a egoísmo o a lo que quieran, nada me importa, mientras yo descanse en una conciencia pura; y espero que el tiempo y las ocurrencias me vindiquen.

"Por otra parte, usted se ha equivocado creyendo que puedo influir en el ánimo de esos señores. Ni mi genio, ni mi modo de proceder, ni mis circunstancias, son para ejercer ascendiente sobre nadie, y menos sobre ellos.

"...Yo protesto a usted que ignoro absolutamente la razón que haya movido a los señores Tocornal y Rengifo a renunciar los Ministerios: pero..., no puedo creer que deje de ser alguna muy grave, y que ésta estuviese en el conocimiento de usted al tiempo de escribirme su citada carta, y si es así, no sé quien pueda hacerles volver atrás, si no es usted mismo.

"Tampoco veo, como usted, que el horizonte político se muestre nebuloso por la renuncia de los ministros. Lleve el gobierno una marcha franca, legal, decente y honrada, y ni se nublará el horizonte, ni tendrá que temer, aunque se nuble.

"Deseo que usted lo pase bien, y que ocupe en todo aquello que puede serle útil, a su afectísimo y atento seguro servidor"[101].

Mediante ese tono abrupto y claro, el ex ministro pudo mantenerse distante de las contingencias e influir en ellas a la vez. Extraña, sin embargo, su afirmación de no tener influencia sobre los hombres de gobierno ni ser inclinado a ejercerlo, que debe entenderse solo como un alegato cerebral, reñido con la realidad y su verdadero carácter.

Las funciones públicas y el papel predominante dejaron al comerciante de Valparaíso en posición incómoda, porque la gente acudía a él con cualquier motivo. En cierta ocasión que debió viajar a Santiago por algunos negocios particulares, decidió hacerlo oculto para evitar rumores y visitas inoportunas. Entonces comentaba a Garfias que había tomado esa determinación porque "Santiago se ha declarado en murmuración

---

[101] *Epistolario*, III, 217.

permanente del gobierno, y no dude usted que se aumentaría con mi presencia a tal punto que, sin quererlo, me vería metido en algún chisme desagradable... Todo el mundo querría venirse a desahogar conmigo, comprometiéndome en conversaciones de que más conviene huir".

También temía a los que se presentasen con empeños, de modo que entre todos, escribía, "no me dejarían tiempo para nada; a menos que se quiera que esté con un palo levantado en la mano para descargarlo sobre todo el que me hable más que la salutación. Necesitaría mucho tiempo para responder sólo a las preguntas de 'como le ha ido en el puerto; cuando llegó, cuando se vuelve'; y estoy cierto que no faltaría jamás el estribillo de 'usted no debe volverse y debe estar cerca del gobierno', etc."[102].

Comentando esas circunstancias a Garfias, se preguntaba: "¿Habrá situación más infame? Que siendo yo el hombre más libre, tenga que ser el más esclavo y el más sometido a miramientos"[103].

La omnipotencia y el acoso de la gente con toda clase de sugerencias o fines particulares fue una experiencia tan desagradable, que expresó a un amigo "estar tan saciado de influencia, que no ejercía ni quería ejercer la más pequeña, ni en el gobierno ni en persona alguna"[104].

Dada esa repulsa, hay que imaginar cuánto debió forzar su voluntad para aceptar los ministerios la primera vez y con mayor razón la segunda.

Sin embargo, entre esas dos oportunidades jamás dejó de preocuparse de asuntos específicos de gobierno y de influir bajo cuerda en algunas orientaciones. Para ello contaba con los buenos oficios de Antonio Garfias, que le informaba de cuánto ocurría y era su voz ante el presidente Prieto, Rengifo, Tocornal y demás amigos. Bastaba una opinión de Portales para cambiar una decisión y él mismo se valía de argucias e intrigas para lograr sus objetivos. En un apunte para redactar una carta anotaba en cierta oportunidad: "Asustar a Prieto; intrigar a Tocornal dando alas a Rengifo. Lanzar a Gandarillas en la pelea sin que sepa el objeto. Alejar a Benavente, que es temible"[105].

El alejamiento de Portales de las tareas gubernativas en agosto de 1831 fue solo parcial, porque a petición de sus partidarios mantuvo el cargo de ministro de guerra y marina, quedando el despacho en manos de los oficiales mayores de cada una de esas subsecretarías, como las

[102] Carta de 19 de diciembre de 1831. *Epistolario,* I, 364.
[103] *Epistolario*, I, 467.
[104] *Epistolario*, II, 484.
[105] *Epistolario*, III, 226.

llamaríamos hoy día. En esas condiciones, manifestó su voluntad frente a cuestiones concretas, aprobó o desaprobó algunas decisiones gubernativas; pero mantuvo en general una actitud de reserva.

Ansioso, finalmente, de separarse de toda vinculación oficial con el gobierno, después de hacer presente varias veces su deseo de abandonar el cargo, presentó la renuncia en julio de 1832, valiéndose de Joaquín Tocornal para hacerla presente, a quien dirigió una carta reservada: "Con esta fecha hago, por conducto de usted, la renuncia del Ministerio de la Guerra. Sé que la maledicencia y la chismografía van a encontrar en ella un material en que cebarse por los primeros días, pero yo lo encontraré para divertirme, impasible, en los mismos tiros que me dirijan".

Entre las razones que motivaban su decisión, manifestaba a Tocornal el deseo, de evitar que se dijese que mantenía el cargo por ostentación. Además, agregaba, "no tendrán para qué acordarse de mí, ni molestarme los huesos los chillanejos [Rodríguez Aldea], los Pradeles, los López, los Zentenos, los Osares, etc., etc., etc.; y lo que es más, no habrá lugar a ciertos chismecillos, odiosos o muy pueriles... así no me atribuirán cosas que ni he pensado, y yo no pasaré por la violencia de andar velando sobre mi mismo, mis palabras y pasos, porque mi opinión o acción más inocente se interpreta como se quiere".

La holgura de la vida privada no podía faltar entre sus motivos: "he aprendido que los pocos años que me quedan debo pasarlos en la vida que más me agrade, y para conseguirlo necesito ponerme en la mayor distancia que pueda del gobierno y de los negocios públicos, y aunque en realidad lo estoy, sólo la apariencia o la retención del título de ministro me traen muchos malos ratos, pues juzgándome por esto en comunicación estrecha con el gobierno, soy víctima de los empeños y de otras frecuentes calas mortificantes; como ministro, aunque sea en el nombre, tengo visitas que me dan de patadas en el estómago, consultas que me dan sueño, y que me privan de la comodidad de hacer en mi casa lo que me da la gana".

Terminaba solicitando a Tocornal que el decreto de admisión de la renuncia fuese extendido "sin esa hojarasca que place a los miserables". Así se efectuó con fecha 17 de agosto de 1832.

Poco tiempo más tarde, sin embargo, el 4 de diciembre, fue designado gobernador de Valparaíso, cargo que desde la época colonial unía las funciones civiles con las militares. Se mantuvo en ese puesto hasta el 10 de diciembre del año siguiente, a pesar de haber presentado su renuncia cinco meses antes.

El encanto de la vida apacible

El desapego por las funciones públicas no era tanto una actitud meditada, como el efecto de un impulso anímico que desde el interior llevaba al hombre a complacerse en una existencia de pequeñas cosas, las grandes cosas.

Su independencia personal y la vida desaprensiva, al margen de obligaciones y formalidades sociales, que defendió con espíritu casi selvático, estuvo ligada a los negocios y al éxito en ese campo. Buscaba una holgura que le permitiese vivir sin apuros y entregado al buen pasar. Eran los asuntos triviales que menciona a veces entre cuestiones mercantiles, indicaciones para economizar o palabrotas contra los amigos. Necesidad de un buen caballo, una vihuela bien encordada, las reuniones alegres en la "filarmónica" y también el cuidado por la buena presencia: la vestimenta, un bisoñé para disimular el avance de la calvicie, contratación de un barbero cuidadoso, etcétera.

El retiro a Valparaíso le resultó duro, porque debía renunciar a los escasos placeres de Santiago y si se conformó con dar ese paso fue porque así lograba mayor independencia: "todo cuanto hay de caro y agradable –comentaba en una carta– se me ponía por delante: mis amigos y amigas, Alameda de la Cañada, la facilidad de tener buenos caballos, en fin, todo se me representaba con los más vivos colores al lado del cuadro triste que presenta Valparaíso, en que se carece de todo, especialmente de los objetos que pudieran satisfacer mi única pasión vehemente que (¡ay de mí!) desaparecerá a la vuelta de muy poco tiempo... Pero triunfó al fin la razón, que aconseja la separación de Santiago, cuyo sacrificio es el fruto que por precisión tengo que recoger de mis mediocres servicios al país"[106].

Las reuniones con amigos y amigas, salpicadas de tragos y rasgueo de guitarras, en las que exigía decencia, eran su delicia y, según recuerdo de los contemporáneos, cuando cayó en el mal negocio de la hacienda de Pedegua y de el Rayado, si estaba de ánimo en la modesta casa que ocupaba, hacía disparar un volador para que algunas amistades de las cercanías, con guitarras y damajuanas fuesen a alegrar sus noches. Con-

---

[106] *Epistolario,* I, 453.

currían, entonces, algunas mozas que ponían el encanto de su belleza morena.

Los placeres corrían siempre en la intimidad y eran sobradamente conocidos.

En aquella hacienda pudo gozar de un aislamiento relativo y entregarse a sus gustos lejos de la mirada escudriñadora de la gente mala de la capital. El buen amigo Garfias era el agente para conseguir cualquier cosa que echase de menos: "con los mozos de Larraín –le escribía entonces– mándeme una guitarra hecha en el país, que sea decentita, de muy buenas voces, blanda, bien encordada y con una encordadura de repuesto. Le prevengo que no quiero guitarra extranjera, sino de unas que he visto muy decentes hechas en Santiago, y cuyo precio es de cinco a seis pesos". Tampoco vacilaba en invocar a la divinidad para que su amigo Garfias le enviase tales o cuales cachivaches: "Por Dios le pido que me mande dos matecitos dorados de las monjas, de aquellos olorocitos: con el campo y la soledad me he entregado al vicio, y no hay noche que al tiempo de tomar mate no me acuerde del gusto con que lo tomo en dichos matecitos; encargue que vengan bien olorosos para que les dure el olor bastante tiempo, y mientras le dure éste, les dure también el buen gusto; junto con los matecitos mándeme media docena de bombillitas de caña, que sean muy buenas y bonitas"[107].

Días más tarde se descubre por qué los matecitos habían de ser dos: "me mandará algunas frioleritas para mujer, que cuesten poco, pero que sean de gusto, porque no es huasa la persona a quien voy a obsequiarlas, y para con quien tengo motivos de gratitud. Le prevengo que en el obsequio no vengan pañuelitos de mano ni de narices, porque he observado que tiene cría de ellos"[108].

La dama era una joven de la localidad, Mercedes Barros, hija de un hacendado de condición mediana, que despertó en Portales un entusiasmo encendido, al decir de Feliú Cruz. Y así debió ser, porque el improvisado agricultor metió su dura mano en la poesía:

> *Cuando te tuve en mis manos*
> *Rindiéndote adoraciones,*
> *Dije que más perfecciones*
> *No cabrían en lo humano;*

---

[107] *Epistolario*, III, 419.
[108] *Epistolario*, III, 422.

Mil gracias di al hortelano
Con una alegría plena;
El alma de angustia llena
Cada instante repetía:
Ya por fortuna eres mía
Flor de la tierra chilena.

La historia de los amores de Portales es tan nutrida como la de sus actuaciones políticas. Otra de sus amantes, esta vez de los años que permaneció en Santiago, fue Rosa Mueno, que no olvidaba cuando se retiró a Valparaíso para entregarse a sus negocios. Estando en el puerto recibió algunas insinuaciones de Garfias, que era propenso a la alcahuetería, y le respondió con un tono de resignación frente a las lides amorosas: "Don Antonio, usted me ha merecido el concepto de hombre de buen juicio, pero cuando veo que habla con seriedad en los términos que lo hace acerca de la Mueno, me voy arrepintiendo de tal concepto. ¿Me cree usted capaz de abrigar una pasión estéril? ¿Qué resultado podría prometerme en tal empresa? Toqué en la edad en que el hombre conoce lo poco que vale en materias de galanteo, y en que las pasiones amortiguadas le advierten que no tiene para exigir correspondencia. El hombre en mis circunstancias no inspira afecto, y debe abstenerse de profesar cariño, si no quiere caer en ridículo. Yo cogería (perdone usted la grosería) a la Mueno, es verdad; pero como esto es imposible, pienso tanto en ello como montar sobre una estrella. Si esto llama usted pasión, estoy apasionado de alguna de las hermanas de usted y de todas las mujeres que me agradan y me parecen bien para el efecto"[109].

El tono de esas palabras es inexplicable en un hombre de cuarenta año, salvo que estuviese buscando una disculpa para desentenderse de mayores enredos o porque anduviese en otras relaciones.

Debió tener, sin embargo, algunas dudas, porque días más tarde escribía a su confidente: "Tenga la bondad de dar mis más tiernos y amorosos recuerdos a mi Mueno: dígale que aún está abierta la profunda herida que sus matadores ojos abrieron a mi corazón, etc.". Garfias debió tomar nuevo impulso con esas líneas, pues en otra carta Portales tuvo que reconvenirle por su preocupación.

El juego, con todo, no concluyó en ese momento y un año más tarde la misma pasión amorosa rondaba en el ánimo del comerciante: "A mi

---

[109] *Epistolario,* II, 432.

Mueno, que no pierda tiempo, que se arranque y venga para que empiece a saber de una vez el gusto que tiene la chancaca"[110].

El agente debió tomar nuevo impulso, porque días más tarde Portales bromeaba con el asunto: "Mucho me da que reir el empeño de usted y la fuerza por hacerme querer y ser querido de la Mueno. Esto más que nada da a conocer el estado del corazón de usted, y la propensión de los hombres parecida a la de los condenados que quieren que todos se condenen".

Varias otras mujeres de diferente condición cayeron en sus brazos y de ahí los saludos maliciosos que enviaba a las amigas, las niñas de la filarmónica, "las Garramuño", etc. Pero no es posible, como en *Don Juan* de Mozart, hacer un catálogo *delle belle chi amo il padron mio.*

En la lista debe incluirse a Constanza Nordenflicht, pero su historia corresponde más bien a las cosas oscuras de la vida y no a las amables.

Los lances de amor, fuesen los propios o los de otros, preocuparon siempre a Garfias y a Portales, que se complacían en comentarlos y aun orientarlos. La viuda del vicepresidente Ovalle, doña Rafaela Bezanilla, y sus hijas, fueron motivo de especial preocupación para ambos, que estaban ligados a la familia.

Entre las lluvias de 1832, Portales escribía a su comadre doña Rafaela sobre el futuro matrimonio de su hija Dolores: "El gusto que he recibido con la noticia que usted se sirve comunicarme, no me era tan inesperado, porque el señor Dios, que es nuestro padre y cuida de sus criaturas, me había revelado que sucedería este enlace. Aunque Dolores merece tanto, su esposo no es menos merecedor: a su carácter moderado, a su juicio y suma honradez, se agrega la circunstancia de ser el hombre que usted necesitaba para su casa, porque es trabajador, e inteligente en las faenas de campo; él tomará tanto interés por Quilicura como si fuera propia, y usted descansará de las pensiones que debe ocasionarle su administración. Como estoy seguro de que él ha de mirar a toda la familia como si fuese su padre, y que jamás dará que sentir a usted en lo más leve, me atrevo a aconsejarle que no le permita sacar a Dolores de la casa, y por el contrario, soy de opinión que usted se lo prevenga antes de echarse las santas bendiciones; puede decirle que le hace esta súplica, tanto por el amor que tiene a su hija, como porque necesita un hombre que la acompañe.

"No me ha dado usted menos gusto con la distinción que ha tenido a bien hacerme confiándome el secreto que le ha exigido el novio; pero ya

<hr>

[110] *Epistolario*, III, 255 *et* passim.

comencé a faltar a la confianza, como la mujer más débil, no he podido vencerme, y he comunicado a Garfias el secreto, porque hace mucho tiempo le tenía yo escrito confidencialmente sobre él, y hemos hablado muchas veces de este casamiento en los días que está conmigo en ésta"[111].

No solo Dios había tenido parte en el asunto, sino también Portales, que había aprovechado la visita de un hermano del novio a Valparaíso para inducirlo a apoyar el enlace que veía venir y el hombre había "quedado muy empeñado en agitarlo". Disculpándose del entrometimiento, agregaba a doña Rafaela que solo el interés que tenía por ella y su familia le habían metido a casamentero, oficio que detestaba.

Finalmente, enviaba un abrazo y la bendición a Dolores y un mensaje picaresco a su hermana Antuca para que pusiese la barba en remojo, "que no pierdo —decía— las esperanzas de verla desposada con don Manuel Luján, pues ya que Dios la hizo tan fea, no puede esperar cosa mejor". La tercera hermana a quien apodaba "mi primo don Borja", también recibía un recado: "que se suene los mocos, y que no deje de ejercitar la letra, aunque sea copiando novenas, porque sin hacer favor, es de lo mejor que puede verse en mujer".

No terminaba de pasar el invierno, cuando tuvo que ocuparse de otro asunto de amores, esta vez como consejero de doña Rafaela, porque un pretendiente de Antonia deseaba que rápidamente pusiese la barba en remojo. Era éste un don Santiago, poco recomendable por edad, aspecto y hábitos, que había hecho leales servicios a la familia. Pero es la pluma del mismo Portales la mejor para describir el episodio. A Garfias: "¡En qué conflicto me pone la consulta de la señora! Desearía que no fuese ella, para negarme a toda contestación sobre un asunto que creo delicado. Pero si ello es preciso, vamos allá. Ante todas las cosas la señora debe posponer toda consideración a la suerte de una hija apreciable; no hay motivo sobre la tierra que autorice a sacrificarla; por fortuna la señora no pertenece al común de las mujeres, y por esto le será fácil persuadirse que la mejor conducta es ponerse siempre en lo justo y racional y llevarlo adelante con cara descubierta. Los servicios de D. Santiago sean cuales fueren, ni los de ningún otro pueden obligar a más que una justa gratitud; pero ellos no pueden ser motivo que obliguen a disponer de la suerte de una hija; esto sería comprar a precios muy caros los buenos oficios que la amistad está obligada a prestar gratuitamente. Sí, D. Santiago, racional como lo

[111] *Epistolario*, II, 230.

creo, no debe formar queja sobre una negativa, especialmente si nace de falta de voluntad de la niña".

Portales calculaba que don Santiago, igual que él, andaba por los 39 años, mejores que los suyos, pues él había sido casado y se había consumido mucho en el matrimonio, mientras el candidato a novio estaba rezagado y debía ser útil hasta los 60 o más.

Proseguía luego: "Si yo fuera mujer de menos mérito y más edad que la Antonia me negaría a recibir la mano de D. Santiago; pero esto nada prueba, porque esto de querer va en gustos, y unos se mueren por lo que otros aborrecen. La Antuca por su inocencia y por su educación acaso no se fije en lo que me fijara yo siendo mujer: yo recordaría, v.gr., una noche de nevada como la de antenoche, en que los casados habrán querido embutirse para aminorar el frío, y no es D. Santiago, a mi parecer, el más a propósito para allegársele mucho por su desaseo, que no le harán dejar los ruegos ni el cuidado de la mujer, porque el mal está en los huesos. Todas estas cosillas deben tenerse presentes aunque algunos digan que son tonteras que nada valen. Los hombres tenemos más de bruto que de racionales, y en estas materias es necesario discurrir con alguna libertad. La Antuca no se fijará ahora en lo que he dicho; pero cuando abra los ojos, es imposible que dejara de renegar en una noche de verano... La Antuca, a mi ver, necesita de un hombre festivo que la aliente, y que haga más llevaderos los trabajos del matrimonio; necesita un hombre que con su cariño le infunda la confianza que ella no es capaz de tomarse, y D. Santiago me parece que todo será carga y peso para la pobre niña.

"No sólo debe verse las posibles conveniencias del marido; una mujer puede ser desgraciada toda su vida en medio de las riquezas y la opulencia. El que viva contenta es lo primero y acaso único a que debe atenderse. ¡Pobrecita! ¿Y puede ser feliz con D. Santiago? En fin, ya me voy afectando mucho, y perdiendo la frialdad de un consultor.

"Yo soy de opinión que la señora llame a solas a su hija, y que le hable como a una amiga. Dígale con la mayor reserva la pretensión de D. Santiago y hágale ver que no le habla como una madre para que los respetos de tal no influyan en su resolución: dígale que ella no tiene voluntad en el asunto, y que con el mayor gusto se sujetará a la de ella, que es la que por su libre elección debe hacerse feliz o desgraciada: ensánchele el ánimo de todos modos, y procure averiguar de la niña discretamente si tiene otra inclinación, y si dice que quiere casarse con D. Santiago que se case al otro día, y si dice que no, se le hable al pretendiente con toda franqueza, y se le dice que la niña no quiere, y que está en su deber no forzarla".

El pretendiente causaba preocupación a Portales, que encontró en su figura motivos para burlarse: "D. Santiago, mi D. Antonio, sólo debe buscar por mujer a alguna en quien no tengan tanto poder los apetitos carnales, una mujer llena de mundo que mire con indiferencia esas cosas, y que se fije sólo en tener un compañero y un consultor que le sirva en sus negocios: una mujer, en fin, a quien él considere y que tenga o tome un ascendiente sobre él, que cuando tres veces en la semana lo mande echar a un fondo de legía de quillay hirviendo, no tenga más que ir calladito y zambullirse en él. Por lo visto, si la Antuca no lo quiere, él se va tras de la comadre, y si ésta lo desecha, pide a la Rosa, y si corre igual suerte, se va en busca de la china de la mano; él lo que quiere es quedarse en la casa y por cierto que en esta parte tiene buen gusto el boquirrubio".

Todavía no concluye esta literatura de costumbres, porque Cupido estaba ensañado con las niñas Ovalle y una flecha fue a dar en el corazón del propio Garfias, con el inconveniente de que vivía en la misma casa y había un rival, un misterioso C. Debido a esta situación, doña Rafaela encomendó a Portales una misión no especificada ante C., a la que alude el ex ministro en carta a Garfias, extendiéndose sobre su enamoramiento y encargándole que no comente nada ni con la almohada: "No sé qué contestar a la carta de la comadre: mucho me costó vencerme para hablar con C., pero al fin era necesario hacerlo, y sería muy largo referir a usted la conferencia: me alegó muchos motivos para disculparse; pero en sustancia, lo que yo he podido entender, es que sigue siendo notada ya por todos la contracción de usted a doña Antonia, y que parece tocar en embeleso, y entendiendo C. que ella corresponde a usted, creyó conveniente excusarse de llevar adelante un asunto en que veía comprometido a usted, y en cierto modo el corazón y hasta la reputación de la niña (esto no es decir que usted piense en tirársela ni menos se la haya tirado). Me ha dicho confidencialmente que juzgando todos por las apariencias, creen que usted piensa en casarse con la niña, que usted vive y mora en su casa, y que en el teatro se le pega como mosca en la miel, sin que por Dios santo ceda usted el asiento ni a la Santísima Trinidad, si va a visitar el palco: que si usted acompaña a la familia a una visita o se encuentra con ella, no se mueve del lado de doña Antonia y que parece embutirse con ella, que suele usted retirarse de la casa a la una y hasta las dos de la mañana, etc., etc.".

Una vez más, el guardián de doña Rafaela y sus hijas terminaba con prudentes consejos: "He asegurado a C. que todas serán apariencias, porque estoy seguro que usted no piensa en nada, y héchole varias reflexiones, pero que no alcanzan a convencerle. Yo sobre el particular ni quiero ni debo decir a usted otra cosa, que, si es cierto que está apasionado tan a machote y piensa casarse, pida a la niña, si ya no puede usted salir de sus cadenas, y si no piensa en tal cosa y es cierta tanta contradicción, se desvíe un poco de ella en público, porque puede perjudicarle".

En estos asuntos se divisa al buen amigo de la familia Ovalle y a la vez al espectador regocijado de la *comedie humaine,* atento al detalle, los personajes, las situaciones problemáticas y los sabores contrapuestos de la vida.

Para terminar, un cuadro de costumbres, pintado a doña Rafaela cuando se anunciaba el matrimonio de Dolores: "Vaya, pues, mi comadre querida, dentro de poco será usted abuela. Así pasan los tiempos, y la mejor hermosura desaparece con ellos. Consolémonos con que cuando usted esté sentada en su cojín, tomando el polvillo [rapé] por arrobas y repartiendo los bizcochos a los nietos, yo iré afirmándome en mi bastón, a pasarme muchas noches con usted, y puesto a su lado recordaremos de medio mundo, hablaremos de las misiones y vías-sacras, de los camisones almidonados, de manga ancha, que ahora se usan y que no se usarán entonces. Diremos: aquellos zapatos de cabritilla bordados de nuestros tiempos, y que ya no vienen; aquellos atacados; aquellas peinetas grandes, que parecían canastos de dulces en la cabeza; aquellas bolsas de terciopelo y de mostacilla tan lindas, en que se echaban los pañuelos, la caja, las llaves de las cómodas y de los escaparates, y que podía echarse hasta la sartén de la cocina, etc., etc., y concluiremos diciendo que ya se acabó el gusto y que todo lo que viene es malo. Ya me parece, comadre que nos estamos pasando tan buenos ratos, y que en medio de la conversación me le quedo dormido, y la Luisa y la Jesús mandan que me prendan la linterna para despedirme, porque les he revuelto el estómago con mi tos y lo demás que se sigue, que nuestros padres echaban en el pañuelo y nosotros en la escupidera. Ya me veo averiguando la vida y milagros de todo el mundo y recogiendo cuentos contra el honor de todos para llevárselos a usted a la noche. Me parece que estoy oyendo renegar a la Luisa cuando me oiga el *Deo gratia* porque tiene que pararse a hacer cebar el mate para el perro viejo odioso.

"Calcule usted, comadre mía el porte de las visitas que le haré, por las que le hacía el año pasado; creo que estaré esperando que se levante usted de siesta para colarme a la casa, y que me despediré cuando las niñas, después de haber cabeceado bien en sus asientos, se vayan entrando de una en una a acostarse, y nos dejen solos. Me figuro que los dos nos quedaremos cabezada va y viene como si nos estuviéramos haciendo cortesías, y en una de éstas me sale usted preguntando, medio

dormida, que si me acuerdo de aquella vieja que parecía choca y que se
andaba luciendo con una negra en una calesa, y que si recuerdo cómo se
llamaba; yo, que he de ser muy torpe y desmemoriado cuando llegue a
esa edad, me volveré a quedar dormido sin recordar el nombre de doña
Berenjena. ¡Qué porvenir tan halagüeño!"[112].

Ese porvenir no llegaría jamás.

[112] Epistolario, II, 232.

Los laberintos de la crueldad

La fisonomía alegre e incisiva frente a hechos de la vida ordinaria recibía su luz de una fuente íntima y vigorosa que en cualquier momento podía apagarse y dar curso a reacciones sombrías que iban desde una crítica ligera a los extremos de la crueldad. Ahí se unía la fuerza anímica con el raciocinio frío que justificaba determinaciones duras y su aplicación sin vacilaciones. Era una patología de las obsesiones, alimentada sin cesar por las representaciones internas y que traspasaba el análisis de la realidad, por lo general tan penetrante, para teñir todo de una animosidad exagerada.

Rodríguez Aldea, en los primeros tiempos de su contacto con Portales y antes que les separase un antagonismo profundo, lo retrataba como "genio vivo, emprendedor y de una actividad increíble; pero al mismo tiempo falso, inconsecuente, voluntarioso y de odios implacables"[113].

Según algunos autores, la dureza de Portales no surgía de su carácter, sino que era el resultado de un raciocinio frío que le obligaba, a pesar suyo, a tomar decisiones drásticas. Se ha recordado, por ejemplo, que a la vez que despachaba un decreto de confinamiento, hacía llegar a la familia de la víctima una ayuda monetaria, ocultando la procedencia del dinero. Aseveraciones de ese tipo provienen de opiniones de los contemporáneos y son bastante ambiguas, aunque es posible que ocurriese en uno que otro caso.

Un investigador acucioso, espíritu conservador y admirador incondicional de Portales, José Miguel Yrarrázabal Larraín, ha probado que el ministro procedió con prudencia y acató las sentencias relativamente suaves de la Corte Marcial en algunos casos de conspiración. Ello es cierto, pero en muchas otras circunstancias actuó de manera inflexible, como anota el mismo Yrarrázaval justificando esas determinaciones[114].

No basta, sin embargo, considerar solamente los casos de conspiración, sino que debe percibirse la actitud constante del personaje en toda clase de episodios, así de la vida privada como de la pública.

---

[113] Carta a O'Higgins de principios de 1831. *Colección de historiadores y de documentos relativos a la independencia de Chile*, tomo XXXVII, pág. 77.

[114] *Portales, "Tirano" y "Dictador"*, en *Boletín de la Academia Chilena de la Historia*, N° 8, 1937.

La vida entera de Portales se desenvolvió entre polos contrapuestos que le hacían perder el equilibrio. Sus estados de ánimo variaban sin cesar, pudiendo pasar en un instante de la alegría y la bondad a las reacciones violentas. Estas, sin embargo, eran tan frecuentes que bien debiera decirse que estaba en conflicto permanente y que los momentos apacibles eran solo el desahogo de su espíritu perturbado. Vivió en pugna con todo lo que le rodeaba y percibía.

Muy significativo como manifestación de su sicología es el empleo de la ironía, que, según una interpretación de los especialistas, es una forma de agresividad alimentada por los complejos de la persona. ¿Emanaba, ello, de la seguridad en las propias convicciones y del choque con el modo de pensar y de ser de los demás? ¿Era un afán de humillar y doblegar para imponer su criterio personal?

Uno de los aspectos de la personalidad de Portales es la seguridad en sí mismo, expresada en sus cartas y en sus actuaciones desde los tempranos años de Lima hasta el tiempo en que ejerció el poder. Ese es el origen de su maniqueísmo absoluto que separaba a los hombres en "los buenos y los malos", los que estaban con su posición política y los contrarios y que le llevó a prácticas dictatoriales.

La crueldad tenía muchos grados, comenzando por la agresividad simpática de los apodos, muchas veces nada simpática.

O'Higgins era "don Beño" y en alguna ocasión se refirió a él como el "maldito huacho" y "el bribón de O'Higgins"; Freire era "don Ramón Bolas" o "don Bolaños", José Manuel Gandarillas era siempre "el Tuerto", José Manuel Novoa "don Negocio"; Manuel Rengio "don Proyecto"; el general José Ignacio Zenteno "el Escriba", por el modesto oficio de amanuense de su juventud. Los Errázuriz, que le resultaban intratables por el desapego con su política, pasaron a ser "los Litres"; el presidente Prieto, a quien siempre censuró por encontrarlo blando, fue "don Isidro Ayestas", nombre de un demente bien conocido en las calles de Santiago, que era objeto de burla por los muchachos y los ociosos. También expresó, a raíz del diseño del escudo nacional, que el verdadero huemul era el presidente de la república. Finalmente, como sabía reírse de sí mismo, se apodó "el maestro Rivas", quizás por qué reminiscencia.

Solía, también, lanzar duras expresiones sobre las personas, según testimonio de sus cartas. A O'Higgins le asesta un "huacho inmundo" y a su antiguo amigo Rengifo lo trata de "pobre hombre" por las simplezas que le atribuía. Refiriéndose a Egaña, dice "estoy por confesar que es un bribón y para ello sólo me sujeta en que hay otros más bribones que éste". También le adjudicó un "pobre diablo" y sin embargo, con anterioridad le había enviado recuerdos por el "entrañable afecto" que sentía hacia su "primer amigo"[115].

Tampoco Andrés Bello escapó a sus comentarios.

Un episodio muy ingrato protagonizó en Lima, cuando por el retraso en algunas gestiones de Cea dirigió a este una filípica altisonante: "¡Hasta cuando me entretiene Ud. con sus sandeces! Parece [que] no gasta Ud. nada de la actividad que puso al instalar el negocio antes de su enfermedad. Si no me ayuda vamos a la ruina, mi amigo...".

"He disminuido mis gastos; como de la manera más humilde y me he propuesto no usar cigarro, ni comprarme ropa sino a la vuelta del año. ¡Vea Ud. cómo yo me estrecho y Ud. pide y pide para este fregado negocio y las mercaderías no vienen!

"Apúrese. Le escribo a las 12 de la noche, después de una calaverada".

La respuesta de Cea fue la que podía esperarse: "Con verdadero estupor he leído su carta de 18 de los corrientes, y al darle a Ud. respuesta, quiero hacerla categórica, para que Ud. no se permita contra mí improperios que no tiene derecho lanzarme. ¿Se ha imaginado Ud. acaso, que yo estoy bajo su subordinación? Sólo así comprendo, señor, su preconcebido espíritu para injuriarme... En su carta se demuestra Ud. desconfiado del que fue su amigo de aventuras de juventud y más tarde cuando fuimos hombres. Por eso protesto a Ud. que estoy dispuesto a retirarme de la empresa; porque no acostumbro el trato con hombres desconfiados y celosos que dudan de la sinceridad de los amigos".

La reacción de Cea motivó una noble respuesta de Portales con excusas por su destemplanza: "Jamás habría imaginado que Ud. diera tanta importancia a mis burradas. Por lo que veo no es Ud. hombre de bromas y si yo lo he herido en algo, protesto a Ud. que ha sido sin espíritu alguno. Me juzga Ud. como desconfiado y desleal, y esto sólo me parte el alma al pensar que el mejor de mis amigos dude de las mejores condiciones de mi carácter. La misma desesperación en que me encuentro fue tal vez el origen de mi dureza y ¡qué sería yo sin Cea!... Olvide Ud. mis ligerezas y sandeces y volvamos a abrazarnos para vivir en paz"[116].

El ánimo de los compañeros se compuso y duró bastantes años, pero después del negocio del estanco y disuelta la sociedad, Portales volvería a referirse en forma despectiva de su amigo: "este santo varón no hace cosa que no sea con doblez y mala fe"[117].

[115] *Epistolario*, I, 379; III, 251, 270.
[116] *Epistolario*, I, 179 a 181.
[117] *Epistolario*, II, 315.

Tratándose de enemigos políticos, su condena era apasionada y desmedida, revelando odios intensos. Ya hemos visto los cargos injustos dirigidos oficialmente contra Ramón Freire, comparables a los formulados contra el obispo *in partibus* José Ignacio Cienfuegos, el año 1832 en carta a Garfias: "este viejo mentecato dejó correr los vicios de los encargados de dar buen ejemplo en el tiempo que gobernó el Obispado de Santiago; él tiene la mayor parte en la relajación de los curas que se desplegó en aquella época: sin carácter y sin ese espíritu de justificación tan necesario a los de su clase, le hemos visto protegiendo criminales, cambiando de opiniones, según se lo ha aconsejado su conveniencia, y nunca castigando los crímenes más inauditos que siempre trató de enterrar, porque era incapaz de tomar una providencia seria. En fin, él no piensa más que en honores y distinciones, y a cambio de adquirirlos y conservarlos, creo que no se vería embarazado para negar un artículo de fe. Véalo Ud. siempre ocupado de sí mismo y de sus conversaciones con el Papa y el ministro de su Santidad, hablando siempre de las consideraciones que se le dispensaron en la Corte romana, y su desprendimiento para el vestido morado, que ha ansiado siempre, y tras del que ha hecho exclusivamente dos viajes a Roma, que no habría hecho yo a su edad ni para obtener el Papado. Véalo Ud. votando en el Congreso del 26, porque fuese popular la elección de los párrocos, y todo con el objeto de congraciarse con los diputados de aquel tiempo, para que cooperasen a saciar su ambición... puedo asegurar que a más de torpe es leso, muy leso, ridículo y muy acreedor al epíteto de Ña Tomasita, con que es conocido". Finalmente, agregaba una parrafada sobre "la conducta que observó este animal en el Senado el año pasado: allí le vimos convertido en pipiolo, porque el Gobierno no le llamaba para comunicarle sus planes, como él mismo dijo"[118].

No podría negarse que la egolatría de Cienfuegos y algunas de sus actuaciones podían ser objeto de crítica; pero en ningún caso del calibre usado en la carta. Nadie podía desconocer los importantes servicios prestados por el obispo como integrante de la Junta de Gobierno de 1813, que impulsó de manera decisiva la causa criolla; tampoco su desempeño oficial en Roma y las diversas actuaciones en la política y los asuntos eclesiásticos en la década de 1820, en que la Iglesia chilena hubo de adaptarse a las exigencias de la vida republicana.

[118] *Epistolario*, II, 258.

Las palabras inflexibles no son el único testimonio del carácter de Portales, sino también sus acciones de todo tipo, desde los grandes asuntos del Estado hasta las pequeñeces diarias. Los primeros son vastamente conocidos y menos las segundas.

Uno de esos hechos, que ha llamado la atención de los historiadores y que ha provocado horror por las circunstancias que le rodearon, fueron los incidentes desatados por el capitán Paddock, un marino norteamericano que causó varias muertes en Valparaíso a impulsos de una fuerza demencial.

Paddock era comandante y propietario de la fragata *Catherine* destinada a la caza de la ballena, negocio en que había andado con poca suerte y que le había obligado a recalar en Valparaíso con la ilusión de obtener un préstamo. Las esperanzas no eran muchas y en su desesperación, Paddock comenzó a dar muestras de enajenación. Comunicó a los dos pilotos de su barco que estaba envenenado y que era víctima de una confabulación. Tomó, a la vez, unas píldoras e intentó beber aceite de ballena, siendo estorbado por algunos de sus subalternos. Esa noche, otro de los marinos observó que ingería aceite de la lámpara de la cámara y que era presa de la agitación.

Alarmados con estos hechos, los oficiales acudieron al médico de una fragata de guerra surta en la bahía, que diagnosticó una locura notoria.

El día siguiente pasó a buscarle el señor Jorge Kern, joven que trabajaba en la casa comercial Alsop, a la cual había recurrido el capitán en demanda de ayuda. Condolido con su situación, Kern lo llevó a su casa para reconfortarlo; pero allí dio muestras de agravarse y en medio de sollozos se echó a los pies de otro compatriota que allí estaba, rogándole que lo salvase.

Los dos amigos lograron calmarle y Kern redactó una carta para el gerente de Alsop y cónsul norteamericano en el puerto, exponiéndole la situación de Paddock. Se dirigieron enseguida a las oficinas de la compañía y arreglaron allí algunos papeles que necesitaba el capitán.

Un día más tarde, en la mañana, Paddock seguía inquieto, pedía que lo salvaran y acompañado de Kern se dirigió a las bodegas de Alsop. Allí fueron atendidos por un dependiente, que comenzó a extender un pagaré dictado por Kern, que debía suscribir Paddock; pero este, al momento de poner su firma, sacó un cortaplumas que hundió en el pecho del empleado, dándole muerte instantánea. Kern retrocedió espantado, siendo alcanzado en la puerta y recibiendo una herida mortal[119].

---

[119] Dr. Claudio Costa-Casaretto, *Don Diego Portales y el caso Paddock*, en *Revista médica de Chile*, N° 8, agosto de 1984.

Paddock ganó la calle y echó a correr hacia el muelle, mientras los curiosos salían en medio del revuelo y a los gritos de ¡asesino! Un caballero de alta prosapia, que se encontraba en una oficina, salió a la puerta y fue ultimado de una puñalada en el corazón, mientras quedaba herido de gravedad un comerciante que le acompañaba.

Paddock continuó su desesperada carrera, hasta que al llegar al muelle la certera pedrada de un jornalero le derribó y pudo ser detenido por la multitud. Desde ese momento se mostró abatido y actuó en forma juiciosa. Conducido al castillo del puerto, quedó a merced de Portales, que de inmediato ordenó el juicio correspondiente.

En el proceso quedaron fácilmente comprobados los hechos y también el testimonio de los marinos y compatriotas de Paddock sobre su enajenación mental, incluida la declaración del médico de la fragata de guerra. Significaba que el desgraciado no había sido dueño de sus actos y que no podía responsabilizarse. El gobernador Portales, sin embargo, no quiso creer en la demencia del marino y prescindiendo de las pruebas hizo llevar adelante el proceso.

Quedó en claro que la locura del norteamericano era real y no fingida, como pretendía Portales. La declaración de quienes habían estado con él durante los últimos días era coincidente y si pudiese sospecharse de colusión para salvar a un jefe o amigo, el hecho quedaba avalado por la circunstancia de los crímenes. Paddock no tenía ningún motivo especial de animosidad contra el dependiente de la casa Alsop, menos aún contra su amigo Kern, que le estaba ayudando a resolver sus problemas. No tenía explicación tampoco el ataque al caballero y al comerciante que salieron a observar el alboroto y agréguese que en todos los casos no hubo una intención de amedrentar con heridas leves, sino que las puñaladas fueron dirigidas certeramente al corazón.

No existe otra explicación que la locura.

Este hecho es tan cierto, que un médico local llamado a dar su diagnóstico, el doctor Antonio Torres, se negó a certificar que el capitán estuviese en completo juicio. Esa resolución le valió una orden de confinamiento en Valdivia por "haber querido embarazar el cumplimiento de la sentencia y la acción del gobierno", aunque al parecer no se llevó a efecto[120].

---

[120] Barros Arana, *Historia jeneral* de Chile, tomo XVI, pág. 239. El doctor Torres vuelve a aparecer en Valparaíso en marzo del año siguiente, 1833, en que nuevamente se atraía la ira de Portales. *Epistolario,* II, 383.

Si se busca una explicación a la actitud de Portales, ella no reside en la equidad y la justicia. Derivaba de su constante intención de contener cualquier abuso de los extranjeros, tanto en el plano de la política internacional como en las cuestiones corrientes, y en lo inmediato obedeció al deseo de contentar al sentimiento popular, exacerbado contra los extranjeros a raíz de los crímenes de Paddock. También pesaba en su ánimo sentar un precedente para que nadie en el futuro cometiese crímenes fingiendo locura.

En carta a Garfias se refería a los hechos: "aseguro a usted que el reo no está loco y le predigo que el estado en que se halla la plebe de Valparaíso, va a traer consecuencias muy funestas que tal vez yo o mis sucesores no podamos evitar. Hago yo mal en pronosticar. Sería muy largo referir a usted los dichos y conversaciones con que se expresa públicamente la plebe y en presencia de todos. Sólo la riña de un marinero extranjero con uno de nuestros rotos, puede ser bastante principio para un desastre repentino, según se va poniendo el ánimo de los plebeyos: todo consiste en más que uno levante la voz. Como ellos no conocen más que al Gobierno, a éste le echan la culpa, y dicen que los extranjeros han contrapesado con oro al reo para salvarle, con otras muchas tonteras peligrosísimas: dicen que ellos sabrán también fingirse locos, etc., etc."[121].

Portales se había aferrado a su presa y no la soltaría por ningún motivo. Estando dictada ya la sentencia, se interpuso un recurso a favor del reo, que contó con la aprobación de Egaña. Era un traspié en el procedimiento, que enardeció al gobernador del puerto: "Váyase al carajo el señor don Mariano Egaña, y cuanto diablo inconsecuente clame contra la mala administración de justicia: no sé cómo atinar con el gusto de estas señorías de m... Se ha interpuesto ante este Juez de Letras, en conformidad con una declaración de la Corte de Apelaciones, un nuevo recurso, que yo desconocía, para que se suspenda la ejecución del reo, y en efecto, se ha suspendido, porque dicen que el recurso es legal, aunque Elizalde dice en su vista que no lo es: estando ausente Achurra que hace de Agente Fiscal, se nombró a don Antonio González, quien se ha excusado y hemos quedado a obscuras, porque no hay a quien nombrar. ¡Sea por la p... que me parió!"[122].

Durante la sustanciación del proceso Portales se vio presionado no solo por el clamor popular y el temor a sus reacciones futuras, sino del

<hr>

[121] *Epistolario*, II, 305.
[122] *Epistolario*, II, 319.

otro lado por muchas personas que estimaban cruel e injusta la decisión contra Paddock. Entre ellos se encontraban muchos extranjeros, dos de los cuales, ingleses de nacimiento, Guillermo Blest y Santiago Ingram, intercedieron a favor del capitán norteamericano. Portales les envió, entonces, una carta que sintetiza sus puntos de vista: "Mi celo por la buena administración de justicia y por el cumplimiento de las leyes no llega ni puede llegar hasta el extremo de precipitarme en injusticias, ni excitarme la sed de sangre; tampoco puede causar un trastorno tal en mi mente que llegue a despojarme de la razón. Soy naturalmente compasivo [sic]; pero más amante de las leyes, del buen orden y del honor de mi pobre y desgraciado país. Bajo estos principios aseguro a ustedes, que debo mucho y aprecio en sumo grado a mis amigos queridos Blest e Ingram; pero si desgraciadamente alguno de ellos se encontrase en el caso del capitán Paddock y su suerte pendiera de mi mano, ya estaría yo llorando sobre su tumba.

"Puede muy bien suceder que Paddock padeciese alguna aberración mental al tiempo de cometer los asesinatos; pero poco tiempo después ha estado en su sano juicio; si le justificamos dando valor a su excepción de insania, no habrá ya quien no quede impune de un crimen alegando la misma excepción.

"La carta de Kern no prueba más que las diligencias obradas en el proceso, las que inducen a creer que el asesino aparentaba demencia antes de los hechos, para justificarse después con ella misma. Ni los esfuerzos de Bispham por salvar al reo prueban otra cosa que el cumplimiento de su deber como Cónsul de Estados Unidos de N.A., lo que está de manifiesto, atendiendo a lo que ha dicho el señor Waddington, cuya verdad debemos respetar. Éste me ha asegurado ayer que, después de haber hablado Bispham varias veces con el reo, él dijo que no habría tribunal que le hubiese dejado de condenar a muerte, porque de la conversación sobre sus negocios se conocía un juicio sano y recto; pero que él hacía sus reclamos por cumplir. Además, no sería muy temerario afirmar que acaso podría tener alguna influencia en Mr. Bispham el espíritu de extranjerismo que se ha apoderado en este pueblo de los que más critican la lentitud y lenidad de nuestros tribunales, a saber, los extranjeros. Si alguno de ellos es atacado mañana por un lacho loco y Paddock es absuelto ahora, yo protesto a ustedes que aquel seguirá la suerte de éste, y los que hoy gritan en favor de éste, gritarán en contra de aquél, sin que les ataje lo vergonzoso de la inconsecuencia. No duden ustedes que en lo sucesivo, si Paddock salva la vida, la excepción de insania va a sustituir a la de embriaguez.

"Yo quiero conceder a ustedes que los médicos de Valparaíso sepan más en su profesión que el escribano Urra, el juez de letras y yo; pero una afección del cerebro puede no salir al pulso, como afirma [el doctor] Leighton no haber salido la de Paddock, y en este caso servirá más la perspicacia y el buen juicio (en que de ningún modo cedo a los profesores de Valparaíso) para examinar el estado de la razón de un hombre.

"Mucho podría decir a ustedes sobre la [condición] del desgraciado norteamericano; pero me limitaré a referirles uno de los hechos que no constan en el proceso, porque lo supimos después. El tal loco, tan luego como fue aprehendido, dejó súbitamente la furia para entrar en la más fría calma, y tuvo todo el juicio necesario para llamar a la única persona que por su traje manifestaba ser la más decente que había en el muelle, lugar de su aprehensión, y entregarle el reloj y el dinero que veía correr riesgo entre sus aprehensores, que eran todos de poncho. La persona a que me refiero es un hermano de Bardell.

"En conclusión, aseguro a ustedes que no desconozco la buena intención que les ha movido a escribirme la carta que dejo contestada; les soy agradecido por ella, y les ruego se persuadan de la rectitud de mi conciencia y de mis justos deseos de evitar que, convertido mañana Valparaíso en un San Andrés, pueda repetirse la tragedia de San Bartolomé. Con la suspensión que se ha hecho hoy de la ejecución de la sentencia, no se oye decir otra cosa entre ciertas gentes 'que si el reo fuera chileno ya estaría olvidado'. Así se disponen los ánimos insensiblemente, y un día, al hacer fusilar un roto, puede levantarse el grito de que para ellos sólo hay justicia, y armarse una fiesta en que tal vez me toque morir defendiendo a los señores que hoy me critican!"[123].

En las consideraciones de Portales hay varios puntos inexplicables. No se entiende por qué el capitán Paddock habría fingido locura con anterioridad a los hechos. Para ello habría que pensar en premeditación, que resulta absurda frente a su actuación repentina, descontrolada, y contra quienes estaban procurando ayudarle, sin contar las víctimas completamente ajenas al asunto.

No puede aceptarse, tampoco, la referencia a declaraciones o comentarios que no constan en el proceso, que se supieron después de dictada la sentencia. Es decir, no fueron probados ante la justicia y, por otra parte, si fueron posteriores al finiquito de la causa, significa que la sentencia se debió a otras razones, sin que hubiese pruebas fehacientes de cordura.

---

[123] *Epistolario*, II, 332.

El mismo Portales admitía que muy bien había podido suceder que Paddock padeciese alguna aberración mental al tiempo de cometer los asesinatos. Pero ello no podía impedir el logro de sus objetivos.

Finalmente, el recurso de suspensión de la sentencia no produjo efecto y la pena de muerte fue cumplida junto al muelle a la vista de todos, conforme una vieja costumbre de escarmentar con el horror. El cadáver permaneció allí algún tiempo expuesto a la mirada de los curiosos y especialmente de las tripulaciones extranjeras, que debían comprender hasta dónde podía llegar el rigor de las autoridades para imponer el respeto al país y a su gente. La plebe quedaba satisfecha y notificada de la dureza con que se actuaría frente a sus extravíos.

La decisión de Portales había sido de carácter político, fríamente cerebral. El fin justificaba los medios. Un pobre desventurado, que además tenía el pecado de ser extranjero, podía ser sacrificado a los ídolos de la salud pública.

En Portales existió siempre el propósito de dar publicidad a los ajusticiamientos y así lo manifiesta en una de sus epístolas al aconsejar al gobierno, en 1832, que cualquier sentencia de muerte sea dada a conocer en la prensa "porque así se alienta a los jueces de las provincias, y escarmientan los malos" que desde las regiones no podían ver los castigos[124].

Como se ve, era, además, una forma de estimular a los jueces para la aplicación de la última pena.

La crueldad de Portales con los culpables de cualquier delito era una especie de obsesión. Las penas infamantes, la degradación, el dolor y la humillación eran impuestas por él a los más humildes sin el menor sentido humanitario. Podía tener propósitos ejemplarizadores, pero había en su ánimo una complacencia patológica y no se puede alegar que en tiempos de criminalidad y barbarie se justificasen las medidas atroces, porque eran criticadas por los propios contemporáneos, es decir, no eran características necesarias de esos tiempos. Agreguemos que el efecto podía ser exactamente distinto al que se buscaba, al estimular el resentimiento y el odio y fomentar un ambiente de rudeza que llegaba a todos. El dolor y la vergüenza eran traspasados a las personas corrientes que observaban la aplicación de las penas.

Una muestra dramática de hechos de esa índole se encuentra en la creación de un presidio ambulante, que ideó Portales y puso en funcio-

---

[124] *Epistolario*, I, 456.

namiento el año 1836[125]. El tal presidio, según descripción de Barros
Arana, no era otra cosa que un conjunto de carretas tiradas por bueyes,
dotadas con unas jaulas de hierro, divididas en tres secciones horizon-
tales, en cada una de las cuales cabían tres reos, que debían mantenerse
recostados por la escasa altura de los compartimientos. Allí permanecían
durante la noche y los días festivos; pero en las jornadas de labor eran
sacados y obligados a trabajar en la reparación de caminos, debidamente
custodiados y encadenados por los tobillos de dos en dos.

El tratamiento dado a los reos de la justicia era absolutamente des-
piadado desde que se dictaba la sentencia hasta que los condenados
llegaban al presidio ambulante. Eran costumbres bárbaras de la época,
respaldadas por Portales, que con su rigor y sus exigencias estimulaba a
las autoridades inferiores.

Una carta de un vecino de Valparaíso a un capitán de nombre Narciso
Carvallo da cuenta del trato recibido por un conocido de ellos y otros reos
condenados al presidio ambulante: "se ejecutó la sentencia dada por la
Suprema Corte sobre Hipólito Jara con la mayor crueldad y tiranía que
Ud. no se puede figurar. Luego que se les leyó la sentencia,... el mismo
día de la fecha, y a pocos momentos Hipólito cayó desmayado y así lo
sacó el juez de policía, a tirones ofreciéndole amarrarlo desde la puerta
del calabozo de su prisión; en seguida fue tomado por dos hombres y
conducido hacia la plaza (en circunstancias que iba más muerto que vivo)
y de allí lo querían poner en un carretón basurero, para conducirlo hasta
el presidio ambulante, teniéndolo antes de pasar al presidio dos horas
en la Aduana a la espectación pública, como así lo hicieron, a excepción
del carretón indicado, porque unos particulares movidos a compasión a
la vista de un espectáculo tan triste consiguieron que fuesen conducidos
en un birlocho siendo éste pagado por los solicitantes. Llegado que fue
al otro presidio, lo mancornaron con una cadena de fierro con ricardes
y en seguida lo metieron a un carretón junto con seis fascinerosos, en
donde lo tuvieron día y medio del modo indicado, hasta el día 12, que
lo pusieron en otro carretón en donde había tres hombres más decentes,
quitándoles la cadena al mismo tiempo, en donde existe hasta hoy día
de la fecha"[126].

---

[125] Yrarrázabal en el artículo citado pone en duda que el presidio comenzase a funcionar
en vida de Portales, desconociendo así los testimonios de Barros Arana en el tomo
XVI, pág. 246, de su *Historia jeneral de Chile*. No reparó, tampoco, en la referencia
precisa que hace Portales en una de sus cartas. *Epistolario*, III, 512.

[126] Archivo Nacional. Ministerio de la Guerra, vol. 247, foja 159.

El capitán Carvallo, destinatario de la carta, sería uno de los militares más activos en el levantamiento de Quillota que terminó con la vida del ministro.

En el presidio ambulante la situación de los condenados era tan exasperante, que años más tarde hubo una sublevación en las cercanías de Valparaíso. Un grupo de los hombres que estaba fuera de las jaulas atacó desesperadamente a los guardias con piedras y algunos de los fusiles que cayeron en sus manos, pero la tropa mató a 27 de los insurrectos, hirió a 8 y retuvo a 87, la gran mayoría de los cuales aún permanecía enjaulada. Ese sería el comienzo del fin de tal presidio, por la impresión de horror que dejó[127].

Es innecesario extenderse más sobre el asunto. Recordemos simplemente una nota puesta por Goya a un grabado suyo relativo a un condenado: "tan bárbara la seguridad como el delito".

Portales se valió del servicio en las milicias para imponer drásticamente la disciplina y la moral. En ellas tenía un poder incontrastable y se valió de él para corregir a palos, azotes y torturas a los que no andaban derecho. Dentro de esos cuerpos el orden tenía que ser rígido y si alguno se desmandaba, más le valía no haber nacido, porque en tales casos se desataba la fuerza íntima de Portales.

Marzo de 1833, a Garfias: "estoy de un humor negro, porque anoche me han escalado el cuartel cuatro músicos y un tambor de los mejores, y se me han mandado mudar llevándome un vestuario blanco que les había dado recientemente y algunas prendas del vestuario de paño de los otros músicos y tambores: los he hecho perseguir en todas direcciones y con una grande eficacia; pero no se ha adquirido noticia alguna. Hoy mando al gobernador de Santiago las medias filiaciones de todos, para que me los haga buscar en ese monte, y ruego a usted que también le recomiende el empeño y constancia en perseguirlos, sin perdonar gastos, sean en la cantidad que fuesen".

Al día siguiente una gran satisfacción: "esta mañana me han traído del camino de Melipilla bien amarrados a los cinco desertores, lo que celebro como si fueran cinco talegas de onzas, porque con la azotaina que

---

[127] Yrarrázaval, en su afán de justificar a Portales, comenta que la cárcel ambulante era al menos provechosa para el Estado y que la idea era hasta humanitaria si se compara a las jaulas con las prisiones de la época. Durante el trabajo los reos podían poner en juego los músculos "y gozar del buen aire y del espacio libre y aun dentro de su triste condición y por entre las rejas esparcir su vista y recrearse con las mil peripecias del camino".

les lloverá esta tarde, volverá a armarse el altarito que me había acabado de desarmar la impunidad[128].

El castigo –aunque no la vehemencia personal– pudo ser justificado en ese caso, pero otras veces el régimen imperante en la Guardia Nacional era usado para castigar a sus integrantes por asuntos enteramente ajenos al cuerpo. Era una justicia al arbitrio personal y directa.

Para terminar con los recovecos del laberinto, un asunto curioso y desconcertante.

Desde los tiempos coloniales y como un residuo de la esclavitud encubierta de los indios, se mantenía la costumbre de apoderarse de niñitos y niñitas araucanas, tomados por las tropas en las incursiones bélicas y aun en tiempos de completa paz. Los oficiales solían venderlos o regalarlos a las familias de sus afectos, que los empleaban en el servicio doméstico, los cuidaban y les daban acomodo. Mientras llegaban a edad adulta eran servidores gratuitos y obedientes. Su desgraciada situación les obligaba a ser muy cumplidores.

Las dos indiecitas que O'Higgins mantenía en su casa, dándoles un trato especial, tenían ese origen. Por esa misma época, refiere el coronel Jorge Beauchef, en el asalto a la parcialidad de Boroa se tomó prisioneros muchas mujeres y niños, que quedaron en poder de los oficiales, pero se celebró un acuerdo de paz con los indios bajo condición de devolver aquellas criaturas. "Yo di el ejemplo –comenta el oficial francés–, tenía una niñita que me había pedido mi querida Teresita. Hubo sus resentimientos entre los oficiales, pues las damas de la capital aprecian mucho las *chinitas,* que suelen ser muy buenas criadas"[129].

La costumbre seguía años más tarde, pues en 1827 una hermana del coronel Ramón Picarte le encargaba al ínclito guerrero que no olvidase de traerle una chinita[130].

Portales no escapó a la costumbre, que no sabemos si denominar tráfico encubierto, trata de niños o de alguna otra manera.

En noviembre de 1831 escribía a uno de sus amigos, Vicente Bustillos, si le interesaba una indiecita como de seis años, que Victorino Garrido le había enviado por barco. Días más tarde encargaba a Antonio Garfias que hiciese igual consulta a su comadre doña Rafaela Bezanilla, agregando que la indiecita hablaba el español y parecía "habilita".

[128] *Epistolario*, II, 364.
[129] Guillermo Feliú Cruz. *Memorias militares... del coronel Jorge Beauchef.*
[130] Sergio Vargara Quiroz, *Cartas de mujeres de Chile,* pág. 183.

La comadre aceptó a la niña y Portales escribió a Garfias con satisfacción: "dígale que celebro le haya venido también la chinita: que le ha de gustar mucho porque a más de ser muy servicial y comedida, es muy aseada. Lo primero que hace todos los días, es irse a bañar a un pozo a las seis de la mañana, porque el ejemplo de sus padres la tiene acostumbrada"[131].

[131] *Epistolario,* I, 339, 343 y 346.

Amor y sordidez

Entre aventuras y calaveradas, malos negocios y rabietas, había surgido en Lima un amor sincero. Ella era Constanza Nordenflicht, belleza rubia en plena adolescencia, carácter firme y apasionado, que doblegó su existencia al atractivo dominante de Portales. Era hija del sabio minerólogo barón Timoteo de Nordenflicht, natural de Polonia, que contratado por la corona española para estudiar los métodos de la minería de Potosí había llegado a Perú en las postrimerías de la Colonia. Allí había contraído enlace con la madre de Constanza, doña Josefa Cortés y Azúa, dama de la aristocracia limeña, cuya familia era originaria de Chile, donde residían varios parientes. El padre había fallecido hacía tiempo y luego murió la madre.

Desafiando los convencionalismos y la censura social, Constanza se trasladó a Chile a casa de una tía abuela, doña Ana Josefa de Azúa y Marín de Poveda, cuando Portales regresó a radicarse en el país. Desde ese momento tuvieron una relación íntima que les deparó tres hijos: Rosalía (1824), Ricardo (1827) y Juan Santiago (1833).

La vida con la joven estuvo hecha de encuentros circunstanciales, periodos de convivencia bajo un mismo techo, separaciones y un asedio sostenido por parte de ella. Portales, por su parte, aunque enamorado, no dejaba de lado sus aventuras y se manejaba con desenfado sin estar dispuesto a rendir su libertad a una mujer. Jamás engañó en ese sentido y se obligó, dentro de la modestia de sus finanzas, a contribuir a la mantención de Constanza y de sus hijos. Ella exigía mucho más en la intensidad de su amor y surgieron incidentes lamentables.

Portales mostró inestabilidad en el afecto por sus hijos, según se desprende de su correspondencia. La mayor, Rosalía, fue la que más atrajo su atención, en una actitud de contradicciones anímicas.

Cuando la niña tenía ocho años, escribía a Garfias: "Ud. debe saber que profeso algún cariño mezclado con compasión a la chiquilla Rosalía: quisiera educarla bien, así para mejorar su desgracia de que soy autor, como porque si llego a viejo y ella sale buena puede aliviar mi vejez con sus cuidados; si no sale buena, como me temo, la educación la hará menos mala, y tendré el consuelo de haber llenado uno de mis primeros deberes. Quiero, pues, que habite el colegio donde más avance; pero dudo que éste sea el de mi amada D. Manuela [Cabezón]; porque la misma escasez de sus recursos y el poco número de alumnos no puede proporcionarle buenos maestros y lo demás necesario para poner su establecimiento en el pie que lo tiene Madame Versin: mas a Ud. toca hacer las indagaciones y comparar, pues tiene las cosas a la vista. Es verdad que yo noto que los adelantamientos de la chica son demasiado lentos; esto lo atribuía a su poca edad antes de tener la que hoy tiene: a veces desconfío también de sus aptitudes, porque aunque a veces se conduce de modo que arguye viveza de imaginación y entendimiento, puede suceder muy bien que no lo tenga para cosas de peso...

"Vea si todavía ha de permanecer en la escuelita que allí llaman o si estando en estado de sacarla de esta clase no se hace. Haga que Madama le hable con franqueza sobre su buena o mala disposición y las causas de su atraso, y déme cuenta...

"Me he ocupado bastante de una pequeña persona a quien acaso no desearía recordar jamás"[132].

Rosalía fue efectivamente trasladada al colegio de la señora Versin, pero algunos contrastes hicieron temer por la suerte de ese establecimiento y hubo que pensar de nuevo qué se haría con la niña. "Si el establecimiento de la Cabezón tiene buenos profesores, y se disloca el de Versin, pase en hora buena la Rosa a aquel; pero si no, creo mejor que me la mande Ud. acá: hay un mal colegio en que la pondré y yo me entretendré, venciendo mi genio, algunos ratos enseñándole lo más necesario. No me ha parecido mal la plana, aunque para la edad que tiene podía hacer más. Si en todo está tan avanzada como en la escritura, yo me daría por contento. Por lo que hace al genio, estoy cierto que a punta de varejonazos la pondría yo como un cordobán [cuero curtido de cabra]: no crea Ud. que sus llantos nazcan de amor a Madame, porque no es capaz de querer a nadie: lo menos que tiene es sensibilidad; son causados sin duda por la separación de las demás chiquillas, y por la falta de chacota. Aunque parezca excusado, doy a Ud. las más cordiales gracias por el interés que le anima para con esta infeliz chica"[133].

Cuando Portales afirmaba que sentía "algún cariño" por Rosalía, probablemente quería decir muy poco, porque sus consideraciones, en lugar de expresar afecto, revelan más bien el fastidio y un análisis de tal modo lapidario que no se compadece con el afecto de un padre. Si sus opiniones eran objetivas, debió guardárselas o al menos no comunicar-

---

[132] *Epistolario*, II, 168.
[133] *Epistolario*, II, 212.

las a una persona extraña, por mucha confianza que les uniese. En todo caso, Rosalía llevaría una vida perfectamente normal y llegó a ser una dama respetable[134].

El tratamiento dado a Constanza tampoco fue el que corresponde a un gran amor, alcanzando en algunos momentos una falta de consideración y aspereza difíciles de concebir. En toda la relación se nota el deseo de Portales de desligarse de ella y de mantenerla en casa de la tía, manifestando siempre en su correspondencia que la falta de dinero le impedía tenerla consigo; aunque le daba alguna ayuda para ella y los hijos. Esa falencia era real, pero también el egoísmo libertario del comerciante y su inclinación a pasar de una mujer a otra.

El año 1834 fue de continuos problemas con la joven, que despedida del hogar por su tía por insinuaciones de su confesor, debió dirigirse a Valparaíso a vivir cerca de Portales. Las cosas empeoraron y entre amores y rencillas, se la obligó a regresar a Santiago y se la convenció, tanto a ella como a la tía, que regresase a casa de esta. Para ese objeto, el ex ministro y Garfias urdieron una compleja trama de insinuaciones, triquiñuelas, consejos y presiones, que al fin dio resultado[135].

Esos ajetreos dejaron resentido el ánimo de la joven –tenía 26 años– a pesar de su enorme entereza y fuerza de voluntad, porque se creía desdeñada por el hombre a quien había sacrificado todo.

Comprendiendo esa situación, Portales recurrió una vez más a su amigo Garfias para que indirectamente hiciese comprender a Constanza su lealtad y la honradez de sus procedimientos: "Doña Constanza me ha escrito una muy larga carta llena de cargos contra su tía, pero especialmente contra mí. En ella dice que al retirarme yo a la Placilla lo hago con la intención de no volverla a ver más. La pobre Constanza no comprende que si doy este paso, es inspirado únicamente en el deseo de ver manera de rehacer mi fortuna en el nuevo campo de operaciones en que me inicio para ver manera de dejarles algo a los frutos de mis indiscreciones con Constanza, y también a ella misma para que nunca le falte el dinero que tanto necesita.

"Hace mucho tiempo Constanza está persuadida [de] que me he alejado de ella, porque ha perdido con los años su belleza física. Deberá usted convencerla de lo contrario, y si llegase el momento, usted le hablará con

---

[134] Nota de Guillermo Feliú Cruz en el *Epistolario*, III, 357.

[135] Quien desee conocer esa tragicomedia de enredo y convencerse de que no exagera más un ápice –antes nos quedamos cortos– puede consultar el *Epistolario*, tomo II, págs. 226 a 434.

esta claridad: dígale que a mi edad el valor de la belleza física de una mujer no puede impresionarme con la fuerza que produce en la juventud ese extraordinario atractivo de la mujer. Que ella para mí se encuentra tanto o mejor que antes, porque la jovencita que hace años conocí, ha adquirido toda su verdadera condición femenina, de modo que juzgando en conciencia a la Constanza de ese tiempo con la de ahora, a mi juicio le sería enteramente favorable. La Constanza de hoy sería preferida a la de ayer.

"Esto se lo dirá usted como referencia de viejas conversaciones que he tenido con usted, y con lo cual usted no mentirá, porque afirmo algo cierto de mi muy peculiar entender en cuanto a la Constanza.

"Procurará usted hacerla comprender todavía que al retirarme a la Placilla me impongo un sacrificio que Constanza jamás podrá apreciar, porque siento por esta mujer la más fuerte afección y el más sincero sentimiento de cariño. Yo no se lo he demostrado, porque mi natural me lleva a la reserva y porque también no es nada de agradable para un hombre de mi situación hacer alarde de amor, cosa propia de jóvenes sin experiencia. Pero que a Constanza le guardo ese amor, no es cosa que pueda yo discutir conmigo mismo, porque a veces he sentido los ímpetus de romper con todas las conveniencias e irme a vivir a su lado para que ella no sufra ni yo tampoco haga sangrar tan amargamente mi corazón. Me retiene mi pobreza y mi deseo de poder corresponderla dignamente a ella y a nuestros hijos, cuando me sonría la fortuna que con tan peregrina suerte he buscado.

"Constanza le observará a usted la inconsecuencia de mis procedimientos con estas declaraciones, que usted desenvolverá en el tono de conversaciones conmigo en diferentes ocasiones. No dejará usted de decirla que esas inconsecuencias resultan de la misma angustiada situación en que vivimos. Que el querer lo manda inexorablemente así y que ¿cómo podría yo a su lado mantener el rango de ella y nuestra familia cuando me falta a mí lo más preciso para mi vida? El sacrificio que me he impuesto está precisamente en esta determinación. Hace años cargo con la pesadumbre de que a Constanza le he impuesto con toda injusticia una terrible vía crucis; quisiera reparar el mal y daría mi existencia por hacerlo. ¿Pero cómo cambiar el rumbo de las cosas? La sé desdeñada por mi culpa, la sé perseguida por mis indiscreciones. Sé todavía que mis ligerezas se han prolongado en nuestros hijos a quienes se respetará mientras los cubra en vida el nombre del padre. Cuando piensa en esta dolorosa y tremenda situación, su amigo Diego Portales concluye en la desesperación. Noches enteras he pasado sin pegar mis ojos, sintiendo a Constanza a mi lado, teniendo a los niños cercanos a nosotros, unidos todos en un familiar afecto. Pero hasta esta dulce satisfacción no puedo dármela, porque no tengo con qué hacerlo ni cuento con medios para mantenerla. Desagraciado como soy, sólo quedaba que Constanza creyera que mis intenciones eran falsas. Disuádala usted, pues, de sus opiniones y dígale que tenga alguna fe en el hombre que la estima como su buena compañera.

"Rompa esta carta. No quiero que Constanza la lea, porque su lectura la hará sufrir demasiado. Apréndala usted de memoria, si fuera posible, para repetírsela palabra por palabra, en el tono de viejas conversaciones conmigo"[136].

No hay ninguna razón para dudar de la sinceridad de Portales y de su actitud responsable, que alcanza un tono dolorido. Unas palabras van dirigidas a Constanza y otras son íntimas confidencias a su amigo, a quien no tenía por qué engañar. En ambas hay perfecta coincidencia, no existe un doble juego.

La preocupación de Portales por los hijos es un tema recurrente en las cartas de esa época, que es difícil conciliar con la animosidad de sus expresiones contra Rosalía. Con todo, es factible ensayar una explicación: se trataría de una responsabilidad razonada, que procuraba imponer a sus estados anímicos.

El afecto demostrado hacia Constanza también estuvo hecho de contrastes, de modo que la carta citada representa solo uno de los momentos diáfanos. Hubo otros de una crudeza inhumana, en que la intelección ahogó el rastro de los sentimientos hasta las oscuridades de la abyección.

A una carta hay que contraponer otra. Esta precede en dos años a la anterior y su destinatario siempre es Garfias: "Si hay algún bien en la vida es el consuelo de tener un amigo a quien entregarse y que merezca este título sagrado.

"Tenga Ud. paciencia. Debe saber mis relaciones con Constanza Nordenflicht. No es del caso entrar en historia tan desagradable y en que tendría que hacer yo mismo mi panegírico. Sabe Ud. que tengo dos chicos de ella: que quiero y compadezco a la que está en el colegio y que, a más, no está fuera de mi deber propender a hacerla feliz en cuanto pueda. Declaro a Ud. también, que no he contraído obligación alguna con su madre y que para la puntual asistencia que ha recibido siempre

<hr>

[136] *Epistolario*, III, 392.

de mí, no he tenido otro móvil que mi propio honor, la compasión y el deber de reparar los daños que hubiese recibo por mi causa.

"Después de estos antecedentes, debo poner en su noticia que se halla gravemente enferma y que la escarlatina puede concluir de un momento a otro con sus días: quiero hacer menos desgraciados a los inocentes frutos de mi indiscreción y juventudes, casándome con la madre en artículo de muerte y, al efecto, cuando llegue el caso será Ud. avisado por los facultativos o uno de ellos, para que se presente a representarme y contraer a mi nombre: para esto remito a Ud. el poder necesario.

"Debo prevenirle que formada mi firme resolución de morir soltero, no he tenido embarazo y he estado siempre determinado a dar el paso que hoy le encargo; pero con la precisa calidad de que la enferma no dé ya, si es posible, señales de vida: hace cinco años estuvo desahuciada y abandonada de los médicos y hasta el ministro que la auxiliaba: hice varias tentativas para dirigirme a su casa con este mismo objeto; pero me fue imposible vencer el temor de que sobreviviese a aquella enfermedad. Yo no tendría consuelo en la vida, y me desesperaría si me viera casado: esta declaración reglará la conducta de Ud. y me avanza a aconsejarle que, si le es posible, se case, a mi nombre, después de muerta la consorte"[137].

No es necesario hacer ningún comentario. Las palabras hablan por sí mismas. Gritan por sí mismas. Y sin embargo, ningún historiador las ha escuchado.

Deseamos, en todo caso, agregar un testimonio adicional del mismo Portales aparecido en años recientes y que consigna sus manejos. Es una carta dirigida con sigilo al doctor Carlos Burlan, que atendía a Constanza[138]: "Tengo a la vista sus dos apreciadas 11, y 12 del que rige, por las que quedo instruido de cuanto deseaba saber acerca del asunto que tuve la franqueza de encargarle. Doy a Ud. las debidas gracias por sus buenos oficios, y quedo muy reconocido a la atención que ha querido prestar a mi recomendación.

"No me parece hay inconveniente para que consulte Ud., si lo estima necesario con cualquier otro facultativo, sobre la enfermedad escarlatina que padece actualmente esa persona, y por supuesto de-

---

[137] Carta de 13 de mayo de 1832. *Epistolario*, II, 200.
[138] La carta es de igual fecha a la anterior; fue ofrecida en venta, por un particular, a la dirección del Archivo Nacional, que rechazó la adquisición hará unos tres años. La historia oficial vela por la pureza de los prohombres.

Una copia de la carta obra en nuestro poder.

searía también que ni éste ni persona alguna tuviese la menor noticia de su primera enfermedad, a menos que de ocultarla se siguiese el peligro de la vida.

"Si desgraciadamente muere la enferma, es preciso que se haga pública la causa o enfermedad que le da la muerte: es preciso hacer una junta, y me sería muy sensible que los facultativos que la compongan se impusiesen de la primera enfermedad porque ya sería difícil guardar un secreto entre tantos. Así pues, si Ud. no cree necesario someter a la consideración de la junta, el secreto, puede omitirlo, y tratar solamente de la escarlatina, como único mal".

En la carta no consta cuál fuese aquella enfermedad previa que manejaba en secreto con el cirujano Burton; pero la preocupación por ocultarla revela una propia responsabilidad. Seguramente fue un aborto ordenado por él mismo, tal como lo había hecho en Lima en otro caso en años pasados.

Reanudando su carta, Portales proseguía: "Ya es Ud. depositario de mis confianzas y debo hacerle otra nueva. Acaso conozca Ud. a una chica Rosalía que tiene Madama de Versin en su colegio: quiero y compadezco a esta niña, y Ud. debe saber que a más del desprecio con que carga en la sociedad una hija o hijo natural, nuestras leyes le reducen a una condición triste: querría hacerla menos desgraciada legitimándola, y para ello no hay otro remedio, pero será cuando no haya absolutamente esperanza de la vida de la enferma: de otro modo quiero más bien que me acompañe toda la vida la amargura de reconocerme autor de las desgracias de esa inocente criatura; porque me será imposible conformarme con vivir casado un solo día. Debo advertir a Ud. que ahora 5 años, estuvo la misma paciente en tal estado de peligro que fue abandonada de los facultativos, porque todos opinaban que debía morir sin remedio de un momento a otro, y sin embargo de esta casi certidumbre de su muerte, no pude resolverme a dar este paso por el temor de que pudiese sobrevivir burlando tan fatales pronósticos: yo me habría llevado el chasco de que quiero huir, y así ruego a Ud. que se sirva seguir como me promete comunicándome sus noticias, para según ellas dar mi poder a D. Antonio Garfias a fin de que en artículo de muerte, me represente y contraiga a mi nombre. Si el peligro fuese tan inminente que no diese esperanza, tendrá la bondad de verse con Garfias, y poner en su noticia esta mi resolución para que proceda conforme a ella, protestando manifestar mi poder.

"Dispénseme Ud. y disponga de su reconocido, y afecto servidor.- D. Portales".

Un *post scriptum* abundaba en el sigilo: "Es preciso no dar a la enferma ni el más pequeño indicio de mi determinación. Puede Ud. encaminarme sus cartas por la estafeta directamente".

Vale la pena observar que llevado de su cautela, Portales no mencionaba al doctor Burton que Garfias debía formalizar el matrimonio después de muerta la consorte, y que este, a pesar de la gran confianza, no fue informado de la primera enfermedad.

Al concluir la lectura de estos documentos, se confirma la idea de que la realidad muchas veces sobrepasa a la imaginación y que en ocasiones al investigador del pasado se le hace difícil hacer creíble la historia.

Años de angustias y fantasmas

Corrían los últimos días de 1834. El asunto de Constanza parecía entrar en calma después de tantas preocupaciones. Los negocios, en cambio, no prosperaban y resuelto, Portales, a tentar suerte en la agricultura, se trasladó a la hacienda de Pedegua.

Buscaba alejarse de todo y refugiarse en su independencia, entregándose a una labor modesta que le asegurase su existencia y quizás mejores ganancias.

La salud no andaba bien desde hacía tiempo. Varias veces en las cartas había aludido al avance de los años, aun cuando no llegaba a los cuarenta, y sintiendo que se agotaba la energía para las lides amorosas. A tal edad debía ser una simple aprehensión de carácter neurótico frente a la perspectiva futura y si era real explicaría con mayor razón su estado anímico.

En Santiago y en Valparaíso había sufrido de cálculos y en Pedegua tuvo un ataque al corazón que no pudo ser más alarmante. "Yo he estado muy enfermo –escribía a poco de haberse radicado allí– y aún no estoy bueno: hace hoy diez días tuve un ataque muy formal, aunque sólo duró en toda su fuerza menos de un cuarto de hora. Se me cortó enteramente la respiración, y he sentido desde entonces un dolor al pecho que me ha molestado a su gusto, ejercitándose al mismo tiempo una parte del espinazo; así me ha tenido usted poco menos que para nada"[139].

Esos negros presagios y angustias personales venían ocurriendo al mismo tiempo que la situación político-gubernativa se deterioraba, según creía observar el ex ministro con su sensibilidad alterada. Poco a poco, desde que se había alejado del ministerio, las resoluciones del gobierno se habían ido apartando de la rigidez por él impuesta y algunas condescendencias parecían mostrar una nueva orientación que, a juicio suyo, sería fatal para el país. No se trataba de grandes cuestiones, sino de detalles; pero que al estadista retirado le hacían el efecto de banderillas clavadas en su espíritu. A juicio suyo, se comprometía el futuro del país y se destruía su obra personal.

---

[139] *Epistolario*, III, 421. Feliú Cruz anota que la autopsia del cadáver reveló hipertrofia en el ventrículo arterial, cuyas paredes estaban, además, "condensadas".

El desapego mostrado hacia la tutoría de Portales por los hombres de gobierno fue a veces poco meditada; pero también tuvo carácter consciente en algunos de ellos, que no estaban de acuerdo con las disposiciones drásticas ni el influjo avasallador de aquel.

Durante el primer ministerio en el gobierno de Ovalle ya hubo gente en desacuerdo. El coronel José María de la Cruz, hombre recto y adusto, carente de espíritu para entenderse con Portales, renunció al Ministerio de la Guerra después de un breve desempeño. Su determinación se debió a la repulsa que le causaban los manejos de Portales y la manera de ser de este, desenvuelta y sarcástica. Prieto le había advertido a su amigo don Diego que tratase con deferencia al "tártaro" Ministro de la Guerra: "no vaya Ud. a agraviarlo con sus bufonadas y se les largue, porque entonces Ud. tiene que entrar otra vez a reemplazarlo. No se vaya Ud. a reír delante de él; mire que es muy delicado; pero es un excelente hombre para todo tratándole con formalidad y cariño"[140].

El alejamiento de Portales dio alas a quienes no concordaban con su política para orientar al gobierno a una actitud más conciliadora. Su sucesor en el Ministerio del Interior y Relaciones Exteriores, Ramón Errázuriz, compañero de negocios y hasta entonces su amigo, procuró imponer al gobierno una línea menos dura y tuvo condescendencias con los enemigos políticos. Algunos intentos subversivos fueron desbaratados y no se impusieron castigos drásticos a los culpables. Al mismo tiempo la situación del gobierno se veía complicada por la disputa entre el obispo Manuel Vicuña, gobernador apostólico, y el Cabildo Eclesiástico, que involucraba al gobierno en virtud del derecho de patronato.

Para combatir al ministro Errázuriz los partidarios del autoritarismo fundaron un periódico, el *Hurón*, y Portales les respaldó de manera encubierta.

Según práctica de la época, con el objeto de fomentar el desarrollo de la prensa y la cultura, el gobierno se suscribía a una significativa cantidad de ejemplares de cada periódico; pero cuando apareció el *Hurón*, Errázuriz se manifestó contrario a la suscripción y ello motivó la siguiente carta reservada de Portales a Garfias: "Mi opinión sobre el *Hurón* es de que podía estar mejor, variándolo y amenizándolo más con noticias del interior que a todos interesan como dije a usted en una de mis anteriores. Si querían batir al Ministerio, ¿por qué hacerlo escondiéndose tras de un interrogatorio y tan indefinidamente?

---

[140] Carta firmada en Concepción en 13 de septiembre de 1830. *Cartas de don Joaquín Prieto a don Diego Portales*, pág. 23.

"Si no hay causas para atacarlo, silencio, y si las hay, echarlas a luz con sus pelos y sus lanas. Usted me ha dicho en una de sus anteriores que el ministro se había opuesto a la suscripción del periódico ¿habría asunto más lindo para un artículo de importancia y un ataque victorioso? Qué diría el ministro cuando se le preguntase: ¿se quería marchar sin oposición, cualquiera fuese su marcha? Cuando se le dijese que se trataba de hacer una oposición decente, moderada y con los santos y para los fines: 1º de encaminarle a obrar en el sentido de la opinión; 2º el de comenzar a establecer en el país un sistema de oposición que no sea tumultuario, indecente, anárquico, injurioso, degradante al país y al gobierno, etc., etc.; que lo que se desea es la continuidad del gobierno, y que para conseguirla no hay mejor medio que los cambios de Ministerio cuando los M.M. no gozan de la aceptación pública por sus errores, por su falsa política o por otros motivos; que la oposición cesa cuando sucede el cambio, y, en fin, que queremos aproximarnos a la Inglaterra en cuanto sea posible en el modo de hacer la oposición; que el decreto que autoriza al gobierno para suscribirse a los periódicos con el objeto de fomentar las prensas y los escritores no excluye a los de la oposición; que siempre que ésta se haga sin faltar a las leyes ni a la decencia, el buen gobierno debe apetecerla y que esa intolerancia del Ministerio, sólo puede encontrarse en un mal ministro que tiene que temer, etc., etc.; añadiendo que es una pretensión muy vana el querer marchar sin oposición... que sobre todo la distribución de los fondos públicos destinados al fomento de la ilustración no puede hacerse según el gusto y capricho del ministro, sino conforme a la justicia y conveniencia del pueblo, y podría concluirse diciendo que no se quería la suscripción del gobierno y que el sostén del *Hurón* sin ella, sería una de las pruebas de que escribía en el sentido de la opinión, etc., etc.; Urízar podría hacer este artículo dándole Ud. estos apuntes"[141].

Las ideas políticas de Portales parecieron cambiar de rumbo en este momento. Se acerca al juego de la libertad, la posibilidad de disentir y la influencia que debe ejercer una oposición. ¿Pero había un cambio real en su concepción del poder o simplemente era una posición personal motivada por las circunstancias en que se encontraba?

Su reacción provenía de la blandura observada en el gobierno y sus esfuerzos estaban destinados a imponer de nuevo la rigidez. Quería que su parecer, que atribuía a la "opinión" general, fuese considerado y que normase la conducta de los hombres del gobierno. Había que imponer

---

[141] *Epistolario*, I, 471.

de nuevo la persecución, aplastar al rival, a quien no pensase igual que el gobierno y en el caso de haber habido prensa realmente opositora, haber acabado con ella.

La diatriba tenía lugar dentro de los círculos que apoyaban al gobierno y el esfuerzo de Portales estaba destinado a impedir que hubiese una auténtica oposición. Toda su actuación tuvo ese fin, según avalan los hechos de su primer ministerio y del que desempeñaría luego.

La campaña contra el gobierno dio sus frutos. Ramón Errázuriz, persona incapaz de enfrentar una lucha fuerte, abandonó el Ministerio del Interior y Relaciones Exteriores, dejando al presidente Prieto en situación embarazosa.

Se pensó en esas circunstancias designar en su reemplazo a Francisco de Borja Irarrázaval, sin antecedentes reales en la política y poco inclinado al autoritarismo exagerado. Bastó el rumor de ese posible nombramiento para que Portales diese su opinión a Garfias en carta de 27 de abril de 1832: "No será mal disparate si se realiza el nombramiento de ministro en la persona que Ud. me indica; el caso es no errar desatino. ¿Sabe Ud., Sr. don Antonio, a lo que se me parece el orden y tranquilidad pública en Chile? A una fuerte estatua robustamente apoyada en sí misma; pero que el gobierno con un hacha en la mano está empeñado en darle por los pies para derribarla: veo que los hachazos le hacen poca mella, pero que al cabo han de ser tantos y tan fieros los golpes que se ha de salir con la suya. Si el gobierno se resuelve a tal nombramiento predigo desde ahora nuestra ruina. Hará ocho o diez días he visto unas cartas cuyo contenido, unido a varios antecedentes, me ha hecho sospechar que O'Higgins y sus paniaguados tienden lazos a Prieto, que el hombre no conoce... ¡Qué hombre tan a propósito el Irarrázaval para tales circunstancias! ¡Santa Bárbara, carajo! Ya basta de hacerse enemigos sin fruto: la Patria no puede exigirme sacrificios estériles. No hablaré ni usted hable palabra que apruebe ni repruebe este nombramiento; dejemos que el mundo marche y conformémonos con la suerte que nos está preparada: no deja de ser exasperante el que después de estar tan asegurados, vengamos porque se quiere y nada más que porque se quiere, a parar en una horca; pero al fin así lo querrá el destino"[142].

En las dos cartas sobre la marcha del gobierno, escritas con diferencia de cuarenta y un días, Portales pasaba de la intención de lucha a un sentimiento de impotencia y resignación, viendo el futuro con colores grises

---

[142] *Epistolario,* II, 186.

y trágicos. Esos altibajos fueron más frecuentes mientras estuvo alejado del poder y no son más que la expresión de su psicología desequilibrada, oscilando siempre entre los extremos.

La propensión a caer en el abatimiento y abandonarse a la suerte es característica de la manía depresiva. En tales estados de ánimo los peligros se ven mayores, crecen los fantasmas y el futuro se ve negro, hasta que la propia voluntad determina reacciones enérgicas.

Las amenazas que veía el comerciante de Valparaíso no eran graves, porque ni el gobierno estaba comprometiendo su estabilidad ni los planes de los o'higginistas eran siniestros. El desterrado de Moltalbán no se proponía perturbar el orden; solo deseaba regresar en el rango que le correspondía y rodeado de dignidad.

Otros casos, a veces de muy poca importancia, los consideró Portales como indicios de una marcha fatal, preocupándole especialmente las designaciones y ascensos en el ejército y la administración, en que hubo ejemplos desafortunados. Las conjuraciones, en que figuraron oficiales dados de baja, le parecieron graves, sin considerar que eran el efecto de las persecuciones y de la desesperante situación de aquellos.

Sus adversarios es cierto que no estaban dormidos y procuraban marginarle de las decisiones gubernativas empleando maña y argucias. El papel de Prieto, en esas circunstancias, le resultaba ambiguo, porque habiendo amistad y confianza entre ambos, tomaba en ocasiones actitudes que diferían de su parecer.

A raíz de la caída de Errázuriz, Portales creyó ver que algunos de sus contendores, José Antonio Rodríguez Aldea y Miguel Zañartu, le habían indispuesto con la familia de aquel, los Litres, asunto por demás justificado, y que una intriga se había tejido en torno al presidente para hacerle creer que intentaba una "revolución" contra él[143]. Portales, "conociendo el lado flaco de Prieto" y por algunas noticias que tenía y el carácter de ciertas designaciones, sospechaba que le habían convencido. Por carta instruyó entonces a Garfias para que desvirtuase tales ideas a título personal; pero reaccionando contra sí mismo, le agregó: "¡Qué demonios me importa a mí que Prieto ni los Litres se enfaden conmigo! Mientras yo cuente con el testimonio de una conciencia pura me estaré riendo de ellos y de todo el mundo. Pero es muy temible que así prevenido Prieto y por ridículos temores (propios sólo del que sea enteramente incapaz de conocer a los hombres) empiece a poner los destinos [cargos] en mano

---

[143] Carta de Valparaíso, 10 de mayo de 1832. *Epistolario*, II, 198.

de bribones mirándolos por el lado de que son enemigos míos, y que en fin, toda su marcha sea poniéndose por delante el exclusivo objeto de asegurarme contra mis resoluciones, maquinaciones, intrigas, y de cuanto le hagan creer. Aquí está el mal grave, el que he temido siempre, y el que nos perdería sin remedio".

Una vez más la sensación del caos le atormentaba y sin verdadera razón, porque los planes que vislumbraba carecían de posibilidad y porque Prieto jamás dejó de confiar en él: le consultaba continuamente, solicitaba su presencia y concluiría por llamarle nuevamente a su lado.

La relación con Prieto, desde que el movimiento de 1829 decidió al general, fue de mutua observación sobre la base de un entendimiento en los planes mayores. Pero que estuvo sembrada de pequeñas dudas y recelos mantenidos en sordina. Prieto no era un jefe con ideas claras, y fuera de las campañas militares, en que tampoco fue sobresaliente, no mostró voluntad propia ni capacidad para imprimir un sentido vigoroso al gobierno. Solo tenía ideas prestadas y su inseguridad le movía a ponerse bajo la tutela de personajes fuertes como Rodríguez Aldea y, por sobre todo, Portales.

Mientras estuvo al frente de las fuerzas de Concepción y como intendente de esa provincia, después de Lircay, manifestó en sus cartas a Portales, a quien recién había conocido, opiniones inflexibles contra los pipiolos, que por el tono y el lenguaje parecen un remedo de las expresiones de aquel.

Condenó el acuerdo de Cuzcuz y elogió la respuesta del gobierno al general Aldunate. "He celebrado y bendecido –escribía entonces– a su autor cuanto Ud. puede imaginarse, porque es pieza digna de un gobierno y del ministro que la redactó"[144].

Respecto de otros de los derrotados, se expresaba con absoluta intolerancia y estimulaba a Portales para que se les persiguiese: "Aquí nos tiene Ud. horrorizados [a] todos, y maldiciendo a Uds. que permiten nos insulten [ataquen] todavía esos monstruos de la anarquía, los Novoas, los cojos Manzano, y que después de la impunidad en que parece han quedado sus horrorosos crímenes y salteos, haya tribunal donde les oigan y provean sus injustas demandas reclamando garantías de que se han burlado altamente para saquear a todo el que no iba con sus ideas. Amigo, parece increíble esto, pero ello es que lo vemos con admiración.

---

[144] *Cartas de don Joaquín Prieto a don Diego Portales*, pág. 9.

Hombres perversos, ladrones descarados, asesinos, incendiarios y, en fin, manchados con todos los crímenes conocidos"[145].

Más adelante insistía: "No dejen impunes los delitos de esos malvados N.N. Manzanos, Pintos, Borgoños, Amunáteguis, y demás de la comparsa patricida. No dejen volver acá a los criminales que han seguido a Viel y Freire hasta Coquimbo, que en todos los buques están llegando y yo volviéndolos a prender acá de nuevo y haciéndolos salir de la provincia a algunos y otros dejándolos presos".

En otra carta, Prieto llegaba al tono épico: "Siga Ud. su marcha, mi amigo; haga a su país el bien que se ha propuesto; dé palos donde convenga sin reparar a qué partido ni clase de animales pertenecen los perturbadores, seguro que sus providencias serán sostenidas con la vida, si fuese preciso, de todos sus amigos"[146].

Los denuestos contra personas de tan alto nivel como Pinto, Borgoño y Freire no tenían la menor justificación; eran el efecto de la ceguera más que de la pasión.

No cabe duda de que Prieto había hecho suyos el lenguaje y la actitud de Portales, asumiendo una exagerada adhesión, propia de las personas sin carácter. Solo cuando faltó Portales, entre los dos ministerios y después de su fallecimiento, se alejó un tanto de su orientación, para tomar un rumbo más sincero, de acuerdo con su espíritu blando y conciliador.

La inseguridad personal le llevaba, por otra parte, a tomar actitudes obcecadas y a no escuchar las razones de los demás, siempre que no fuesen espíritus avasalladores.

Mientras todo parecía concordar a las mil maravillas entre el general y el jefe de los estanqueros, habían surgido algunas desconfianzas en la atmósfera cargada de chismes, rumores y sospechas que siguió al afianzamiento de los pelucones en el poder.

Desde Concepción, al comenzar 1831, Prieto informó a Portales de las malignas opiniones que había en su contra y el Ministro le reprendió, creyendo ver una crítica. Aludió, además, a la desconfianza de Prieto hacia su persona en los primeros tiempos en que se conocieron. El general quedó sorprendido y le manifestó que su franqueza se inspiraba en la amistad más sincera y no era merecedora de increpaciones fuertes.

La desconfianza inicial se había acabado y "desde aquel periodo –le comentaba–, lejos de haber habido hombre que fuese capaz de hacer revivir en mí esa desconfianza, como Ud. lo presume, me entregué a

---

[145] *Cartas de don Joaquín Prieto*, pág. 14.
[146] Obra citada, pág. 25.

Ud. con absoluta franqueza, y he continuado con la mejor buena fe; por
eso me duele mucho el que Ud. se atreva a decirme que ve verificado lo
contrario, pues no tiene absolutamente mérito alguno para atribuirme
variaciones tan degradantes"[147].

El ministro contestó rogándole que no desconfiase nunca de su franqueza y honradez y dándole alguna explicación. Las cosas quedaron
así bien compuestas y Prieto le aseguró que su suerte personal estaba
completamente ligada a la de él[148].

Portales comprendía el carácter y la personalidad de Prieto y por esa
razón, desde que abandonó el cargo de ministro, supuso que un ambiente
conciliador rondaría por las salas del gobierno. Pronto escribiría que "todo
cuánto se lamenta en Santiago viene o tiene su origen en la indecisión
del presidente y en la falta de un carácter pronunciado"[149].

El presidente se mostró reticente a los consejos que Portales le dirigía a través de sus amigos desde Valparaíso y a fines de noviembre de
1831 un incidente no especificado provocó una tirantez entre Prieto y
Garfias. Hubo palabras duras, que no se fiaron al papel y Portales debió
dar consejos prudentes a su amigo y colaborador: "el hombre va a llevar
una marcha que lo precipita en el abismo, y lo que es peor, que nos
precipita a todos. Recuerde usted que constantemente he aconsejado
a los amigos que lo lleven por bien, y es necesario que se le sometan,
como la sumisión no llegue hasta un punto que toque en degradación;
porque si se le ponen muy tirantes, si quieren ser siempre optimistas,
no estaría muy lejos de buscar su apoyo en cimientos carcomidos que
destruyesen el edificio, aplastándolo a él con quienes nunca estarán
de buena fe, y a nosotros que nos harían tortillas. Para evitar este mal
a viva fuerza, serían necesarios otros [males] mayores que estremecen,
y que ningún buen chileno puede ni debe desear: es preciso, pues,
empeñarse en prevenir y no en preparar los males: mucha prudencia
acompañada con aquella dosis de dignidad y firmeza que nunca puede
faltar al hombre de bien"[150].

El temor de Portales era que la tozudez del general pudiese llevarle a
un entendimiento con sectores indeseables, quizás los o'higginistas. Por
esa causa, estuvo alerta ante cualquier indicio que revelase flexibilidad
y aproximación a los antagonistas. El nombramiento de un oficial, la

[147]   Obra citada, pág. 61.
[148]   Obra citada, pág. 66.
[149]   *Epistolario*, I, 443.
[150]   *Epistolario*, I, 343.

condescendencia con algunos conjurados y hasta simples sospechas, eran suficientes para que Portales vislumbrase un destino trágico.

Sería tedioso anotar todos los acápites sobre esta materia, algunos de los cuales ya han sido señalados, pero hay una carta de agosto de 1833 que resume el pensamiento o, mejor dicho, el estado de ánimo del ex ministro: "El Gobierno ha perdido su prestigio por la vaguedad de su marcha, y por la ambigüedad de sus procedimientos. Los malos no le tienen respeto, y los buenos, cansados de chascos, le han retirado su confianza. Yo veo un porvenir muy triste –observo que se aumenta la deserción de los afectos al Gobierno– y que aún de aquellos que lo son por su natural propensión al orden y la paz, se ha apoderado una fatal tibieza, que casi los presenta indiferentes, cuando no como enemigos secretos. Todas las piezas de la máquina se van desencajando sensiblemente, y debe parar su movimiento precisamente"[151].

La tibieza del gobierno preocupaba más a Portales en cuanto algunos de sus enemigos, en los círculos de palacio o cercanos a él, actuaban unidos y llegaron a ser conocidos como los philopolitas. Deseaban imponer una tendencia más benévola y marginar la influencia de Portales. Su origen había estado en la salida del ministro Errázuriz y contaba, entre otros, con Manuel Rengifo, Diego José Benavente y Manuel José Gandarillas, que anteriormente habían disfrutado de la gran amistad y confianza de Portales.

A mediados de 1834 los philopolitas hacían una oposición tenaz y denunciaban con rumores la ambición de Portales de subir a la presidencia cuando concluyese el primer quinquenio de Prieto en 1836. El comerciante, por su parte, denunciaba las ilusiones presidenciales del Ministro de Hacienda, Rengifo, y comentaba que Benavente aspiraba a subir a un ministerio "más que subir al cielo"[152].

Para combatir esos intentos Portales recomendaba que "los buenos proclamasen a Tocornal por jefe de la oposición al partido de Niños y aniñados que se va organizando". Y trazaba una táctica: "Por ahora no conviene batirlos de frente, sino con taima, y dejarlos obrar porque estoy cierto que no pudiendo dejar de ser Niños se han de envolver en sus propios pasos"[153].

Aquellos "pobres diablos incapaces de dar en bola" le tenían preocupado, sin embargo, y llegó un momento en que las cosas pasaron de

[151] *Epistolario*, II, 418.
[152] *Epistolario*, III, 325.
[153] *Epistolario*, III, 327.

castaño a oscuro. A comienzos de agosto de 1835, salía a circulación el periódico titulado *El philopolita,* redactado por Gandarillas y donde también ejercitaban su pluma Benavente y Ramón Rengifo, hermano del Ministro de Hacienda. Días más tarde, una carta de Garfias informaba a Portales que el Consejo de Estado consideraba la sugerencia de Benavente de reintegrar, bajo ciertas condiciones, a los oficiales dados de baja el día de la batalla de Lircay[154].

Era demasiado. Portales se trasladó a Valparaíso, recibió por enésima vez el llamado de sus amigos y decidió cumplir con una anterior amenaza suya: "si en mala hora se me antoja volver al gobierno, colgaré de un c... a los h... y a las p... les sacaré la... ¡Hasta cuándo... estos m..."[155].

[154] Vicuña Mackenna, *Don Diego Portales,* en *Obras completas,* vol. VI, pág. 265. La carta de Garfias es de 24 de agosto de 1835.

[155] *Epistolario,* I, 353.

La vorágine del poder

La pluma brillante de Vicuña Mackenna nos ahorra palabras: "El 21 de septiembre, a las 11 de la mañana cuando el Ministro de Hacienda don Manuel Rengifo llegaba a la sala de su despacho, encontraba trascrito sobre su bufete el decreto refrendado por el Ministro del Interior, por el que se nombraba, aquel mismo día, Ministro de la Guerra a don Diego Portales. Y cuando, para darse cuenta de su sorpresa y de su emoción, miró hacia las ventanas del Ministerio de la Guerra, que estaba en el extremo opuesto del edificio, vio la pálida figura del dictador, que como un espectro evocado parecía estar mostrándole con el dedo la puerta por donde debía retirarse...".

Portales llegaba superando sus últimas depresiones a impulsos de un ardor que esta vez se teñía de un espíritu de revancha y de orgullo herido. Sus enemigos eran los philopolitas, los que habían defeccionado de su política y, más allá, los pipiolos, los militares dados de baja y los o'higginistas, todos los cuales se movían en la incertidumbre sin un plan definido.

Esos grupos carecían de consistencia y de nervio. Bastó la presencia del ministro, sus ademanes seguros y su mirada penetrante, para que se retirasen a la sombra a masticar su impotencia y a planear golpes de difícil realización. El estado del país era distinto al de 1830: Portales no necesitaba afianzar al gobierno porque su poder no estaba realmente deteriorado y bastaba su respaldo personal para darle la anterior consistencia. Su propio prestigio se veía acrecentado al ser requerido como figura indispensable, de manera que los cuatro años de alejamiento de Santiago –no diremos del gobierno– no habían menguado su influencia avasalladora.

La reaparición de Portales no podía sino exasperar a los perseguidos y a quienes veían el inconveniente de un poder ejercido sin cortapisa. Su designación era un paso impolítico, que debía provocar una resistencia subterránea y confabulaciones cada vez más peligrosas.

Esta vez el escenario se ampliaría al plano internacional.

La creación de la Confederación Perú-Boliviana dentro de los planes y las ambiciones del general Andrés de Santa Cruz se transformó en una amenaza para los países vecinos por su riqueza y poderío. Había motivos sobrados para pensar que Santa Cruz tenía en sus miras a Chile y Ecuador y ya había habido una situación conflictiva en el noroeste argentino.

El método del protector de la Confederación se basaba en la presión de las armas y por sobre todo en el manejo de los caudillos locales y el uso de la intriga, para indisponerlos y atraerlos a su lado. En esa forma había anulado en Perú la persona del general Agustín Gamarra, se había inmiscuido en la pugna entre los generales José Orbegoso y Felipe Santiago Salaverry, captando la voluntad del primero y combatiendo al último, que en las cercanías de Arequipa le enfrentó con un ejército para impedir el sometimiento del sur de Perú. Derrotado en Socabaya, Salaberry y los jefes de sus fuerzas fueron fusilados.

El éxito de Santa Cruz habría sido imposible sin el cuadro descompuesto de las luchas en Perú, la ausencia de moral cívica en sus prohombres, la inconstancia de ellos y el choque permanente de bandos que se agrupaban y desintegraban en la carrera tras el poder. Caos, pasiones y ambiciones personales eran el ambiente favorable para la política del mariscal boliviano.

La actividad desplegada por Santa Cruz causaba recelos al gobierno chileno porque junto a él se encontraba José Joaquín de Mora y en Perú residían O'Higgins, Freire y otros exiliados, que podían prestarse para una aventura política.

El protector no tardó en tender sus hilos hacia Chile, librando una lucha solapada con el fin de minar la situación del gobierno, sacar ventajas para la Confederación y eventualmente lograr la incorporación del país. Portales estuvo atento a esas maniobras y finalmente fue absorbido por completo en la lucha por salvar al gobierno y la suerte futura de Chile. En carta al almirante Manuel Blanco Encalada de 10 de septiembre de 1836 resumió admirablemente sus desvelos y la situación del país: "Es necesario que imponga a usted con la mayor franqueza de la situación internacional de la República, para que usted pueda pesar el carácter decisivo de la empresa que el gobierno va a confiar a usted dentro de poco, designándolo comandante en jefe de las fuerzas navales y militares del Estado en la campaña contra la Confederación Perú-Boliviana. Va usted, en realidad, a conseguir con el triunfo de sus armas, la segunda independencia de Chile...

"La posición de Chile frente a la Confederación Perú-Boliviana es insostenible. No puede ser tolerada ni por el pueblo ni por el gobierno, porque ello equivaldría a su suicidio. No podemos mirar sin inquietud y la mayor alarma, la existencia de dos pueblos confederados, y que, a la larga, por la comunidad de origen, lengua, hábitos, religión, ideas, costumbres, formarán, como es natural, un solo núcleo. Unidos estos dos Estados, aun cuando no más sea que momentáneamente, serán siempre más que Chile en todo orden de cuestiones y circunstancias. En el supuesto que prevaleciera la Confederación a su actual organizador, y ella fuera dirigida por un hombre menos capaz que Santa Cruz, la existencia de Chile se vería comprometida. Si por acaso, a la falta de una autoridad fuerte en la Confederación, se siguiera en ella un periodo de guerras intestinas que fuese obra del caudillaje y no tuviese por fin la disolución de la Confederación, todavía ésta, en plena anarquía, sería más poderosa que la República. Santa Cruz está persuadido de esta verdad; conoce perfectamente que por ahora, cuando no ha cimentado su poder, ofrece flancos sumamente débiles, y esos flancos son los puntos de Chile y el Ecuador. Ve otro punto, pero otro punto más lejano e inaccesible que lo amenaza, y es la Confederación de las Provincias Unidas del Río de la Plata. Por las regiones que fueron el Alto Perú es difícil amagar a Lima y a la capital boliviana en un sentido militar, pero el cierre de las fronteras platenses no dejaría de dañarle por una parte, y no le permitiría concentrar su ejército en un punto sino repartirlo en dos o tres frentes: en el que prepare Chile, en el que oponga el Ecuador o en el que le presente Rosas.

"El éxito de Santa Cruz consiste en no dar ocasión a una guerra antes que su poder se haya afirmado; entrará en las más humillantes transacciones para evitar los efectos de una campaña, porque sabe que ella despertaría los sentimientos nacionalistas [en el Perú] que ha dominado, haciéndolos perder en la opinión. Por todos los medios que están a su alcance ha prolongado una polémica diplomática que el Gobierno ha aceptado únicamente para ganar tiempo y armarnos, pero que no debemos prolongar ya por más tiempo, porque sirve igualmente a Santa Cruz para prepararse a una guerra exterior. Está, pues, en nuestro interés, terminar con esta ventaja que damos al enemigo.

"La Confederación debe desaparecer para siempre jamás del escenario de América. Por su extensión geográfica; por su mayor población blanca; por las riquezas conjuntas del Perú y Bolivia, apenas explotadas ahora; por el dominio que la nueva organización trataría de ejercer en el Pacífico, arrebatándonoslo; por el mayor número también de gente ilustrada de la raza blanca, muy vinculada a las familias de influjo de España que se encuentran en Lima; por la mayor inteligencia de sus hombres públicos, si bien de menos carácter que los chilenos, por todas estas razones, la Confederación ahogaría a Chile antes de muy poco. Cree el Gobierno, y éste es un juicio también personal mío, que Chile sería o una dependencia de la Confederación como lo es hoy el Perú, o bien la repulsa a la obra ideada con tanta inteligencia por Santa Cruz no se hará por las armas en caso de ser Chile vencido en la campaña que usted mandará.

"Todavía le conservará su independencia política. Pero intrigará en los partidos, avivando los odios de los parciales de los O'Higgins y Freire, echándolos unos contra otros; indisponiéndonos a nosotros con nuestro partido, haciéndonos víctimas de miles de odiosas intrigas. Cuando la descomposición social haya llegado a su grado más culminante, Santa Cruz se hará sentir. Seremos entonces suyos. Las cosas caminan a ese estado. Los chilenos que residen en Lima están siendo víctimas de los influjos de Santa Cruz. Pocos caudillos en América pueden comparár-sele a éste en la virtud suprema de la intriga, en el arte de desavenir los ánimos, en la manera de insinuarse sin hacerse sentir para ir al propósito que persigue. He debido armarme de una entereza y de una tranquilidad muy superior, para no caer agotado en la lucha que he debido sostener con este hombre verdaderamente superior, a fin de conseguir una victoria diplomática a medias, que las armas que la República confía a su inteligencia, discreción y patriotismo, deberán completar"[156].

Sería difícil expresar de manera más acertada la contingencia que enfrentaba Chile y la exactitud de los vaticinios, que en gran parte se realizarían, y que revelan una perspicacia genial en el análisis de las cuestiones internacionales. Solo cabría discutir si la guerra era necesaria, pues la Confederación era una construcción frágil y ficticia, sujeta a todas las contingencias y perturbaciones que afectaban a Perú y a Bolivia, y que de ninguna manera habían desaparecido con el predominio de Santa Cruz.

Entre los hechos que habían agudizado el conflicto y que llevaron a Portales a una posición muy dura, estuvo la expedición de Freire para un levantamiento en Chile.

Recién establecida la Confederación y antes que el protector se hiciese presente en Lima, en julio de 1836, los exiliados chilenos encabezados por Freire obtuvieron de las autoridades limeñas el arriendo de dos naves retiradas del servicio de la marina que supuestamente se desti-narían al comercio, pero en las que se mantuvo parte de la artillería y otros armamentos. La operación, malamente encubierta, no dejó dudas de la connivencia del gobierno local y tras de él la intervención sigilosa del mariscal.

Freire, varios oficiales de su bando y unos cien hombres, algunos de ellos engañados sobre el objeto y destino de la expedición, se hicieron a la mar para dirigirse a Chiloé. El general y sus colaboradores, que con tan pocos elementos pensaban derrocar al gobierno, confiaban en que al

---

[156] *Epistolario, II*, 452.

presentarse en el país cundiría la rebelión por el descontento reinante según las cartas recibidas de los amigos de Chile.

En el trayecto los barcos se separaron y en uno de ellos, la fragata *Monteagudo*, se rebelaron dos marineros que no estaban dispuestos a comprometerse en un intento subversivo. Con la ayuda de la tripulación y de los soldados, aprisionaron a los oficiales y dirigieron el rumbo a Valparaíso, donde se pusieron a disposición de las autoridades. Rápidamente se ideó un plan para reducir a las fuerzas de la otra nave, el bergantín *Orbegoso*, que al mando de Freire se dirigía a Chiloé: se pusieron oficiales leales al frente de la *Monteagudo*, se la dotó con mayor cantidad de armas y se le dio orden de dirigirse a Ancud y tender una celada a los expedicionarios.

Entre tanto, Freire había logrado someter mediante la persuasión a las pocas fuerzas acantonadas en Chiloé y se encontraba manejando la situación. La llegada de la *Monteagudo* no suscitó sospechas y en la noche, con gran cautela, las tropas leales se apoderaron del *Orbegoso* y los fuertes sin derramar sangre. Freire, hecho prisionero, fue conducido a Valparaíso para ser sometido a un consejo de guerra.

La culpa del general era grave dada la situación internacional y haber contado con el apoyo de un gobierno que era una amenaza para Chile. Solo podía comprenderse su conducta por la angustia de seis años de destierro y la animosidad contra un gobierno tiránico cuyo origen había sido ilegítimo.

La sentencia del consejo fue la pena de muerte para Freire y sus principales compañeros; pero presentada una apelación ante la Corte Marcial, esta modificó la condena por diez años de destierro. En esa decisión pesaba indudablemente la consideración de los servicios prestados por el general y sus colaboradores en las guerras de la emancipación y el hecho de que su delito era de carácter político.

El ministro Portales, que en ocasiones anteriores había demostrado alguna deferencia especial hacia Freire, fuese en atención a sus méritos o por simple cálculo, esta vez no estuvo dispuesto a tener la menor contemplación y se propuso hacer que la ley fuese aplicada con todo rigor. Al efecto, dispuso la acusación ante la Corte Suprema de los jueces de la Corte Marcial que habían favorecido con su parecer a los inculpados; pero el tribunal superior ratificó lo obrado por aquellos magistrados y debió cumplirse la sentencia tal como había dictaminado la Corte Marcial. Freire fue enviado a Sidney, pasó luego a Tahiti y Bolivia, para regresar oscuramente a Chile años más tarde a morir de cáncer.

Mientras el asunto se ventilaba en la Corte Suprema, el gobierno, investido de facultades extraordinarias, había destituido a los jueces de la Corte Marcial, mostrando una absoluta intransigencia[157].

El intento subversivo de Freire trajo consecuencias que deben ser entendidas dentro del panorama del descontento existente contra el régimen. La misma acogida favorable al general en Chiloé prueba que había una situación inestable.

Los largos años de persecuciones y dureza habían acumulado resentimientos y odios que podían estallar en cualquier momento favorable, a pesar de la vigilancia constante.

En 1835 y 1836 hubo diversos hechos que mostraban un estado de alteración que, por demás, no era nuevo. El bergantín *Aquiles*, surto en el puerto del Callao, estuvo a punto de ser sublevado por agentes de Freire. En las islas Juan Fernández se levantaron los reos confinados en aquel lugar, en su mayoría condenados por delitos comunes, destruyeron las escasas instalaciones y emprendieron la fuga en una nave que cayó en sus manos. Restablecido el presidio el año siguiente, debió sufrir una nueva sublevación, apoderándose los reos de una fragata ballenera que dejó a la mayoría en las costas de Arauco.

Después de la expedición de Freire, algunos conjurados procuraron el levantamiento de las milicias de Copiapó, aunque no tuvieron éxito y los implicados fueron sometidos a proceso. En los campos de Colchagua soplaba desde distintos puntos el viento de la rebelión, en medio de rumores y hechos verdaderos. Dos vecinos de Curicó, don Manuel José de Arriagada, hombre inquieto y de pocos recursos, que vivía de pequeños negocios y comisiones, y don Lucas Grez, hacendado de mejor posición, planearon formar una guerrilla y atraer a otros amigos; pero

---

[157] Sotomayor Valdés, refiriendo estos hechos, comenta que Portales deseaba imponer el riguroso respeto a la ley y obtener una sentencia ejemplarizadora, para otorgar luego una amnistía que probase a los conspiradores que solo podían esperar su salvación de la clemencia del gobierno. Agrega que ese propósito cuadraba mejor con el "alma altiva y generosa» de Portales. Afirma, además, que este profesaba cierta consideración al general.

Un examen objetivo de los hechos no permite, en ningún caso, llegar a esas conclusiones. Solamente son suposiciones del historiador, siempre inclinado hacia la figura de Portales. No hay ningún indicio documental que pueda servirle de apoyo y si bien el ministro demostró el afán de proteger a Freire de un posible atentado —en caso de ser cierto— con motivo de su anterior expulsión, ello habría sido un crimen repudiable, que se habría atribuido al gobierno. Ahora, en cambio, la pena había sido impuesta por los tribunales.

La situación era, por demás, completamente distinta, amagado Chile por un peligro externo y conjuraciones internas.

rechazados por uno de ellos, que les denunció a la autoridad, Arriagada fue juzgado y condenado a relegación en Rancagua, quedando Grez en libertad.

Según la delación, en el plan, que estaba lejos de concretarse, se consideraba aprehender al jefe de las milicias, soltar los reos de la cárcel y dar muerte al gobernador, el célebre guatemalteco Antonio José de Irisarri, que con celo especial imponía las órdenes del gobierno y se había hecho odioso en la región.

Pocos meses más tarde, elevado ya al cargo de intendente de la provincia, Irisarri tuvo conocimiento de otra conjura, que no pudo precisar, pero que coincidió con la desaparición de Arriagada de su lugar de confinamiento. Vino luego a sumarse un complot en un cuerpo miliciano de San Fernando, en que resultaron comprometidos dos subtenientes y un sargento.

Pero el hecho más grave ocurrió en Santiago y envolvió a tres subtenientes y dos cadetes de la Academia Militar, que tuvieron conexión con otros dos jóvenes que facilitaron el contacto con tres sargentos del batallón Maipú y varias personas de la ciudad. En este caso aparecieron comprometidas algunas figuras de familias destacadas que no ocultaban su animadversión al gobierno.

Uno de los conjurados, un mozo de mala vida y culpado de homicidio, se comprometió a asesinar a Portales con un puñal.

Los conspiradores no lograron concretar un plan factible y actuaron con poca discreción. No faltó, entonces, el traidor que les denunció y fueron sometidos a un proceso que vino a quedar finiquitado el año siguiente, después de la muerte de Portales, resultando ajusticiado uno solo de los reos, el que debía asesinar al ministro.

Mientras se sustanciaba la causa, una nueva conjura, más desatinada que la anterior, vino a agregarse a los acontecimientos. El comandante del escuadrón de Húsares, Pedro Soto Aguilar, hombre de reconocida fidelidad al gobierno y denunciador de otros complots, fue tentado por un oficial dado de baja y un vecino de renombre para que se levantase con su unidad, ofreciéndole una recompensa en dinero. Soto Aguilar fingió aceptar, recibió parte del dinero y lo entregó a sus superiores junto con la denuncia del plan, cuya materia fue agregada a la causa anterior por las vinculaciones existentes.

Las amenazas contra el gobierno tenían como telón de fondo la existencia de la Confederación y las sugestiones de Santa Cruz; pero no podrían atribuirse únicamente a esos factores, hasta ahora solo coadyuvantes, sino que se debían, en esencia, a las tensiones, angustias e injusticias creadas por seis años de despotismo. Sin esas condiciones, los manejos del protector habrían resbalado por la superficie y no es aventurado pensar que fue aquella situación la que le animó a intervenir en los asuntos de Chile.

Los últimos sucesos condujeron al gobierno a un mayor endurecimiento, escalonado desde el detalle de medidas concretas hasta la absorción total del poder en una alucinante lucha contra sus enemigos, que rara vez daban la cara y se movían más bien como criaturas fantasmagóricas cuya existencia no se sabía si era real o producto de temores exacerbados. Portales había caído en una vorágine que fatalmente le arrastraba hacia el centro oscuro de sus profundidades.

En relación con la Confederación, desde que se tuvo conocimiento de la expedición de Freire, Portales decidió extremar la posición chilena a sabiendas de que significaba la guerra. Mediante un golpe sorpresivo, sin existir un estado de beligerancia, dos barcos nacionales se apoderaron en el Callao de la mayor parte de las naves de la marina de la Confederación y desde ese momento el curso de los acontecimientos derivó a la declaración de guerra y al conflicto mismo.

Mientras se encadenaban esos sucesos, en el orden interno las cosas tomaban el cariz que hemos señalado.

Dispuesto el ministro a actuar sin contemplaciones y evitar riesgos futuros, dio plena salida a su voluntad avasalladora. En primer lugar, obtuvo del Congreso, hecho a la medida del gobierno, una ley de facultades extraordinarias para arrestar personas y trasladarlas a cualquier lugar de la república, quedando la justicia inhibida para intervenir. Se suspendía, además, la inviolabilidad de los hogares.

Conforme esas atribuciones, Freire y sus compañeros fueron trasladados a Juan Fernández antes de la conclusión de su causa. Con ese motivo y para evitar la fuga de los reos, el gobernador de Valparaíso, Ramón Cavareda, incondicional de Portales, dio instrucciones secretas al jefe de aquel archipiélago para fusilar "sin más causa que un proceso verbal" a los que intentasen soliviantar a la tropa[158].

Más adelante, en enero de 1837, para impedir el regreso de los desterrados o el desplazamiento de los que estuviesen confinados en algún punto del territorio nacional, el Congreso aprobó una ley a solicitud del gobierno para que cualquier autoridad que sorprendiese a alguno de aquellos le pasase por las armas en el plazo de veinticuatro horas, sin

---

[158] Vicuña Mackenna, *Don Diego Portales,* en *Obras completas,* vol. VI, pág. 696.

más trámite que el necesario para identificar al transgresor y sin apelación ninguna[159]. En este caso, la vida humana quedaba entregada a la autoridad administrativa, que necesariamente debía aplicar la pena de muerte. No había forma de proceso y quedaba inhibida la acción de los tribunales de justicia.

Habían comenzado las aberraciones jurídicas.

Los pasos más duros vinieron luego, cuando, declarada la guerra a la Confederación, el gobierno se hizo investir de toda la suma del poder público, creyendo que de esa manera podía enfrentar el peligro interno y externo. La ley respectiva, fechada el 31 de enero de 1837, establecía a la letra: "El Congreso Nacional declara en estado de sitio el territorio de la República por el tiempo que durare la actual guerra con el Perú, y queda en consecuencia autorizado el Presidente de la República para usar de todo el poder público que su prudencia hallase necesario para regir el Estado, sin otra limitación que la de no poder condenar por sí, ni aplicar penas, debiendo emanar estos actos de los tribunales establecidos, o que en adelante estableciese el mismo presidente"[160].

En buen romance, el ejecutivo pasaba a ser omnipotente, sin otro límite que su prudencia; el Congreso dejaba de funcionar al ceder todas sus facultades y el presidente podía disponer de la suerte de los ciudadanos sin tener que responder ante nadie.

Se cumplía el ideal de Portales de que el gobernante es la ley.

Parecía haber, sin embargo, algún resto de pudor en los legisladores al quedar estipulado que el ejecutivo no podría condenar por sí, ni aplicar penas, quedando reservadas esas funciones a los tribunales establecidos. Podría pensarse que esa disposición estaba destinada a preservar la administración de justicia y su independencia; pero en verdad el espíritu de las facultades extraordinarias apuntaba solo al conocimiento de las causas corrientes, pues se autorizaba al presidente para crear nuevos tribunales que, se sabía, serían para perseguir los delitos políticos.

El primer mandatario quedaba facultado para erigir una justicia paralela y, de acuerdo con el poder recibido, podía fijar su esfera de competencia y sus procedimientos.

No quedaba un solo rincón de la vida pública que escapase a la voluntad del presidente. La Constitución dejaba de regir mientras durase la

---

[159] No hay duda que la principal víctima de esa ley pudo ser Freire, quedando de manifiesto que su vida no preocupaba a Portales, como tampoco a Cavareda.

[160] *Boletín de las leyes, y de las órdenes y decretos del gobierno. Reimpresión oficial* (Valparaíso, 1846), tomo II, pág. 446.

guerra y en cambio "el principal resorte de la máquina" podía funcionar discrecionalmente.

De acuerdo con esa enormidad jurídica, dos días después se dictaba un decreto que establecía los consejos de guerra permanentes para conocer de los delitos políticos[161]. Sus disposiciones estaban calculadas para facilitar la delación de esos delitos, someter a los culpables a una causa sumaria y aplicar las penas sin dilación ni recurso ulterior.

En cada cabecera de provincia habría un consejo, compuesto por el juez de letras correspondiente y dos individuos, que podían ser legos; en la práctica, militares de mediana graduación, designados por el gobierno. Cualesquiera de los miembros del consejo podía iniciar un proceso, instruir el sumario y designar un fiscal, despachando órdenes de prisión, citación y demás diligencias.

Concluido el sumario, en un plazo de tres días, comparecerían el fiscal acusador, los reos y sus defensores y los testigos por ambas partes. En esa ocasión se recibirían las pruebas, se ratificarían las declaraciones de los testigos y cada parte alegaría su causa. Si los acusados hubiesen sido sorprendidos *infraganti* se obviarían estos trámites.

Las sentencias eran de primera y única instancia y, no existiendo apelación posterior, las penas se aplicarían de inmediato, incluida la de muerte.

Disposiciones tan drásticas no tardaron en ser puestas en práctica, dado el clima que se vivía, y condujeron al abuso y crueles determinaciones de los gobernantes y sus agentes.

[161] *Boletín* citado, tomo II, pág. 456.

El patíbulo de Curicó

Una vez más el escenario fue Colchagua, donde, lejos de apaciguarse los ánimos, cundía el espíritu contrario al gobierno y a las actuaciones de Irisarri. Desde los últimos sucesos no había dejado de ampliarse la trama de las conversaciones rebeldes y de planes mal hilvanados. Hubo indicios de que se procuraba insubordinar a las milicias de San Fernando y luego se informó que en las haciendas de la costa, donde abundaban los pipiolos, se formaban partidas armadas con el objeto de dar un golpe. El propósito inmediato sería deponer a Irisarri, sin que hubiese intención de derrocar al gobierno, según declaraciones reiteradas[162]. Con todo, algunas veces, al calor del entusiasmo, se habló de eliminar al intendente y provocar la caída del gobierno.

Miembros de las familias Grez, Barros y Valenzuela aparecían implicados y también el personaje más temible, Arriagada, que fue aprisionado con rapidez y que tenía el agravante de haber abandonado su lugar de confinamiento; aunque no le era aplicable el terrible decreto dictado para aquellos casos, por haber sido anterior la comisión del delito. Consultado Portales sobre este punto, estimó que era improcedente plantear la cuestión, por cuanto correspondería a los tribunales pronunciarse y porque habiendo cometido Arriagada un delito peor, no había para qué preocuparse[163].

Irisarri se encontraba en Santiago, correspondiéndole al intendente subrogante, Francisco Moreira, tomar las primeras providencias. No menos de veinte individuos de todas las categorías fueron detenidos, entre quienes estuvieron Arriagada, Manuel Barros y Faustino Valenzuela, que fueron las figuras centrales del proceso.

Arriagada era intrépido y de carácter firme; cuando Irisarri le preguntó contra quién estaba dirigida la confabulación, le respondió "en contra de Ud. señor! Nuestro objeto era quitarle a Ud. del medio y deshacernos de un hombre que perjudica a la provincia".

---

[162] Documentos citados por Vicuña Mackenna, obra mencionada, págs. 702, 708, 738 y 800. Graciela Otaíza, *Don Antonio José de Irisarri y la revolución de Colchagua*, en *Boletín de la Academia Chilena de la Historia*, N° 6, 1935, págs. 194 y 215.

[163] Otaíza, obra mencionada, pág. 187.

Manuel Barros, dueño de la hacienda de Ranquiló, había acogido en ella a Arriagada, que se dedicaba a unir la voluntad de los propietarios contra el intendente. Ambos habían concertado planes y a figurarse que podían deponer al odiado mandatario. Con la esperanza de otras adhesiones, bastante probables y la ayuda de personajes de menor categoría, habían reunido un grupo de campesinos, más desarmados que armados, les habían repartido algún dinero y prometido más, a la espera de iniciar las acciones, pero como la plata no apareciese, los campesinos se mostraron descontentos. Un grupo de catorce se había desintegrado a causa de una "tomadura de licor". Después de producida la denuncia Barros decidió huir de la provincia, pero juzgando que sería difícil para las autoridades probar su culpa, determinó entregarse.

Faustino Valenzuela era uno de tantos hacendados, espíritu apagado y pusilánime, que por diversos sufrimientos que habían amargado su vida, caía en ocasiones en gran abatimiento. Incapaz de hacer mal a nadie ni de tomar resoluciones audaces, al calor de la amistad y por su misma falta de carácter, se había ligado indiscretamente con los enemigos de Irisarri; pero al saber que habían sido delatados, voluntariamente se entregó, pensando que su culpa se vería amenguada.

Ante las denuncias y las diligencias de Irisarri, Portales se mostró escéptico, pensando que los sediciosos carecían de medios para llevar adelante sus propósitos y que los planes no eran más que palabras fantasiosas.

Irisarri, algo molesto con esas apreciaciones, procuró demostrarle lo contrario: "persiste Ud. en despreciar esta conjuración después que yo le he escrito que es cosa seria y muy seria... Sobran testigos para hacer condenar a los Barros, a Arriagada, a Baeza y quizás a Valenzuela (don Faustino) como agentes principales del proyecto de trastornar las autoridades de la Provincia. Ud. me da a entender que cree que yo temo más de lo que debo temer y en esto me hace una injusticia de marca mayor. Yo me acuso de no haber temido lo que debía temer y de haber despreciado a estas gentes, sin conocer de lo que son capaces... Ud. sabe bien que yo no daba entera fe a las delaciones... Repito que no tengo miedo y que la revolución estaba hecha, y los pipiolos todos de la costa metidos en ella de hoz y de coz. En fin, poco tiempo pasará sin que Ud. vea el resultado de la causa y entonces se arrepentirá de haberme dicho que están inocentes casi todos los presos de Curicó o al menos que su culpa no pasa de ser pecado de lengua"[164].

---

[164] Otaíza, obra citada, pág. 235.

En los temores del guatemalteco, que realmente tenían más base de lo que pensaba Portales, debieron influir la personalidad de Arriagada y el estado de incertidumbre que le rodeaba desde hacía varios meses, entre asomos de sedición que no se concretaban en hechos de bulto, más los rumores que circulaban y la notoria resistencia hacia su persona en el ambiente provinciano. De una vez por todas había que poner término a esa situación y actuar de manera drástica, impidiendo que el asunto se diluyese y la autoridad quedase burlada. No vaciló, entonces, en inmiscuirse para que la justicia corriese por el lado que deseaba.

Las informaciones de que se disponía eran ambiguas y débiles, pues provenían de testigos poco abonados, gente humilde e influenciable que no inspiraría confianza al declarar en el tribunal. Los primeros delatores, una mujer llamada Mercedes Briones, y sus hermanos, eran personas de mala vida, conocidos en Curicó por sus vicios y fechorías.

Más adelante, dos campesinos de la hacienda de Barros depusieron con datos concretos y verosímiles, porque habían sido enrolados en los planes y habían participado en algunas andanzas[165]. Eran los únicos testimonios dignos de fe, confirmados con los de otros testigos incidentales; sin embargo, sus mismas declaraciones les comprometían, igual que a otros testigos, produciéndose una extraña situación en que eran testigos y reos a la vez, quedando en duda si ocultaban algo o si su condición de empleados de Barros les hacía tergiversar los hechos a favor o en contra de este[166].

Para salir adelante con su propósito y superar los inconvenientes –porque hasta entonces no había pruebas concluyentes en contra de Arriagada–, Irisarri ideó un procedimiento artero: lograr la confesión de uno de los reos implicando a los demás, bajo la promesa de obtener la conmutación de su pena si ella fuese de muerte.

---

[165] "Sumario formado para descubrir una conspiración que estaba pronta a estallar contra las autoridades principales de la provincia de Curicó". Archivo Nacional; Archivo Vicuña Mackenna, vol XX, fojas 53, 53v., 56v., 58 y 62.

[166] Vicuña Mackenna, tanto en su libro *Don Diego Portales,* escrito sin haber podido encontrar el proceso, como en un estudio posterior, *El crimen de Curicó,* publicado en sus *Relaciones históricas* [1878], en conocimiento ya del proceso, señala la insuficiencia de los hermanos Briones como delatores e ignora por completo las declaraciones de los dos campesinos de Barros y de otros testigos. Ello se debe a su apasionado afán de presentar el proceso de Curicó como una iniquidad completa. También perjudica a las obras mencionadas la utilización de recuerdos y hasta aspectos anecdóticos referidos por personas que consultó veintiséis años después de ocurridos los hechos y además la utilización de diversos escritos de Irisarri y de Daniel Barros Grez, hijo de don Manuel Barros, que no podía ser imparcial.

La personalidad de Valenzuela se prestaba a las mil maravillas para el plan. Irisarri o alguno de sus personajes de confianza le visitó en la cárcel, donde se encontraba derrumbado anímicamente, y sin mucho presionar obtuvo una confesión que comprometía a sus amigos y a él mismo. Considerando que el tiempo era precioso, el intendente envió un oficio a Portales para que el gobierno extendiese un indulto.

En esa comunicación Irisarri opinaba que hasta el momento de la confesión de Valenzuela no había ninguna prueba concreta contra Arriagada y otros y que el propio Valenzuela no aparecía comprometido más que por un solo testigo que, además, podía ser recusado[167].

Para dar mayor seguridad a la gestión en Santiago, Irisarri envió con una persona de confianza una carta personal al ministro. Pero la petición estaba condenada al fracaso. Al recibir la carta, Portales habría exclamado, según el encargado de entregarle la misiva, el senador Ramón Formas: "si mi padre conspirara, a mi padre haría fusilar".

La respuesta oficial estuvo concebida con un espíritu duro e inflexible, dentro del respeto al formalismo del procedimiento y sin considerar que se arriesgaba la vida de una persona cuya culpa carecía de gravedad. Según Portales, el hecho de acoger la solicitud con anterioridad a una posible sentencia de muerte, sería un procedimiento inusitado e informal, muy poco honroso para un gobierno que deseaba conservar una escrupulosa regularidad en todos sus actos[168].

No puede negarse, en efecto, que la demanda del intendente era desusada; pero Portales sabía perfectamente que de no aceptarla de inmediato, a causa de la celeridad de los procedimientos, el reo sería sentenciado y fusilado antes de que pudiese interponerse la solicitud. El rechazo era tanto más frío en cuanto se desautorizaba la palabra de Irisarri y las declaraciones de Valenzuela eran esenciales en la formulación de cargos a los demás reos. El asunto quedaba entregado a los jueces, de quienes no podía esperarse mucho. Si el guatemalteco había solicitado el indulto era porque estaba decidido a influir en un juicio severo, aunque deseaba salvar a Valenzuela.

En la constitución del consejo de guerra hubo alteraciones por diversas razones, no quedando ninguno de los titulares designados con anterioridad. El coronel Pedro Urriola, que debía presidirlo, fue suspendido por decisión de Moreyra, el intendente subrogante, sin mencionar la

---

[167] Carta de 31 de marzo de 1837. Otaíza, obra mencionada, pág. 222.
[168] Otaíza, obra citada, pág. 229.

causa[169]. Está probado que Irisarri lo miraba con sospecha por su espíritu independiente[170]. En su reemplazo fue designado un capitán de apellido Sotomayor.

El otro juez militar, un mayor Valenzuela, solicitó ser excusado por ser pariente de uno de los reos. Se le reemplazó por un coronel Ibáñez, perfectamente oscuro, que por su graduación entraba a presidir el tribunal.

El juez letrado del consejo era don Antonio Torres, hombre joven y honesto, a quien le correspondió iniciar la sustanciación de la causa; pero debido a una enfermedad de su esposa tuvo que solicitar licencia para ausentarse y trasladarse a Santiago. Está claro también que había tenido algunas dificultades con Irisarri por la prepotencia de este, que deseaba la detención de numerosas personas, aunque no hubiese imputaciones precisas, como recordaría más adelante el propio Torres[171]. Su alejamiento permitió a Irisarri designar en su lugar a un abogado oscuro de Nancagua, dócil a sus insinuaciones: Manuel Antonio Ramírez

Finalmente, el fiscal era un alférez de caballería, Serapio Díaz, de veintiséis años de edad, que por su condición escasamente podía actuar con independencia de criterio y de voluntad.

La forma definitiva que tomó la integración del consejo permitió a la autoridad de Colchagua disponer de una herramienta que favorecía sus designios.

La vista de la causa, en presencia de todos los reos, que eran veintidós, los testigos y los defensores, fue abrumadora, larga y tétrica, comenzando un día en la mañana y concluyendo al amanecer del día siguiente. Ahí se encontraba Faustino Valenzuela, convertido en guiñapo humano, la mente en blanco y sin acertar a decir palabra.

Pieza clave de la acusación fue el testimonio de Valenzuela que, certificada por escribano, decía: "entre el confesante, don Manuel Barros, don José Baeza Toledo, don Manuel José de Arriagada y don Francisco Grez, hijo de don Lucas, acordaron la revolución porque se le ha preguntado en su confesión de fojas 39 y que el plan de tal movimiento era el de deponer las autoridades de la provincia, creyendo que, logrado el éxito, podían hacer al gobierno general varios reclamos; que la exaltación a que obliga el alucinamiento de las pasiones, les hizo creer que serían atendidos, y que lo confesado es la exacta

[169] "Sumario", Archivo Nacional, Archivo Vicuña Mackenna, vol. XX, foja 4.
[170] Carta de Irisarri a Portales, 1° de abril de 1837. Otaíza, obra citada, pág. 237.
[171] Vicuña Mackenna, *Relaciones históricas*, vol. 2, pág. 757.

verdad, y que el confesante queda esperando en que la benevolencia del gobierno le permita, como a uno de sus hijos, llegar a los brazos indulgentes que tiene dados a conocer, y no teniendo más que decir cierra su confesión"[172].

Como prueba, el documento no podía ser más general e impreciso, solo estipulaba la intención de los conjurados, no aportaba ningún antecedente sobre planes de acción ni medios para llevarlos a cabo. Tampoco tenía un carácter siniestro la conjura y con buena voluntad podía pensarse que los adherentes habían pecado de ingenuidad.

Sin embargo, el intendente de Colchagua juzgó que había pruebas suficientes y manipuló para que el tribunal acordase un escarmiento terrible.

El alférez que actuaba de fiscal, en su vista manifestó estar plenamente probado el delito de los reos y propuso la pena de muerte para 21 de ellos, sin excluir a los que no tenían otra culpa que haber alojado en su casa a Arriagada o no haber dado aviso a las autoridades de que algo se tramaba.

Era entender la ley con el máximo de rigor y quizás en forma abusiva, en lo que debe verse la mano dura y escasamente oculta de Irisarri. Muchos años más tarde, Serapio Díaz lamentaba haber sido influido por Irisarri, que le obligó a aconsejarse con un abogado de nombre Francisco Brito para solicitar penas drásticas.

El tribunal, sin embargo, no adoptó por completo la proposición del fiscal y demostró tener alguna independencia respecto de Irisarri, en cuanto limitó la pena de muerte a los que estaban más comprometidos: Arriagada, Barros y Valenzuela. Respecto de este último, la condena era exagerada si se atiende el estado anímico y mental en que andaba sumido desde hacía tiempo y porque su confesión podía ser considerada un atenuante. No debía ignorarse la gestión que la había hecho posible. Cabe preguntarse, por otra parte, si la denegación de indulto por Portales no influyó en la decisión de los jueces.

El fusilamiento de los condenados se realizó veinticuatro horas después, el 7 de abril de 1837, en la plaza de Curicó y en presencia de tropas de milicias venidas de varios lugares de la provincia, que luego fueron hechas desfilar frente a los cadáveres para que llevasen la impresión a todos los puntos.

[172] Vicuña Mackenna, *Relaciones* históricas, vol. 2, pág. 792.

Los reos que no sufrieron la última pena fueron condenados a destierro, cárcel y relegación y algunas personas a quienes nada se pudo probar, se les confinó en diversos lugares en uso de las facultades extraordinarias y con acuerdo de Portales.

Dos confabulados importantes, don Lucas Grez y José Baeza Toledo, no pudieron ser habidos y el último se presentó al juzgado el mismo día del fusilamiento de sus compañeros.

También vale la pena recordar la suerte de otros actores, los que montaron la condena. Los dos militares improvisados como jueces desaparecieron en la mediocridad de su carrera; el subrogante del juez letrado se suicidó poco después; la mujer que había hecho el primer denuncio Mercedes Briones, fue gratificada por disposición superior con doscientos pesos y cada uno de sus hermanos, que habían servido de testigos, con cien pesos[173].

El "crimen de Curicó", según se le calificó por los contemporáneos, fue bien conocido en el país, no se ignoraron sus detalles y en las conversaciones privadas mereció un profundo repudio. La gente quedó perturbada por la excesiva crueldad y la iniquidad, atribuyendo los oscuros procedimientos a Irisarri y a Portales.

Los historiadores también han quedado sorprendidos con el episodio y muchos han pronunciado una condena o han lamentado el derramamiento de sangre impulsado por una ley desgraciada.

La pluma benevolente de Sotomayor Valdés no pudo desentenderse de la atrocidad y trazó unas atinadas consideraciones al resumir el sentido general del suceso: "Tal fue el extremo de la ley que estableció los consejos de guerra permanentes, ley excepcional; creada por una situación excepcional también, pero que aplicada con todo su rigor a la conjuración que acabamos de narrar, aparece monstruosa, temeraria y cruel. Por buscar el camino más corto entre el delito y su expiación no dejó a la justicia el tiempo de meditar, sino sólo el de oír y condenar. Al recorrer las páginas de este doloroso proceso, descúbrese una extraña precipitación, un verdadero arrebato en todos los procedimientos, de tal manera que uno teme por los acusados desde el primer momento y se imagina verlos en manos del verdugo, cuando aún no está bien definida la acusación. No queremos decir con esto que no hubo conspiración, ni que los condenados a causa de ella fueron inocentes, no. El proceso mismo arroja la suficiente

<hr>

[173] Ricardo Donoso, *Antonio José de Irisarri. Escritor y diplomático.* Santiago, 1966, pág. 167.

luz sobre la efectividad del delito y sobre los más de sus autores y cómplices. Mas no por esto deja de ser monstruoso un procedimiento judicial que, a fuer de perentorio y rápido podía prestarse a las más inicuas maquinaciones de la venganza, del odio y de la ambición. Por lo demás, la desgracia de los reos de Curicó fue llegar a la última hora, cuando la medida de la tolerancia estaba colmada, y cuando el orgullo, la cólera y el patriotismo de los gobernantes, la dignidad del país comprometida en una guerra exterior, en fin la ley misma se aunaban para poner la cuchilla en manos de una dictadura acosada y empujarla al altar del sacrificio. Los reos de Curicó fueron las víctimas expiatorias no tanto de su propia conspiración, cuanto de todas las conjuraciones descubiertas y aun de las que se temían, en una palabra, del espíritu revolucionario desencadenado, al que en último recurso se intentó oponer el dique del patíbulo"[174].

Tiene sobrada razón el historiador conservador; aunque es necesario agregar otro elemento de juicio, que quizás estaba en su mente cuando redactó las líneas anteriores: Portales había creado en el país y especialmente entre las autoridades y funcionarios, una sicosis de violencia y muerte, que era parte de la adhesión debida al gobierno. Esa mentalidad fue la que predominó en Curicó, moviéndose en forma implacable, no obstante la prescindencia del ministro y quizás por ello mismo: el resorte de la máquina funcionaba solo. Hay que preguntarse, todavía, si la denegación del indulto no fue un respaldo a la dureza de los jueces.

¿No era ese el ambiente moldeado por quien había condenado a Paddock para sentar un precedente de inflexibilidad, por quien estimaba que los jueces debían aplicar con mayor frecuencia la pena de muerte, que había dictado el decreto para fusilar al desterrado o relegado que se presentase fuera del lugar que le estaba prescrito y, en fin, que había propiciado y promulgado la ley de los consejos de guerra permanentes? Sin ir más lejos, durante la sustanciación del proceso de Curicó había instado a Irisarri y por su intermedio a los jueces, a proceder con celo contra los reos.

Irisarri fue un perfecto instrumento de los métodos establecidos por el ministro. Concordaba con su política represiva y poniendo en juego su gran inteligencia y carácter estaba dispuesto a secundarla sin vacilaciones. Como si el escarmiento hecho en Curicó hubiese sido poco, solicitó la

---

[174] *Historia de Chile bajo el gobierno del jeneral D. Joaquín Prieto*, tomo II, pág. 339.

acusación de los miembros del consejo de guerra por haber tenido alguna flexibilidad, y pocos días después, a raíz de haberse entregado uno de los prófugos, estimaba que habría mayor cantidad de fusilamientos que en el juicio anterior. Con diligencia para buscar cómplices la cárcel estaría más llena que nunca de gente[175].

El terror y la violencia atraen al terror y a la violencia, en una orgía de acciones y reacciones que termina envolviendo a sus protagonistas[176].

---

[175] Otaíza, obra citada, pág. 237.

[176] El proceso de Curicó ha sido motivo de consideraciones contrapuestas que han dificultado la real comprensión de los hechos y de su sentido. Vicuña Mackenna, con su pasión libertaria y humanitaria, tergiversó el detalle de lo sucesos para presentarlos como parte de la más siniestra maquinación oficial, debida principalmente a Irisarri e implicando directamente a Portales.

Más equilibrada y serena es la exposición hecha por Sotomayor Valdés; pero quien ha enfocado mejor los sucesos y con nuevos aportes documentales ha sido Graciela Otaíza; aunque su falta de experiencia le ha impedido valorar ciertos indicios. José Miguel Yrarrázabal en su artículo *Portales "tirano" y "dictador"*, publicado en el *Boletín de la Academia Chilena de la Historia* se exhibe como el punto contrapuesto de Vicuña Mackenna, ansioso de justificar las actuaciones de Portales, prescindiendo de datos significativos y utilizando otros con su habilidad característica en las investigaciones. Por sobre todo, soslaya o justifica el ambiente creado por el ministro Portales, donde está el fondo del problema.

El motín de Quillota

Desde que Portales había asumido la dirección política y gubernativa en 1830, las conjuraciones se habían sucedido unas tras otras, formando un cuadro permanente de inestabilidad y preocupaciones, distando mucho de la tranquilidad atribuida al periodo. Si los gobiernos lograron mantenerse en el poder se debió a que los planes sediciosos eran improvisados y a las medidas rigurosas para perseguir a los culpables. Estas últimas, eficaces en lo inmediato, a la larga exacerbaban más los ánimos y nutrían el descontento.

Un recuento sumario de las confabulaciones, según el nombre que han recibido y sin incluir las menos significativas, muestra la pertinencia de ellas:

Expedición del coronel Pedro Barnachea a Colcura. Marzo de 1831.

Conspiración del capitán José María Labbé. Octubre de 1831.

Sublevación del capitán Domingo Tenorio en Juan Fernández. Diciembre de 1831.

Conspiración de Eusebio Ruiz. Enero de 1832.

Conspiración del comandante Joaquín Arteaga. Marzo de 1833.

Revolución de los puñales. Julio de 1833.

Expedición del general Ramón Freire. Agosto de 1836.

Revolución de los cadetes. Noviembre de 1836.

Conspiración en el Ejército del Sur. Enero de 1837.

Conspiración de Curicó. Marzo de 1837.

Levantamiento del coronel José Antonio Vidaurre con el cantón de Quillota. Junio de 1837.

La última conjura tuvo una larga preparación. Se inició en el Ejército del Sur el año 1836, más precisamente en las ciudades de Los Ángeles y Chillán, después de una incursión en tierra de los araucanos y cuando las tropas debían comenzar a prepararse para la lucha contra la Confederación. En esa ocasión estuvieron implicados varios oficiales de distintos cuerpos y los coroneles Ramón Boza y José Antonio Vidaurre. En las conversaciones se había hablado de eliminar a algunos jefes del ejército, al intendente de Concepción y al ministro Portales.

El complot tuvo diversos aplazamientos; pero fue denunciado al general Manuel Bulnes, comandante del Ejército del Sur y se inició un proceso de acuerdo con las ordenanzas, que demoraría más de un año en ser finiquitado.

Boza y Vidaurre, aunque aparecían involucrados, no fueron acusados, porque se pensó que las denuncias contra ellos podían ser falsas y no se deseaba mancillar inútilmente la honra de esos jefes. Bulnes creía en la lealtad de Boza, y Portales tenía una confianza muy marcada en Vidaurre, cuya carrera había facilitado y a quien honraba, ahora, con la jefatura del estado mayor de las fuerzas expedicionarias, es decir, prácticamente con la dirección de la campaña terrestre.

El coronel era un hombre nada vulgar, de inteligencia despejada y de gran sentido en el cumplimiento de su oficio. Era reconocido como militar valioso, admirado y querido por sus hombres, oficiales y soldados.

Portales manifestaba que era el militar de mayor capacidad en el ejército. Sus servicios habían sido muy valiosos desde que ingresase a las filas a los quince años de edad para combatir en Talcahuano contra las fuerzas realistas. Tres años más tarde era capitán y su carrera continuó aceleradamente cumpliendo todas las tareas con acierto.

Sin embargo, Vidaurre había tomado parte en un intento de subversión en 1828, que luego él mismo contribuyó a aplacar. Con posterioridad su conducta fue irreprochable, desenvolviéndose de manera responsable y profesional, sirviendo siempre a la causa cívica.

Al efectuarse los aprestos para la campaña contra la Confederación, el regimiento Maipo, comandado por Vidaurre, fue trasladado del sur a Santiago y luego a las cercanías de Valparaíso para completar sus cuadros y su adiestramiento, quedando más tarde en Quillota, junto con los Cazadores a caballo, a la espera del embarque. El batallón Valdivia, comandado por Boza, fue destinado a Valparaíso y su jefe reemplazado más adelante, al parecer por sospecharse que las declaraciones en contra suya tenían fundamento, dejándosele al mando de las milicias del puerto que, pese a contar con un numeroso contingente y buen grado de adiestramiento, no podían enfrentar a las fuerzas de línea con posibilidad de éxito.

En Valparaíso se encontraba Agustín Vidaurre, hermano del coronel don José Antonio, que estaba en el secreto de la confabulación y que mantenía contacto epistolar con gente de Perú, aunque se ignora el carácter.

Las ideas y actitudes subversivas de aquellos meses estaban vinculadas de alguna manera a la influencia de ciertos agentes de Santa Cruz, como el encargado de negocios de Bolivia, Manuel de la Cruz Méndez, que cultivaba relaciones con peligrosos enemigos del gobierno, criticaba a este y se tomó la libertad, aun, de publicar un periódico de oposición.

Cruz Méndez carecía de prudencia y actuó sin respetar la sutileza que acostumbraba Santa Cruz, siendo finalmente expulsado del país.

El protector actuaba subterráneamente para evitar que Chile llevase adelante la guerra contra la Confederación y porque se había acogido y protegía a peruanos enemigos de su creación, entre ellos algunos militares de renombre, que se aprestaban a participar en la lucha junto a las fuerzas chilenas. El principal era el general Antonio Gutiérrez de Lafuente.

Pero las vinculaciones con el protectorado eran indirectas y en ningún caso constituían una razón suficiente para levantarse. Era la situación política interna la que movía a los descontentos.

Hacia mediados de 1837 los rumores de complot arreciaban. La gente del pueblo hablaba de su proximidad, por intuición o conocimiento, y el ministro Portales recibió una carta en que se delataba a Vidaurre. El militar, llamado a su presencia, rechazó con una sonrisa la denuncia y se limitó a decirle: "Señor ministro, cuando yo le haga revolución, su señoría será el primero en saberlo".

Portales recobró la confianza en el coronel –si alguna sombra la había perturbado– y siguió teniendo la amistad y comprensión íntima que le unían con él.

A comienzos del mes de junio Portales se encontraba en Valparaíso despachando los últimos asuntos de la expedición. Tomó, entonces, dos medidas, destinadas al parecer a impedir la realización de un golpe: dispuso el cambio de mando del coronel Boza y ordenó que al efectuarse el embarque de las tropas concentradas en Quillota estas marchasen en destacamentos separados y que inmediatamente fuesen distribuidas en los barcos.

Estimó, también, que su presencia era necesaria en Quillota y determinó dirigirse allá a pesar de escritos sin firma y recados anónimos que le prevenían de un cuartelazo y precisamente en aquel pueblo de Aconcagua. Algunas personas de toda confianza fueron las encargadas de transmitirle esas informaciones; pero el ministro no se amilanó y contra la opinión del almirante Blanco Encalada y de Ramón Cavareda, gobernador de Valparaíso, insistió en efectuar su viaje.

Acompañado solamente del coronel Eugenio Necochea, de su secretario Manuel Cavada y una escolta de nueve hombres, Portales se dirigió a Quillota el 2 de junio. Llegó al anochecer y una primera entrevista con Vidaurre y otros jefes no dejó vislumbrar nada, excepto una actitud retraída y poco desenvuelta del coronel. En el momento de separarse

Portales le entrega una gorra y una espada que le había llevado de regalo, expresándole que no eran tan buenas como hubiese deseado, replicando Vidaurre con medias palabras de agradecimiento.

El estadista había caído en la trampa y ya no podía retroceder.

La conducta de Portales solo puede ser motivo de conjeturas. Seguramente seguía creyendo en la lealtad de Vidaurre, como lo da a entender Necochea por el elogio que le hizo de él después de la entrevista nocturna en Quillota. ¿Pensaría quizás que en caso de haber realmente algún plan siniestro bastaría su sola presencia para imponerse y desbaratarlo? ¿Por qué una escolta tan pequeña, apenas suficiente para alejar bandidos? ¿Era un alarde de confianza en el orden que había impuesto y de que todo seguía funcionando sin perturbaciones serias?

No sería posible descartar que un estado anímico depresivo hubiese hecho presa de él una vez más y que, igual que en ocasiones anteriores, como aparece en su correspondencia, sintiese que no había otro camino que abandonarse a la suerte jugando una carta al azar. Si los díscolos se obstinaban en perturbar el orden, no había nada que hacer y que viniese lo que viniese, aun a riesgo de la propia vida. Era jugarse el todo por el todo, imponerse en forma sencilla sin alboroto o perderlo todo.

Adelantamos esta interpretación solo a manera de sugerencia.

La situación de los conjurados, mientras tanto, era de incertidumbre. La trama revolucionaria urdida en el Ejército del Sur se había deshecho, pero quedaban muchos hilos sueltos, los más fuertes en Valparaíso y Quillota. Podía contarse con que un levantamiento parcial y rotundo atrajese la voluntad de otras guarniciones, reconstituyéndose la urdimbre. Nadie ignoraba que el espíritu de rebelión estaba latente en el país.

Vidaurre contaba con el apoyo incondicional del Maipo, regimiento de infantería aguerrido y disciplinado, y el respaldo de Boza y el Valdivia. Ambos cuerpos eran los más importantes en toda la región central y componían el fuerte de la expedición a Perú. El plan, sin embargo, estaba en conocimiento de pocas personas y, en el mismo Maipo, Vidaurre había tenido la cautela de concertarlo solo con pocos oficiales, en la seguridad de que el cuerpo entero le seguiría.

El levantamiento debía producirse en Valparaíso, pero los hechos del último momento cambiaron la situación. La noticia de la nueva destinación de Boza y el plan para proceder al embarque en forma escalonada suscitaron la sospecha de haberse detectado la conspiración. Y a ello vino a agregarse el viaje del ministro, cuya intención no podía adivinarse; aunque este hecho parecía facilitar la consumación del plan.

Debía procederse, en consecuencia, en forma inmediata e improvisada. Una reunión de los oficiales comprometidos acordó que era la oportunidad para proceder y algunos se inclinaron para actuar en el momento mismo de la llegada de Portales; pero se decidió dejar las cosas para el día siguiente. Es posible que algunos oficiales decidiesen precipitar los hechos al manifestar Vidaurre algunas vacilaciones.

Vidaurre comenzó a vivir desde ese momento un duro drama en su espíritu, que ha sido muy bien apreciado por Vicuña Mackenna y Sotomayor Valdés. Estaba comprometido en un golpe que creía necesario en bien del país, a su lado tenía a los hombres que confiaban en él y no podía desentenderse de su compromiso y de su palabra. Su rectitud varonil se lo impedía. Pero el levantamiento debió haberse producido en Valparaíso, junto a otras fuerzas y con otros compañeros de jerarquía, donde su propia acción debería haber quedado más diluida. Era posible, además, que Portales hubiese podido escapar o que su suerte hubiese dependido del acuerdo con los otros jefes.

Ahora el destino le jugaba una mala pasada. Tenía al ministro enteramente en sus manos, al hombre que era el gran obstáculo para que el país viviese en paz y libertad y que, a la vez, hasta el último momento le daba muestras de confianza y gran amistad.

¿Debía atenerse al sentimiento de gratitud personal o al interés superior de la nación, tal como lo entendía junto con sus compañeros? Esa fue la lucha interna que debió librar, a sabiendas de que no podía desentenderse de su compromiso. Por eso su actitud poco desenvuelta desde que debió ir a saludar a Portales.

La mañana siguiente a su llegada la empleó el ministro en observar algunas evoluciones de la tropa y en visitar las casas que servían de cuartel. En la tarde salió a la plaza para revistar al Maipo, recorrió la formación de la tropa y expresó algunos elogios; pero cuando la formación evolucionaba para dirigirse a su cuartel hubo una extraña conversión que le rodeó junto con sus acompañantes, a la vez que los fusiles eran apuntados hacia él. Necochea, preocupado exclamó: "éste, a la verdad, es un ejercicio bien extraño" y recibió como respuesta del ministro solo una mirada de inteligencia. No había duda, las denuncias habían sido verídicas.

Un capitán se destacó de la fila y luego otro, conminando a Portales y Necochea para que se diesen por prisioneros. Vidaurre, situado a cierta distancia, gritó protestando del tumulto y en un cambio de palabras con un capitán simuló ser arrastrado por la situación creada, que le obligaba a solidarizar con el movimiento.

No había tenido cara para enfrentar directamente a su víctima.

Portales y sus acompañantes quedaron reducidos a prisión, remachándoseles barras de grillo en los pies a él y a Necochea.

De inmediato se tomaron las disposiciones para operar sobre Valparaíso. Se destacó una fuerza de infantería y caballería como avanzada y con el propósito de intimar la rendición a las tropas del lugar y favorecer el levantamiento del Valdivia. El coronel Vidaurre escribió a Boza en la esperanza de que pudiese intentar un apoyo, pues algunos oficiales del Valdivia participaban del plan subversivo.

El resto de las fuerzas de Quillota fue puesto en movimiento hacia Tabolango, cerca de la costa junto al río Aconcagua, debiendo acompañarlo el ministro, conducido en un birlocho.

Antes de partir, Vidaurre estimó conveniente firmar, con toda la oficialidad comprometida, un acta de compromiso que fuese a la vez una manifestación de los principios que guiaban al movimiento. Ese documento, suscrito por sesenta y cuatro personas, en su mayoría oficiales del Maipo y algunos del Cazadores, no ha merecido especial atención de los historiadores, que lo han visto como un alegato inútil para justificar un delito. Sotomayor Valdés opina que solo estaba destinado a dar al pronunciamiento "cierto barniz de principios políticos" que no estaban en la mente de la mayoría de los protagonistas.

El documento, sin embargo, sintetizaba razones nada despreciables, que se habían ido difundiendo a medida que la tiranía se endurecía y se acercaba el momento de lanzarse contra la Confederación. Por esa causa es conveniente incorporarlo íntegro y proceder luego a su análisis.

Redactado por el cirujano del Maipo, el documento estaba concebido en los siguientes términos:

"En la ciudad de Quillota, cantón principal del ejército expedicionario sobre el Perú, a 3 de julio de 1837 años, reunidos espontáneamente los jefes y oficiales infrascritos con el objeto de acordar las medidas oportunas para salvar a la patria de la ruina y precipicio a que se halla expuesta por el despotismo absoluto de un solo hombre, que ha sacrificado constantemente a su capricho la libertad y tranquilidad de nuestro amado país, sobreponiéndose a la constitución y a las leyes, despreciando los principios eternos de justicia, que forman la felicidad de las naciones libres, y finalmente, persiguiendo cruelmente a los hombres más beneméritos que se han sacrificado por la independencia política. Considerando, al mismo tiempo, que el proyecto de expedicionar sobre el Perú y por consiguiente, la guerra abierta contra esta República, es una obra forjada más bien por la intriga y tiranía, que por el noble deseo de reparar agravios a Chile, pues aunque efectivamente subsisten estos motivos, se debía procurar primeramente vindicarlos por los medios incruentos de transacción y de paz, a que parece dispuesto sinceramente el mandatario del Perú. Considerando en fin que el número de la fuerza expedicionaria, sus elementos y preparativos son incompatibles con lo arduo de la empresa y con los recursos que actualmente cuenta el caudillo de la oposición [Santa Cruz], y de consiguiente, se perderían sin fruto ni éxito las vidas de los chilenos y los intereses nacionales, hemos resuelto unánimemente, a nombre de nuestra patria, como sus más celosos defensores: 1°. suspender por ahora la campaña dirigida al Perú, a que se nos quería conducir como instrumentos ciegos de la voluntad de un hombre, que no ha consultado otros intereses que los que halagaban sus fines particulares y su ambición sin límites; 2°. destinar esta fuerza, puesta bajo nuestra dirección, para que sirva del más firme apoyo a los libres, a la nación legalmente pronunciada por medio de sus respectivos órganos, y a los principios de libertad e independencia que hemos visto largo tiempo hollados, con profundo dolor, por un grupo de hombres retrógrados y enemigos naturales de nuestra felicidad, que se habían vinculado a sí propios los destinos, la fortuna y los más caros bienes de nuestra república, con escándalo del mundo civilizado, con la ruina de infinidad de familias respetables y a despecho de la opinión general. Protestamos solemnemente ante el orbe entero que nuestro ánimo no es otro que el ya indicado; que no nos mueve a dar este paso ni el espíritu de partido, ni la ambición de mandar, ni la venganza odiosa, ni el temor de los peligros nacionales, sino únicamente el sentimiento más puro de patriotismo y el deseo de restituir a nuestro país el pleno goce de sus derechos con el ejercicio libre de su soberanía, que se hallaban despreciados y hechos el juguete de la audacia e intrigas de unos pocos, que no habiendo prestado ningunos servicios en la guerra de la independencia, se complacían en vejar y reprimir a los que se sacrificaron heroicamente por ella. Juramos asimismo, por nuestro honor y la causa justa que hemos adoptado, que consecuentes con nuestros principios, estaremos prontos y muy gustosos a sostener el decoro nacional contra cualquier déspota que intentare ultrajarlo, aunque fuere preciso perder nuestras vidas, si la nación, pronunciada con libertad, lo estimase por conveniente. Y en consecuencia, protestamos y juramos nuevamente que nuestra intención es servir de apoyo y protección a las instituciones liberales, y reprimir los abusos y depredaciones inauditos que ejercía impunemente un ministerio gobernado con espíritu sultánico".

No obstante que el acta fue improvisada y que carece de vigor de raciocinio, no puede ignorarse que descansa en un trasfondo de hechos verídicos, que a los conjurados les parecieron suficientes para justificar su pronunciamiento. En términos más generales, ellos expresaban un descontento más amplio, que requería del uso de las armas para derrocar a un gobierno tiránico.

Esos planteamientos no eran simplemente una justificación arbitraria, como quieren historiadores y ensayistas en una visión *a priori* que coloca a Portales en un pedestal intangible, porque representaría las mejores intenciones, la grandeza y el bien público. En ello pesa, indudablemente, el sacrificio del estadista; pero en el estudio de la historia no debe influir ese tipo de sensibilidad y, por otra parte, lo que es más importante, para conocer realmente los hechos es ineludible analizar los móviles de todos con ponderación y en el marco de las circunstancias. Esa es la única manera de alcanzar la objetividad, sin ánimo preconcebido.

El acta en referencia tiene dos ideas directrices: lograr la libertad negada por un gobierno tiránico e impedir una guerra que no se justifica.

La primera es una idea claramente comprensible dada la situación del país, mantenida durante seis años y que en lugar de ablandarse alcanzaba grados cada vez peores. Se la atribuye, además, al personalismo despótico de Portales y de su círculo de colaboradores.

Según testimonio de la época, la noticia del crimen de Curicó habría causado una impresión muy negativa en la oficialidad del Maipo. Se cuenta que estando Vidaurre sentado a la mesa con algunos de sus hombres, recibió una carta en que se le comunicaba aquel hecho. Su rostro se demudó, quedó perplejo algunos instantes y luego, tirando violentamente del mantel y arrojando las cosas al suelo, lanzó algunas imprecaciones y se retiró a su cuarto[177].

Posteriormente, en la víspera misma del motín, llegó la noticia de fusilamientos y atrocidades en Juan Fernández, que tenían algo de realidad y mucho de falsedad, pero que gravitaron en el ambiente ya existente en Quillota[178]. Este hecho, como los de Curicó, fueron enrostrados por Vidaurre a Portales en una entrevista que tuvieron luego[179].

El acta expresaba que para imponer la tiranía se habían despreciado los principios eternos de justicia, conculcando la constitución y las leyes y atropellando los fundamentos de la libertad y de la independencia,

[177] Vicuña Mackenna, obra citada, pág. 480; Sotomayor Valdés, obra tantas veces citada, II, 419.

[178] Vicuña Mackenna, obra citada, pág. 512.

[179] Declaración del capitán Vicente Beltrán, publicada por Vicuña Mackenna, obra citada, pág. 709.

en una evidente alusión a que los ideales surgidos en 1810 habían sido burlados. Se trataba, por lo tanto, de un gobierno retrógrado.

La imposición de tal régimen se había hecho por quienes "no habiendo prestado ningunos servicios en la guerra de la independencia, se complacían en vejar y deprimir a los que se sacrificaron heroicamente por ella". Era esta, por lo tanto, una incongruencia marcadamente deshonesta, según se sugería.

El reproche a los hombres que no habían prestado su apoyo a la emancipación y que no habían luchado por ella apareció algunas veces en las situaciones conflictivas. En 1824 Diego José Benavente, como ministro de Hacienda, se lo formuló a un diputado que criticaba sus decisiones[180].

A Portales tampoco se le perdonaba ese mal antecedente. En 1832 el coronel Vicente Claro, agente incondicional de O'Higgins, comentaba al general en una carta: "¿Quién creyera que un hombre como Portales, desconocido en la revolución, godo y sin el menor prestigio esté imponiendo[se] hasta al mismo presidente de la república"[181].

La persecución contra los militares dados de baja, entre los cuales, ya sabemos, se encontraban muchos de los jefes más renombrados de las guerras de la Emancipación, había sido una de las medidas más duras del gobierno pelucón, que había estimulado los odios y el deseo de la revancha. La suerte del general Freire, figura muy querida, bondadosa y respetada, especialmente entre los militares, hirió en forma permanente los sentimientos de ellos y se transformó en una amargura contenida al ver el tratamiento que recibió después de su abortada expedición.

Mientras Freire estuvo prisionero en Valparaíso su vigilancia correspondió a piquetes del Maipo y fue un destacamento del mismo regimiento el que guarneció a la goleta *Peruviana* que, hundida hasta más arriba de la línea de flotación, llevó a Juan Fernández al general y la pesada carga de prisioneros que le acompañaban. En todos esos ajetreos se extremaron las medidas de precaución, que en la isla alcanzaron características de vejamen.

El zarpe de la goleta y su alejamiento de la bahía de Valparaíso había sido observado en silencio por Vidaurre, apoyado en la balaustrada del edificio del Resguardo de Aduana, como luego comentó a su hermano

---

[180] Mario Benavente Boizard, *Diego José Benavente* (Santiago, 1943), pág. 133.
[181] *Papeles de don Vicente Claro* (Santiago, 1917), Tomo II, pág. 104.

Agustín: "Desde aquí estuve mirando la manera cómo han embarcado al general Freire para Juan Fernández. ¡Qué hombres tan crueles!"[182].

Correspondió también a un oficial del Maipo, Santiago Florín, el más violento de los amotinados en Quillota, ser el custodio de Freire en Valparaíso, que luego, al despedirse de él y verlo en triste condición en Juan Fernández, le habría dicho: "Adiós, señor general, no faltará un chileno que vengue tantos ultrajes y tantas iniquidades!"[183]. Si esas palabras no fuesen exactas, al menos no hay duda que en el regreso a Valparaíso, Florín manifestó a un caballero su ácida crítica en contra de la política despiadada del gobierno.

La segunda idea importante, la guerra injustificada e inútil, es apoyada con la afirmación de estar concebida por las intrigas de la tiranía –acierto completamente gratuito– que ha decidido desahuciar las negociaciones pacíficas a pesar de la buena disposición manifestada por Santa Cruz.

En tales consideraciones hay algo de verdad y también de visión equivocada del problema. Si bien el protector había dado excusas por algunos de los asuntos conflictivos y había estado dispuesto a evitar la lucha, subsistió la amenaza de la Confederación y ese era el punto intransable de Portales. Los oficiales no comprendían la gran cuestión política y estratégica y se engañaban con la condescendencia de Santa Cruz en cosas menores.

Mayor incomprensión revelaban al afirmar que la guerra obedecía a la voluntad de un hombre tras sus fines particulares y su ambición sin límites.

Más peso tenía en el ánimo de los militares, no solo de los de Quillota, la negativa a participar en la guerra por los sacrificios que representaría y que serían estériles, concordando de esa manera con una opinión generalizada fuera del círculo oficial. Si bien la publicación del bando que anunció en Santiago la declaración de guerra motivó aplausos y gritos favorables, el asunto no resultaba atractivo para quienes debían ir a combatir.

La recluta de soldados para duplicar la tropa expedicionaria fue resistida por los hombres pobres, los únicos que formaban en las filas. El expediente relativo a la confabulación de Curicó posee diversos datos

---

[182] Vicuña Mackenna, *Don Diego Portales*, en *Obras completos*, VI, 477.
[183] Vicuña Mackenna, obra citada, pág. 493.

sobre grupos de campesinos y malentretenidos que andaban huidos por la cordillera de la Costa para escapar al enganche[184].

El Archivo del Ministerio de la Guerra abunda en documentos que instruyen a las autoridades para reclutar soldados a la fuerza, tomando a los vagos solteros y sin oficio[185]. A Irisarri se le pidió que Colchagua participase con unos 500 hombres y esa solicitud fue cumplida perfectamente: aquellos miserables fueron conducidos a Valparaíso amarrados y vigilados por un destacamento de milicianos y un piquete de caballería.

A medida que pasaban los días esas exigencias eran más terminantes. Debía procederse con el mayor celo y actividad por los subalternos, recorriendo los campos y cuanto escondrijo pudiese ser utilizado por los que huían. En Colchagua habían llegado a formar grupos que deambulaban por cerros y quebradas, uno de ellos acompañado hasta por una "cantora".

Durante algún tiempo cesó el enganche, para reiniciarlo luego según la táctica que Portales indicó a Irisarri: "El Gobierno sabe que los hombres sin oficio, los vagos y los pendencieros que debían comprenderse en la recluta mandada hacer en esa provincia se ocultaron en las campiñas tan pronto como tuvieron noticia de que se haría en ella como en los demás pueblos en donde se había ordenado con anticipación, y como es presumible el que estos hombres hayan vuelto a las poblaciones creyéndose ya libres de ser perseguidos, el Gobierno ha dispuesto que se proceda a una nueva recluta...".

En la misma circular, el ministro expresaba que "el Gobierno al destinar esta clase de hombres al servicio de las armas se ha propuesto desde un principio, no sólo a hacerlos útiles a la Sociedad mejorando la actual condición de ellos mismos, sino también el purgar a los pueblos de una plaga en que ve el origen de mucha parte de los males que sufren, como que debe considerárseles siempre dispuestos a perpetrar toda clase de crímenes, mientras permanezcan sumidos en el ocio y abyección a que se han acostumbrado".

Era una ruda pedagogía, en consonancia con el trato que Portales daba a los delincuentes.

En sus cartas personales al intendente de Aconcagua, Urízar Garfias, Portales insistía en parecidos términos, quejándose en una oportunidad

---

[184] Vicuña Mackenna ha señalado algunos datos sacados del proceso. *El crimen de Curicó*, págs. 729, 748, 776, 779 y 819.
[185] Graciela Otaíza, obra citada, pág. 213.

de que se le mandasen solo 19 reclutas y preguntándose si esa provincia era tan santa que no tuviese unos 200 malos vagos[186].

Tales elementos formaron parte importante de la fuerza expedicionaria, cuyo arquetipo fue glorificado posteriormente por el alto sector social del país, como "el roto", incluido su monumento.

Con esa gente en las filas es comprensible que reinase en ellas el descontento y que la soldadesca estuviese dispuesta a secundar cualquier movimiento que la sedujese y atrajese sus bajas pasiones. El hombre pobre, responsable o delincuente, no tenía otro ámbito que el de su vida, reducido a las cosas más concretas y materiales de la existencia, y no podía comprender una causa que interesase al país. La guerra no era suya y, en el mejor de los casos, solo podían atraerle la novedad y las oportunidades para librar sus instintos.

De capitán a paje –o mejor dicho, roto– el descontento bullía en el ejército.

Otro malestar causaba, también, la formación en Valparaíso de un destacamento de emigrados peruanos que al mando del general de esa nacionalidad, Antonio Gutiérrez de Lafuente, acompañaría a las fuerzas chilenas para liberar a su patria de la tutela del mariscal boliviano. Se pensaba que, en el fondo, Chile estaba ayudando a un bando de peruanos y que no le correspondía entrometerse en asuntos de otro país que, en caso de salir victoriosos, solo favorecería a una facción. Vidaurre tenía un motivo especial para ser reacio frente a Gutiérrez de Lafuente, pues pensaba que tenía engañado a Portales respecto de la situación en Perú, y su hermano Agustín Vidaurre declaraba que la guerra era solo para favorecer las ambiciones de aquel general[187]. El coronel expresó enfáticamente al arengar al escuadrón de Cazadores que los gobernantes "querían mandarlos al Perú, dejando sus familias abandonadas por favorecer a un hombre sin concepto y sin opinión [sin prestigio], como lo es el general Lafuente"[188].

Por último, en relación con la guerra, el acta de Quillota declara que las fuerzas aprestadas por el gobierno –algo más de 3.000 hombres– son insuficientes para enfrentar con éxito el poderoso aparato militar peruano y boliviano, en lo que había sobrada razón. Perú podía ser la tumba de muchos chilenos y eso parecía probar que era cierto el rumor, ingenuo o

---

[186] *Epistolario*, III, 482 y 486.
[187] Vicuña Mackenna, *Don Diego Portales*, en *Obras completas*, VI, 511.
[188] Declaración del capitán Vicente Beltrán, publicada por Vicuña Mackenna, obra citada, pág. 708.

descabellado, de que Portales enviaba a la lucha a una parte del ejército para deshacerse de ella.

El documento de los amotinados establecía los dos propósitos funda- mentales del alzamiento: suspender la campaña contra Perú y poner las armas al servicio de los hombres libres, los principios de libertad e independencia y para que la nación se pronunciase legítimamente a través de sus órganos.

Protestaban, los oficiales, su ausencia de ambiciones políticas y de espíritu partidista, en una actitud bastante sincera.

Es un hecho evidente que Vidaurre, en quien podrían suponerse deseos de poder, no demostró en ningún momento tal aspiración. Tampoco actuó en conexión con los personajes opositores y una vez consumado el golpe debió escribir cartas a unas cuantas personas en la necesidad angustiosa de pedir apoyo: a don Diego José Benavente, al general Enrique Campino, al intendente de Coquimbo don José Santiago Aldunate y a la esposa del general Freire, que penaba en su confinamiento de San Felipe.

No se puede negar, después de todos estos hechos, que el motín de Quillota descansaba en fuertes motivos y que no puede explicarse como un acto odioso, inicuo y caprichoso. Fue una respuesta a los excesos de la dictadura, que parecían no conocer término.

Los militares que adhirieron al movimiento, antes y después de producirse, estaban decididos a llevar adelante su causa por todos los medios, sin dejar que se escapase la oportunidad que habían creado. El mismo Portales recibió muestras de dureza. Los grillos que le fueron puestos, además de garantizar la seguridad, eran un vejamen, y por esa razón Vidaurre ordenó quitárselos; pero algunos oficiales se mostraron descontentos con esa deferencia y hubo que ponérselos de nuevo. Una fuga no podía descartarse y era mejor tenerlo seguro, sin importar consideraciones de ninguna índole.

En el Barón concluyen una vida
y la tiranía

El camino hasta la aldea de Tabolango se hizo sin problemas y allí se acampó a la espera de las noticias de Valparaíso. Estas, sin embargo, no fueron buenas. El destacamento despachado en avanzada había sido enfrentado en las proximidades del puerto por fuerzas muy superiores aprontadas con rapidez por Blanco Encalada y sus colaboradores. El Valdivia no se había plegado al movimiento y el coronel Boza no pudo ser habido por un mensajero furtivo. Las tropas leales al gobierno habían perseguido a la avanzada rebelde, que debió retirarse hasta Reñaca.

Este suceso provocó la deserción de los Cazadores, que se retiraron con ánimo de ponerse a disposición del gobierno. Se creó de ese modo una situación de incertidumbre en el campamento de Tabolango y los menos decididos comprendieron que el entusiasmo inicial podía haber sido una ilusión exagerada.

Por otra parte, los más activos sabían que se habían jugado el todo por el todo y que solo podían seguir adelante, arriesgando hasta la vida. Una reunión convocada por Vidaurre, ya desmoralizado, concluyó con muestras de adhesión a este jefe y la ciega decisión de ir a la lucha hasta triunfar.

Se acordó también exigir a Portales una carta al almirante Blanco Encalada aconsejándole que rindiese la plaza para evitar males mayores, que solo pudo ser obtenida bajo la amenaza, proferida por el capitán Florín, de darle muerte allí mismo si se negaba.

El ministro redactó una nota, destinada a no ser tomada en cuenta, y después departió algunos minutos con los oficiales, que le dirigieron diversas preguntas sobre sus actuaciones. Respecto del escaso poder de la división que debía enviarse a Perú, comentó que sabía perfectamente de su insuficiencia, pero que el objetivo era provocar con su presencia el levantamiento de diversos cuerpos peruanos que no esperaban más que esa ocasión para actuar[189].

---

[189] Esa apreciación de Portales no carecía de lógica; pero los hechos posteriores probaron que el plan era ilusorio. La campaña de 1837 dirigida por Blanco Encalada no produjo el efecto esperado y el almirante debió firmar el desdoroso tratado de Paucarpata. Lue-

Aquellos momentos fueron de relajamiento en la tensa situación creada, mostrando Portales una gran seguridad y moderación en su conducta y en las ideas que expresó.

El lunes 5 de junio la columna principal del Maipo se puso en movimiento y entrada la noche llegó a Viña del Mar, en cuya posada los oficiales y Vidaurre tuvieron una comida con abundancia de vino, entusiasmo y brindis en un ambiente de euforia y embriaguez. Era una forma de evadirse de la situación y de ahuyentar el fantasma del fracaso.

Aquella noche más de cinco oficiales acordaron escabullirse en la oportunidades que se presentasen.

Después de un descanso, las columnas se pusieron en movimiento por el camino que serpenteando por encima de las colinas cercanas al mar se dirigía hasta el cerro Barón, a la entrada del Almendral.

Cerca de las dos de la mañana el Maipo llegaba a la hondonada de la Cabritería, a cuyo frente, coronando los lomajes junto al castillo del Barón, se desplegaban en perfecto orden las milicias, el Valdivia, tres cañones de campaña y el pequeño destacamento de los peruanos. Frente a la hondonada se mantenían a la gira el bergantín *Arequipeño* y algunas lanchas cañoneras para apoyar la defensa con su artillería.

El escenario no podía ser peor para el Maipo, que debía descender a la quebrada y subir en el lado opuesto, en medio del fuego de fusilería de sus contendores y de los disparos de la artillería naval y terrestre. Con todo, los conjurados decidieron empeñar el combate y prepararon el ataque.

Mientras tanto, en la retaguardia, el birlocho con el ministro, Necochea y Cavada, avanzaba en la oscuridad escoltado por un piquete al mando del capitán Florín. En la avanzada se escucharon disparos, prueba de que las fuerzas de Valparaíso comenzaban a batirse. Poco después llegó un capitán con varios hombres y habló con Florín; este ordenó quitar los caballos del carruaje y los prisioneros pensaron que era llegado el último momento. Portales y Necochea cambiaron algunas palabras y se dieron la mano.

Pero se equivocaban. Después de algunos minutos, Florín, que aún debía estar bajo los efectos del alcohol, ordenó enganchar de nuevo los caballos y se continuó la marcha. Respirando más tranquilos, los dos

---

go, en 1838, la expedición de don Manuel Bulnes, fuerte de 5.400 hombres, aunque suscitó la colaboración, tropezó con enormes dificultades antes de triunfar en Yungay el 20 de enero de 1839.

prisioneros encendieron cigarrillos, desatando la ira del capitán, que gritó "voy a hacer que acaben de pitar estos caballeros".

Algunas cuadras más adelante se escuchó un tiroteo nutrido y prolongado y luego llegaron dos militares a conferenciar con Florín. El grupo se detuvo, un hombre fue enviado a la avanzada y regresó al poco tiempo.

Santiago Florín gritó que bajasen el ministro y luego Cavada. Ya no había duda. Dos soldados ayudaron a descender a Portales, casi inmovilizado por la barra de grillos, y el capitán le ordenó hincarse, lo que solo pudo hacer con dificultad, mientras unos soldados fueron dispuestos para fusilarle. El desgraciado prisionero solo atinó a exclamar: ¿Es posible, soldados, que me tiréis a mí? Los hombres vacilaron algunos instantes pero luego hicieron fuego.

El cuerpo de la víctima se contorsionó en el suelo, Florín se acercó y le disparó un tiro de pistola, que voló parte de la mandíbula. Hubo que rematarlo a bayonetazos y finalmente el oficial hundió en el cuerpo su florete.

Cavada echó a correr con el propósito de alcanzar la ladera hacia el mar, porque ya no tenía ninguna esperanza; pero Florín ordenó a un sargento que le disparase y el noble e inocente secretario cayó traspasado. Eran las 3:30 de la mañana.

En la línea de avanzada Vidaurre tomaba sus disposiciones para el próximo ataque y fue sorprendido por los disparos en la retaguardia. Creyendo que pudiera ser un ataque envolvente, despachó a uno de sus ayudantes a averiguar qué ocurría. El oficial encontró a Florín que le tranquilizó diciéndole que solo habían sido algunos tiros escapados a los soldados.

Vidaurre se tranquilizó, mas de inmediato llegó otro oficial que le dio cuenta del crimen. Se demudó el coronel y después de unos instantes exclamó junto a los oficiales que le rodeaban: "¡Señores, somos perdidos!". Luego estalló en gritos: "¿Dónde está Florín? ¡Qué me traigan ese malvado! ¡Que lo fusilen!"[190].

---

[190] No hemos vacilado en atribuir exclusivamente a Florín la decisión de ultimar a los prisioneros, pese a las dudas que se han manifestado, ateniéndonos a un examen minucioso del proceso seguido a los amotinados, y a otros documentos conexos. Coincidimos en este punto plenamente con las conclusiones de Vicuña Mackenna, que dispuso de esos documentos al redactar su *Portales*.

No hemos vacilado en atribuir exclusivamente a Florín la decisión de ultimar a los prisioneros, pese a las dudas que se han manifestado, ateniéndonos a un examen minucioso del proceso seguido a los amotinados, y a otros documentos conexos. Coincidimos en este punto plenamente con las conclusiones de Vicuña Mackenna, que dispuso de esos documentos al redactar su *Portales*.

El proceso se guarda en el Archivo Nacional en la caja de seguridad del conservador y corresponde a los papeles del Ministerio de la Guerra, vol 247. Aparece rotulado como "Causa criminal seguida al coronel don José A. Vidaurre y demás en el motín de Quillota. 3 de junio de 1838".

La noticia corrió por las filas y desde ese momento el espectro moral de Portales se adueñó de la mente de los rebeldes.

Antes que aclarase comenzó el descenso a la Cabritería bajo los gritos aparentemente decididos de los oficiales. El fuego reventó por ambos lados y en la hondonada se produjo una batahola infernal barrida por las descargas eficaces del Valdivia y las milicias y el fuego de la artillería naval y de tierra. El desbande no tardó en producirse. Los soldados huían trepando con dificultad por el faldeo norte y los oficiales, arrastrados por las avalanchas, no atinaban a formar núcleos de resistencia.

El triunfo de las fuerzas del gobierno fue completo; cayeron prisioneros muchos oficiales y los que lograron huir fueron habidos en poco tiempo.

Restablecido el orden y tomadas las medidas de seguridad, comenzó a sustanciarse de inmediato el proceso en Valparaíso, de acuerdo con la ordenanza militar y en medio de una fuerte presión para que se extremase el rigor y se comprendiese al mayor número de los que de una u otra manera habían estado implicados.

La sentencia fue dictada casi un mes después. Vidaurre, Florín y otros seis oficiales fueron condenados a la pena de muerte, que se ejecutó a mediodía del 4 de julio en la plaza Orrego, actual plaza Victoria. El resto de los culpables recibió pena de destierro, cárcel y otras menores.

El motín de Quillota y el asesinato del cerro Barón han sido calificados de distinta manera por los historiadores. Para unos han sido negros delitos, catástrofes históricas que merecen ser condenadas por haber alterado la situación del país y haber eliminado a un gran hombre. Para otros han sido accidentes que, aunque lamentables, pusieron término a un despotismo excesivo y cruel que tenía aherrojado al país.

Vicuña Mackenna expresa que el motín fue el eco del crimen de Curicó y, aunque no sea exactamente así, al menos es cierto que su fuerza provino del descontento largamente acumulado por el abuso del poder, la crueldad y la intransigencia. Fue un estallido en busca de la libertad y del derecho como garantías de una vida nacional apacible.

No deseamos insistir en este punto de vista ni en los planteamientos que hemos expuesto a lo largo de estas páginas, pero nos parece interesante incluir dos opiniones de la época, en medio de los trágicos sucesos, que corroboran la visión que hemos presentado.

La primera es del propio Vidaurre que, aprisionado en el bergantín *Teodoro*, robando instantes a la vigilancia del guardia, redactó unos apuntes a manera de testamento político. En espera de la muerte y de comparecer ante Dios, entregó su pensamiento más sincero:

"Declaro haber tomado las armas el día 3 del presente mes, sin otro objeto que sostener nuestros derechos, reclamar nuestras garantías, de que estamos cruelmente despojados por un poder absoluto... ¡Ah chilenos! no os adormezcais por más tiempo: reconoced vuestra situación: volved los ojos por toda la extensión de la República, y no encontrareis ni las sombras de la libertad donde acojeros, y por todas partes vereis reinante la insolencia, el absolutismo y la tiranía: los calabozos llenos de ciudadanos: los presidios de Juan Fernández poblados de patriotas: los jefes y oficiales que han prestado importantes servicios en la guerra de la independencia que dieron libertad y gloria a la República, se hallan unos destituidos de sus empleos, otros presos, otros desterrados y proscriptos"[191].

Cualquiera sea el juicio que merezcan las palabras de Vidaurre y aun cuando se las considere efecto del más profundo y dolorido despecho, no se puede negar que confirman el carácter del motín de acuerdo con todos los otros antecedentes.

El segundo testimonio que queremos traer a cuenta es el de un personaje totalmente distinto, don José Antonio Álvarez, juez de letras de Valparaíso, hombre intachable y de sólidos principios morales, que había hecho de su profesión y de su vida un quehacer modesto y digno. Tenía en aquella época veintinueve años de edad; le correspondió actuar como auditor de guerra en la causa contra los rebelados, poniendo todo el empeño de su noble corazón y la claridad de su inteligencia para evitar el holocausto de muchas personas que tenían una culpa menor. Obtuvo que el proceso fuese llevado de acuerdo con la ordenanza militar en lugar de la ley de los consejos de guerra permanentes, que se regularizase el procedimiento y se modificase alguna sentencia.

En esas actuaciones Álvarez contrarió los propósitos de los círculos oficiales, especialmente de las autoridades de Valparaíso y sus allegados. Su espíritu recto no vaciló en resistir las presiones y el ambiente exaltado en que debió desenvolverse.

El juez era un admirador de Portales y desde los primeros pasos del proceso quedó consternado. Escribía entonces a su amigo don Manuel Montt, funcionario del gobierno: "acabo de ver y considerar un largo rato el espectáculo más horrible, capaz de conmover una piedra, dos cadáveres: el uno de don Diego Portales y el otro de Cavada. Ambas personas han sido muertas del modo más inhumano, principalmente don Diego en

---

[191] Publicado por Vicuña Mackenna, *Diego Portales*, pág. 725.

cuyo cuerpo enterraron floretes y bayonetas más de treinta veces, fuera de una bala que le llevó los dientes y casi toda la mandíbula de abajo"[192].

Enfrentado a los hechos y a los entretelones del proceso, Álvarez debía encerrarse cada día en sí mismo para meditar con independencia. "Miro los toros desde muy lejos –escribía a Montt– y sólo cuando está todo concluido bajo a filosofar sobre las ruinas".

La noche fue su refugio. En largas horas de insomnio libró una lucha con sus propios sentimientos: de una parte el horror del crimen y el aprecio por el ministro y de otra la rectitud del hombre de derecho y del ciudadano para juzgar la situación del país después de tantos años de poder omnímodo.

Su conciencia triunfó, finalmente, y escribió una nueva carta a su amigo Montt, en que vació lo más íntimo de su pensamiento:

"Quiero emplear una parte de la noche en contestar su larga y apreciable carta...

"Siento muchísimo no estar de acorde con las ideas que Ud. vierte. Yo, por mi parte, si he de decir la verdad y expresar mis sentimientos sin doblez, soy de opinión que aun cuando fuéramos más estúpidos que los hotentotes, más herejes que los ateístas y gobernados por las leyes de Dracón, con tal que gozáramos de la libertad de nuestros antiguos progenitores, Chile sería veinte mil veces más feliz que si estuviera poblado de hombres erúditos, santos y cuanto Ud. quiera, pero serviles y degradados; y a esta abyección abominable marchábamos con pasos agigantados en vida del ministro Portales. Él era, no se puede negar, un hombre extraordinario, de gran talento, y la patria fue su ídolo, a quien con una heroicidad que honra al país, sacrificó su fortuna, su reposo y todo cuanto valía, con admirable constancia; pero amigo, se iba ya corrompiendo poco a poco, y a mi ver, sin advertirlo él mismo. Colocado a principios de la revolución del 29 en una posición violenta, se vio en la necesidad, por el bien de la República, de tomar medidas fuertes y se le había hecho la mano a dar esos golpes de autoridad por quítame allá esas pajas. Lo que más contribuía a que el mal se fuera haciendo incurable, era la multitud de adoradores que le rodeaban. No se encontraba un hombre, entre los de Gabinete (a excepción de Ud. hablo francamente), que se atreviese a contradecirle y decirle la verdad. Yo he tenido ocasión de conocer esto, porque he leído toda su correspondencia privada cuando formé el inventario. Al pobre Cavareda (hombre bueno y fuera muy útil al país

---

[192] *Cartas sobre la muerte del Ministro Portales*, en *Revista Chilena de Historia y Geografía*, N° 27, año 1917.

si tuviese bastante energía para obedecer a sus inclinaciones), me dicen que le trataba a la baqueta, y así a todos los demás, sin respetar al más condecorado. De donde resultaba que no tenía más amigos que hombres obscuros, sin ningún mérito, sus protegidos, que estaban todo el día con la boca abierta, adivinándole el pensamiento para ejecutarlo al momento; fuese licito o ilicito, lo mandado. ¿Le parece a Ud. buen presagio de este imperio absoluto en el gobernante y esa obediencia ciega en los súbditos, inclusive los intendentes y gobernadores de toda la República?

"Mire Ud. esta unidad bajo el punto de vista que le parezca, pero no podrá negarme este hecho. Portales tenía en su mano la suerte o desgracia de toda la República, podía disponer de ella a su antojo, sin la menor contradicción. Por lo menos contaba con los medios y todo se lo podía prometer de su gran influencia, de su talento y coraje; y ¿no le parece a Ud. muy triste, muy precaria, muy miserable la felicidad de un Estado que penda sólo de la voluntad de un hombre? Y de qué hombre: de quien teníamos presunciones muy vehementes para creer que se había de convertir en tirano detestable. Aun cuando no hubiera sido un seductor inmoral, como es público, sino un santo, el más virtuoso, todos debíamos temerlo. Salomón, iluminado por Dios y al principio de su reinado, de mayor rectitud que Portales, fue al fin un déspota cruel. Nerón mismo inspiró en su juventud grandes esperanzas y se presumía el padre de la patria. Es necesario no conocer al hombre para creer siempre invariable su conducta. No; no pienso del mismo modo que Ud. Como hombre, se me partió el alma al ver el cadáver de Portales; derramé sobre él lagrimas muy sinceras, hubiera dado mi vida por resucitar a este hombre tan grande, que nos prestó servicios eminentes, dignos de mejor suerte; pero como chileno, bendigo la mano de la Providencia que nos libró en un solo día de traidores infames y de un ministro que amenazaba nuestras libertades.

"Ahora ya el presidente tomará más respetabilidad; porque, a la verdad, antes no era sino como un tronco de roble, de quien nadie hacía caso. Las Cámaras cobrarán también más energía y popularidad, sabrán que han sido creadas para defender los derechos de sus comitentes y oponer algún dique [¿al?] ejecutivo, equilibrando los poderes. Todo, en fin, cambiará de aspecto, y yo solamente hago votos por que no haya derramamiento de sangre y que cualquiera innovación se haga observando las leyes y para el bien de la Patria"[193].

---

[193] Publicación citada, *Cartas sobre la muerte del Ministro Portales*. Carta de 12 de junio de 1837.

Es innecesario comentar un documento tan claro. Digamos solamente que representa un balance final de la tiranía, hecho por un hombre sincero y apegado al derecho. Su fuerza moral es enorme[194].

[194] Es necesario hacer notar que la carta del juez Álvarez, publicada en 1917 en la revista más importante de los historiadores chilenos, no ha sido utilizada por ninguno de ellos ni los ensayistas y divulgadores del tema portaliano.

La libertad: fundamento del derecho
y de la institucionalidad

Muchas veces los grandes movimientos históricos experimentan al cabo de unos cuantos años una reacción que, sin volver enteramente al pasado, procura frenar el avance de la nueva tendencia y replantear valores, mentalidades y formas que se creía haber dejado atrás. Ello representa una mecánica lógica, porque las viejas ideas, las costumbres y el tipo de sociedad que las sustentaban no han desaparecido y porque la erosión causada por las transformaciones genera descontento y posibilita la revancha. Las nuevas políticas, por su parte, aceleradas e impuestas con una dosis de utopismo, crean desequilibrio y causan fisuras por donde finalmente pueden emerger los elementos del pasado.

El movimiento reformista no tiene aún consistencia por carecer de experiencia y se produce un cambio de personajes y de sectores sociales, sean clases o grupos, que no logran consolidar una nueva situación. A la vez, los elementos del pasado, deteriorados y disminuidos en su prestigio, solo pueden reincorporarse usando la coyuntura de la fuerza y la violencia; pero no por muchos años, porque la dinámica innovadora ya está en el cuerpo colectivo y forma parte, además, de una fuerza universal.

Es exactamente lo ocurrido en Chile después de la emancipación.

El movimiento aristocrático y conservador, que requirió de la fuerte dirección de Portales, anudaba sus lazos con un pasado que no desaparecía y que correspondía a una sociedad y una ética política que, en términos globales, puede calificarse de colonial y monárquica.

Hemos visto cómo aquel movimiento respondió a las ideas e intereses de la aristocracia y de la Iglesia, desplazadas del poder político y ansiosas de restablecer su vieja situación. Sus demandas se asentaban en una concepción del poder y del gobierno que vino a ser el centro de las cuestiones en disputa.

Seguía existiendo en los grupos de vieja raigambre la idea –y sentimiento, a la vez– de que la sociedad es una estructura natural, un orden dado, en que cada sector cumple sus funciones dentro del todo. Más que una sociedad es una colectividad en orden perfecto, que tiene fines trascendentes y terrenales, que une a todos articulando sus acciones de manera jerárquica de acuerdo con su esfera.

Una colectividad de ese tipo, tan marcada por resabios estamentales, carece de pensamiento crítico sobre sí misma y no admite divergencias en el terreno político y religioso.

La unidad ética y política está dada por el gobierno, que cuenta con la adhesión de todos los ciudadanos –antiguos súbditos– y cuyas determinaciones son obedecidas sin contrapeso.

El prestigio del poder monárquico arrancaba de tiempos muy antiguos. Desde los siglos medievales los reyes eran considerados príncipes justos y bondadosos, padres de tanta gente, y en el caso de España se había estimado que solo desempeñaban un oficio para servir al reino y que, no obstante ser irresponsables en este mundo, debían finalmente presentarse al tribunal de Dios para dar cuenta de sus actos. Ello era garantía de su rectitud y de que su mando se había ejercido para el bien de todos.

Durante el reinado de los Reyes Católicos, de Carlos V y de Felipe II se diseñó un absolutismo que, sin borrar la anterior concepción, remarcó el poder de los monarcas en la gestión concreta. El siglo XVIII no deterioró el poder de los reyes y se piensa más bien que lo acentuó; pero el contenido de la política cambió al acoger las influencias del pensamiento ilustrado e imponer reformas de variada índole destinadas a transformar la economía, la sociedad y la cultura.

El Despotismo Ilustrado descansaba en el uso del prestigio de la corona y de su modalidad absoluta para introducir cambios que tropezaban con la inercia y las costumbres seculares.

No sin razón se ha designado a ese esfuerzo como "una revolución hecha desde arriba" o se le ha atribuido el pensamiento de "todo para el pueblo, pero sin el pueblo".

Esas frases denotan perfectamente la intención modernizante práctica y la falta de apertura política que, por lo demás, era difícil de concebir en el siglo XVIII.

Las sugestiones del Despotismo Ilustrado tuvieron larga vida porque unían la necesidad de los cambios modernos al empleo de un poder fuerte capaz de realizar las transformaciones y de mantener el orden.

La práctica del Despotismo Ilustrado orientó no pocas veces la acción de los gobernantes salidos de la época de la Independencia, porque los ideales libertarios se deformaban por la ausencia de una cultura republicana. Sobre todo, estaba subyacente el concepto de la adhesión general al gobierno, que este debía exigir para la realización de los más altos objetivos. Podían manifestarse opiniones variadas en los asuntos públicos inmediatos, pero no disentir en las cosas fundamentales ni formar grupos diametralmente opuestos al gobierno.

Estos últimos estaban compuestos por los que O'Higgins llamaba "facciosos", los que formaban facciones, y Portales "díscolos", quienes no aceptaban las imposiciones del gobierno.

En la ética cívica, tal como se la entendía entonces y aun en los periodos de Bulnes y Montt, los ciudadanos probos, la gente tranquila, los buenos padres de familia, los hombres respetables y los que aceptaban los mandatos de la autoridad, eran los que estaban con el gobierno, los únicos que merecían consideración.

Por esa circunstancia y la idea de la adhesión unánime, la libertad electoral no pasaba de ser un principio abstracto mal asimilado. Y por eso los gobiernos republicanos del comienzo no tenían impedimento moral para ejercer la intervención; de ahí las listas de candidatos gubernativos enviadas a intendentes y gobernadores y las esquelas dirigidas a los caciques locales. El sistema, por lo demás, funcionaba con expedición y era aceptado, de modo que no era necesario acudir a triquiñuelas ni imposiciones violentas. No aún.

El autoritarismo para dirigir a Chile tuvo frases célebres que bien pudieron estar en boca de los más prominentes déspotas ilustrados del siglo XVIII: Ya hemos recordado que O'Higgins escribía que "nuestros pueblos no serán felices sino obligándolos a serlo" y que Portales estimaba que "palo y bizcochuelo, justa y oportunamente administrados, son los específicos con que se cura cualquier pueblo, por inveteradas que sean sus malas costumbres".

En la segunda y tercera décadas del siglo XIX semejantes nociones tenían un valor añejo porque los tiempos habían cambiado.

El Despotismo Ilustrado, floreciente en la segunda mitad del siglo XVIII, había sido un anuncio del modernismo sumido en el Antiguo Régimen; pero después de la Independencia de Norteamérica, de la Revolución Francesa y de la irrupción de las tendencias libertarias, había quedado atrás.

Como nexo entre dos épocas había tenido su momento; pero a medida que entraba el siglo XIX las reminiscencias de aquella tendencia solo podían tener un carácter conservador, tal como la había practicado Portales. Era el poder discrecional del gobernante, el personalismo, el desapego por el derecho, la suplantación de la ley, la subordinación del parlamento y de la justicia, la persecución de la prensa, la anulación de los derechos ciudadanos y el rechazo a cualquier manifestación divergente. Todo ello sobre la base de la adhesión incondicional al gobierno y la cohesión en torno a los principios ideológicos fundamentales.

En todo caso, y para ser justos con el Despotismo Ilustrado, debe señalarse que no todos esos elementos derivaban de él y que jamás fue cruel y sangriento, sea por las circunstancias menos problemáticas o porque los reyes y sus ministros asumían un carácter paternal.

La tendencia modernista en pleno desarrollo, en cambio, buscaba el imperio de la libertad, rodeaba de derechos al ciudadano, limitaba el poder de la autoridad, confiaba en las leyes y en el derecho constitucional, el régimen representativo y la libertad de expresión. Por sobre todo, realzaba el valor del individuo y admitía la divergencia de opiniones, que debía traducirse en diversas corrientes de opinión y en la lucha por manejar la cosa pública.

El conglomerado de ciudadanos dejaba de ser una colectividad regida por gobernantes intangibles situados en la cúspide, para transformarse en una sociedad abierta y dueña de sus derechos. Había cambiado el soberano.

En esa situación, el papel de Portales, bajo aparentes formas republicanas, había estado ligado al pasado y aunque se mantuviese por algún tiempo la ilusión de su influencia –o por mucho tiempo– según el mito la trayectoria del país vino a ser definida por el modernismo y la libertad.

El influjo de Portales concluyó el día de su muerte, a pesar de las declaraciones e invocaciones de los estadistas que ejercieron el poder en las dos décadas siguientes. Concluyó entonces porque el ministro solo desempeñó el mando, concreto, directo, sin forjar la institucionalidad, el respeto por el derecho ni por el concepto abstracto de la autoridad. Tampoco estableció un orden público real.

En suma, solo gobernó; en ningún caso es el creador de un "régimen portaliano".

Desaparecido el ministro, el gobierno de Prieto debió llevar adelante la guerra contra la Confederación Perú-Boliviana, salvando escollos considerables y emprendiendo dos campañas difíciles, que culminaron con la victoria de Yungay.

Antes que la guerra concluyese, el gobierno comenzó a desandar el camino de la dureza, iniciándose, primero en forma tímida y luego de manera pronunciada, una vuelta de espalda a las obsesiones portalianas.

Diversos hechos mostraron esa orientación. El mismo consejo de guerra que juzgó a los amotinados de Quillota dejó entregada al poder ejecutivo la decisión final sobre trece de los reos merecedores de la pena de muerte, considerando que era excesivo el derramamiento de sangre. El gobierno se hizo cargo de la situación y conmutó la pena por destierro. A poco andar, se reformó la ley de los consejos de guerra permanentes y para evitar decisiones deplorables se estableció que en caso de no ser *infraganti* el delito de sedición, cabía una reconsideración por parte del auditor de guerra general, residente en Santiago.

En agosto de 1838 la antigua causa seguida por el intento sedicioso en el Ejército del Sur concluyó con sentencias moderadas de exilio y relegación, sin que nadie fuese ejecutado.

Una vez derrotada la Confederación, bajo el ambiente de satisfacción creado por la victoria y la confianza en el destino nacional, se pudo seguir una política conciliatoria.

El 31 de mayo de 1839 el gobierno renunció a las facultades extraordinarias de que estaba investido y el día siguiente el Congreso reinició sus actividades. Se regresaba a la normalidad y la Constitución volvía a tener vigencia real. Tres meses más tarde, por mensaje del Ejecutivo, las cámaras derogaban la ley de los consejos de guerra permanentes.

Mientras tanto, se habían tomado diversas medidas a favor de los militares dados de baja. La necesidad de contar con oficiales experimentados en la lucha contra Santa Cruz facilitó la reincorporación de algunos de ellos, entre otros el coronel Pedro Godoy, el antiguo editor de *El defensor de los militares constitucionales*. Posteriormente fueron reintegrados jefes tan destacados como los generales Pinto, Lastra y Borgoño y este último recibió una importante y honrosa misión diplomática en España, que estaba destinada a obtener el reconocimiento de la independencia. Finalmente, se acordó la reincorporación en el escalafón de todos los oficiales que lo solicitasen.

En una atmósfera tan propicia, no tardó en reaparecer la prensa opositora, reducida a unas cuantas hojas hebdomadarias por la pobreza de los medios. El periódico que causó mayor revuelo fue el *Diablo político*, editado por Juan Nicolás Álvarez, joven audaz que hizo fuego graneado contra todo lo hecho por el gobierno y que pronunciaba juicios lapidarios sobre sus hombres. Portales aparecía en el infierno.

Otros impresos fueron más serenos en la crítica, pero igualmente firmes en su condena.

El gobierno todavía dio algunos traspiés al llevar a un juicio de imprenta al *Diablo político*, que tuvo una pena ridícula y la glorificación pública de Álvarez. Un estado de sitio a raíz de una denuncia de complot formulada por dos ex oficiales del ejército, dados de baja por borrachos excesivos, fue completamente innecesario y no favoreció la imagen del gobierno.

Se había comenzado a vivir en un gobierno de mayor libertad, la gente dejó de sentir la opresión de la fuerza y los odios habían amainado, aunque todavía anduviese vivo el resentimiento por los sucesos de los años recientes.

Fue un buen signo que después de la muerte de Portales y durante los cuatro últimos años del periodo de Prieto no hubiese ningún intento subversivo propiamente tal.

Al acercarse la fecha en que debía elegirse un nuevo presidente, los pelucones y los pipiolos se aprontaron para escoger los candidatos[195]. Quienes apoyaban al gobierno y habían estado más próximos a Portales, impulsaban la candidatura de don Joaquín Tocornal, identificado con la política de aquel y representante del espíritu más conservador y religioso. Pero en definitiva, primó la tendencia más moderada que vio en Bulnes, aureolado con el prestigio de la victoria, la persona más adecuada. El general, incluso, no originaba resistencia en el bando liberal, porque no había participado en las formas odiosas de la represión.

El candidato de los liberales fue el general Pinto, a sabiendas de que no tenía posibilidad de triunfar. Mediando esa situación se produjo un acercamiento de los partidarios de ambas candidaturas en busca de un acuerdo político de carácter superior con el fin de evitar luchas estériles que amarraban al pasado y preocuparse más bien de una armonía dirigida al futuro. Por indicación de Bulnes, se solicitó la colaboración de don Manuel Rengifo, retirado de la política desde su choque con Portales, para conversar con los pipiolos y llegar a un acuerdo que conciliase las posiciones.

Una amplia reunión de personalidades destacadas estableció, en medio de un ambiente de gran cordialidad y optimismo, que pipiolos y pelucones llevarían su respectivo candidato y que, efectuadas las elecciones, cualquiera fuese el vencedor, contaría con el apoyo del bando derrotado para facilitar la gestión gubernativa. Esta incluiría una amnistía general por delitos políticos, término de los procesos pendientes, suspensión de los destierros y relegaciones y reincorporación a las filas de los oficiales aún alejados de ellas.

Bajo tan buenos augurios, la preparación de los comicios electorales entró en una etapa final, dándose por descontado el triunfo del vencedor de Yungay.

El enlace político fue seguido de un enlace social, no poco significativo en un mundo tan pequeño como era el de los estratos superiores.

---

[195] Seguimos en general, en estas materias, la obra de don Diego Barros Arana, *Un decenio de la historia de Chile*; relativa al gobierno de Bulnes y que, publicada en Santiago en 1905, sigue siendo la mejor obra relativa a la época.

Se concertó en esos días el matrimonio de don Manuel Bulnes con doña Enriqueta Pinto Garmendia, hija del candidato rival, el general Pinto. Ella era una joven agraciada, de fina educación y extraordinaria cultura, que debía complementar la aguerrida personalidad del general. Agreguemos que este era sobrino del general Joaquín Prieto y que Enriqueta Pinto era hermana del futuro presidente don Aníbal Pinto.

Don Manuel Bulnes no era un hombre culto; su mérito estaba en una carrera impecable y sacrificada que, iniciada en los años de la Independencia, había transcurrido de preferencia en las guarniciones de la frontera araucana. Poseía, sin embargo, un criterio sólido, prudencia y una especial virtud para conocer a la gente. Sus ideas políticas se reflejaron en su gobierno solo en las orientaciones básicas, sugeridas en el trato con sus colaboradores, a quienes dejaba entregado el manejo de los asuntos públicos. Los ministros fueron figuras notables: Manuel Rengifo, Manuel Montt y José Joaquín Pérez —los dos futuros presidentes—, Ramón Luis Irarrázabal, Antonio Varas, Manuel Camilo Vial, y los generales José Santiago Aldunate y José Manuel Borgoño, de carácter tan ponderado como el jefe de Estado. Participaron en el gabinete, también, tres jóvenes de mérito por su inteligencia y cultura: Salvador Sanfuentes, Antonio García Reyes y Manuel Antonio Tocornal.

Todos ellos imprimieron al gobierno un carácter ilustrado y progresista. Con excepción de Montt y Varas, tendieron a una política de concordia.

Las intenciones de Bulnes, tal como había quedado de manifiesto en la lucha electoral, fueron de restablecer la comprensión entre los chilenos y abrir una era de tranquilidad. Para ese objeto, con mucha perspicacia, solicitó la colaboración de don Manuel Rengifo como ministro de hacienda, y designó ministro del interior a Ramón Luis Irarrázabal, que ya desde fines del gobierno de Prieto, en igual cargo, había manifestado una profunda inclinación por la armonía.

El aporte de Rengifo no solo tenía un marcado sentido técnico en el ramo de la hacienda pública, sino que era la manifestación del propósito real de benevolencia y comprensión hacia los liberales y los perseguidos. En notable carta dirigida a Bulnes, al aceptar su designación, Rengifo le manifestó: "desde el principio, jamás ha habido un periodo de orden, de calma y de esperanzas como el que actualmente disfrutamos. Por una feliz combinación de circunstancias los partidos en que antes se dividía el país han depuesto su animosidad recíproca, y todos esperan de Ud. seguridad y protección: mas a pesar de esto se alucinaría mucho el que creyese consolidada la obra de unión, y extinguida de raíz las viejas antipatías: sólo al nuevo gobierno está reservada la misión de realizar esta halagüeña perspectiva... Atraer a los que fueron enemigos de la administración que expira; emplear según sus aptitudes a los hombres de mérito que entre ellos haya; conceder una general amnistía a los que por delitos políticos viven en destierro; rehabilitar al corto número de oficiales que aún queda fuera del servicio militar de los que se dieron de baja en 1830, son medidas que sin trepidación deben adoptarse por un acto espontáneo del Gobierno...".

Temiendo la reticencia de la aristocracia más tradicional, Rengifo comentaba: "Los grandes propietarios; los hombres amantes del orden y de la tranquilidad pública, son quienes más ganan con los efectos naturales de esta política; y aunque por lo pronto se muestren algunos displicentes, exagerando los riesgos de una confianza que a sus ojos parecerá peligrosa, luego después cuando vean compartidos en apoyos del régimen constitucional a los objetos de su infundado temor, y que el gobierno adopta una marcha firme, recta e imparcial, estoy cierto se apresurarán a sostener la administración que les ofrece medios y voluntad de conservar a toda costa la paz interna de la república".

Rengifo concluía señalando la diferencia que había con el gobierno surgido en 1830, efecto de una guerra civil, y el nuevo, que tenía el prestigio de la legalidad por nadie controvertida[196].

El planteamiento de Rengifo fue aceptado por Bulnes porque esos eran, precisamente, sus propósitos.

Desde los primeros pasos del nuevo gobierno las medidas de concordia fueron llevadas a la práctica, aunque con ciertas limitaciones. Se aprobó una ley de amnistía para todos los desterrados, y un año más tarde se reincorporó en el escalafón militar a los generales, jefes y oficiales perseguidos desde 1830 y se concedió montepío a las viudas de los fallecidos. También fue un gesto auspicioso la designación del general Pinto como consejero de Estado y el nombramiento de antiguos opositores en altos cargos de la administración.

En esa forma se procuró borrar la triste huella del periodo de Portales y sus métodos de hierro, para inaugurar una etapa distinta, basada en el entendimiento y la búsqueda de un destino común dentro del orden y con la confianza en el progreso. Los contemporáneos tuvieron la clara sensación de haber superado el pasado y estar avanzando por un camino firme. La realidad concreta se había hecho conciencia y eso sería determinante a pesar de quiebres circunstanciales.

---

[196] La carta y otros documentos fueron publicados en la *Memoria biográfica de Manuel Rengifo* (Santiago, 1845) atribuida a su hermano Ramón.

En lugar de proseguir con el modo gubernativo de Portales, se le enterraba.

El decenio de Bulnes cumplió en gran medida las esperanzas cifradas en él y tuvo el mérito de respetar la constitución y las leyes de manera cabal, sin interpretaciones torcidas ni aberraciones jurídicas. Aquellas no fueron instrumentos aleatorios del poder sino que pesaron por sí mismas, quedando la autoridad, igual que los ciudadanos, sujeta a su imperio.

Además, las costumbres en la vida pública adquirieron madurez. El presidente, sereno y alejado del tráfago político, fue una figura digna que expresaba el sentido superior de la autoridad. Sus ministros enaltecieron la función pública, actuando con elevación. El parlamento, a pesar de la fuerte mayoría gobiernista, fue un lugar de debate en vez de la asamblea sumisa a los dictados del Ejecutivo y no demoraron mucho en establecerse la "interpelación" a los ministros y otras prácticas de control de los actos gubernativos.

Los cuatro primeros años de la administración Bulnes transcurrieron apaciblemente, en un ambiente optimista en que los espíritus, cansados de las luchas anteriores, procuraron rehuir su recuerdo y entregarse a sus tareas habituales confiados en la marcha del país. El conflicto, sin embargo, estaba solo adormecido y antes de cumplirse la mitad del decenio de Bulnes reapareció circunstancialmente y sin causar alteraciones graves por el momento.

Más tarde, a partir de 1849 y hasta concluir el decenio en 1851, el antagonismo entre el gobierno y el bando liberal adquirió formas duras y violentas. A través del Club de la Reforma y de la Sociedad de la Igualdad, los círculos liberales formularon sus exigencias, destinadas a contrarrestar el enorme poder gubernativo y a ampliar los derechos de los ciudadanos para hacer efectiva su participación en las orientaciones políticas. Algunas intenciones populistas y de cambio social eran expresadas en forma altisonante y candorosa.

De nuevo se entraba en una dinámica de acciones y reacciones que oscurecería el panorama hasta llegar a la intransigencia total por ambos lados.

Los círculos de la aristocracia ligados a la tradición y al despotismo portaliano se alarmaron con las actuaciones y declaraciones de los liberales más jóvenes, entre los que se contaban Francisco Bilbao y Santiago Arcos, quedando todo envuelto en amenazas y temores. El gobierno tomó disposiciones severas; aunque sin caer en la discrecionalidad de antes, y por último, como una reacción natural, se diseñó la candidatura presidencial de don Manuel Montt, que como ministro había demostrado ser un epígono de la dureza portaliana.

La denegación de la libertad política debía exasperar a los opositores y una vez más precipitar los hechos hacia la violencia.

La perspectiva no podía ser más sombría para los elementos liberales y algunos de ellos forzaron la situación para provocar un cambio violento. El motín del 20 de abril de 1851, encabezado por el coronel Pedro Urriola, y que según sus organizadores debía contar con el apoyo popular, resultó improvisado y pudo ser sofocado por Bulnes con pérdida de unas doscientas vidas. Ese episodio, junto con otros, robusteció la candidatura de Montt que con el aparato oficial y el apoyo aristocrático conservador era incontrarrestable. Los liberales, en cambio, no contaban con una figura convincente y finalmente decidieron levantar la candidatura del general don José María de la Cruz, que no era uno de los suyos, pero que al menos ofrecía garantía por su seriedad y ser enemigo de las intemperancias gubernativas, como que estaba en desacuerdo con las medidas represivas desencadenadas por el gobierno.

El triunfo de Montt fue abrumador y no quedó a los opositores más que el camino de la guerra civil. El estallido se produjo en La Serena y luego en Concepción, encabezado por Cruz, que debió seguir a sus partidarios en una actitud que parecía no cuadrar con su espíritu, pero que se explica por su aversión a los rigores del autoritarismo.

La rebelión fue aplastada en el norte después de algunos combates y de un cerco de La Serena. Pero en el sur se libró una campaña formal entre los ejércitos capitaneados por Bulnes y Cruz, que concluyó con un terrible sacrificio de hombres en Loncomilla el 8 de diciembre de 1851.

El gobierno de Montt, iniciado con un bautizo de sangre, señaló todo su trayecto con una severidad muy fuerte acompañada de facultades extraordinarias, estados de sitio, aniquilación de la prensa opositora, persecuciones y destierros, destinados a mantener el orden gubernativo y a impedir que sus rivales levantasen cabeza. El decenio transcurrió con cinco años y un mes de periodos de excepción. El modo portaliano recobraba sus fueros, pero sin atropellar la constitución y las leyes, pese a que la interpretación de ellas fue conducida en ocasiones a extremos lindantes con el abuso.

Durante los cinco primeros años la omnipotencia del ejecutivo, contando con una representación parlamentaria determinada por él mismo, no tuvo contradictores y la voz oficial resumió toda la vida pública. A partir de 1856 la situación comenzó a variar. El conflicto del sacristán agrupó en una causa común a los conservadores más católicos con los liberales, unidos en su rencor contra Montt y Varas. Con ello varió la situación en el Congreso, donde hubo resistencia a la política de la administración, que en algunos momentos se hizo irreductible.

La tendencia liberal, entre tanto, había variado en sus planteamientos y en los grupos que la componían. Los pipiolos, que representaron el reformismo posterior a la Independencia y la lucha contra la dictadura de Portales, se habían desgastado, y debido a la política conciliadora de Bulnes muchos de ellos habían terminado allegados a los círculos oficiales. A fines de ese gobierno, después de las perturbaciones inspiradas por Bilbao, Arcos, los jóvenes y los igualitarios, se cohesionó propiamente un bando liberal, origen del partido, que libró sus tenaces luchas hasta ser aplastados en Loncomilla.

Durante el segundo quinquenio de Montt la oposición liberal, sin desconocer la anterior filiación de sus objetivos o por derivación de ellos, giró alrededor de la lucha contra la omnipotencia del gobierno y dos tareas indispensables para acabar con ellas: la libertad electoral y la reforma constitucional.

En la brega parlamentaria, por circunstancial que fuese, en la prensa y los corrillos, aún figuraban algunos personajes del pasado; pero una nueva generación había producido el relevo, integrada por intelectuales reformistas, jóvenes formados en el Instituto Nacional, ex funcionarios de la administración, lectores de las novedades europeas, abogados idealistas, perseguidos del gobierno, etc. Aparecían, entre otros: José Victorino Lastarria, Ángel Custodio, Tomás y Pedro León Gallo, Benjamín Vicuña Mackenna, Federico Errázuriz, Manuel Antonio y Guillermo Matta, Domingo Santa María, Diego Barros Arana, Marcial González, Manuel Camilo Vial, Isidoro Errázuriz, Aníbal Pinto, Eulogio Altamirano, Justo Arteaga Alemparte, Alejandro Reyes y Álvaro Covarrubias. Eran los nombres del futuro.

Por su extracción social, esa pléyade de políticos no se vinculaba con la aristocracia nuclear, ya bastante deteriorada, sino que entroncaba con una naciente burguesía que por su riqueza y dinamismo entraba a figurar en el primer plano de la vida nacional.

La burguesía de Santiago y Valparaíso, aunque todavía no tuviese una clara conciencia de que el ensanche de sus negocios y la libertad para proceder en ellos era consustancial a la libertad política, solo observaba los acontecimientos. Más aún, muchos de los dueños de las nuevas fortunas adherían a las posiciones oficiales que les garantizaban el orden inmediato. Pero en el norte minero los elementos más activos y sacrificados, imaginativos y audaces, eran sensibles a la épica libertaria y estaban en pugna con los gobernantes santiaguinos y los mandones locales. Sus círculos distaban de los intereses aristocráticos de la capital, no estaban embargados por la fe religiosa, habían amasado su propia riqueza y se identificaban con el progreso, el quehacer económico, la fe en el individuo y en su propio esfuerzo. No eran personas cultas y si estaban en la avanzada de un mundo que venía era por las circunstancias mismas de su actividad.

Unidos los intelectuales con los nuevos hombres del trabajo, formaron la mezcla explosiva de una nueva guerra civil.

Desde mediados de 1858 no había duda de que el gobierno era no solo reacio a cualquier modificación política, sino que estaba dispuesto a descargar todo su poder contra los que impulsasen el plan de reformar la Constitución. El movimiento libertario, sin embargo, se había extendido notablemente, aun sin contar con una organización, porque era la reacción natural contra el absolutismo de Montt y Varas. Esa circunstancia provocó finalmente la aparición de clubes y asociaciones en favor de la reforma en algunas ciudades de provincia y un directorio importante en Santiago. Se publicó, además, un periódico, *La asamblea constituyente* para difundir el pensamiento renovador y darle unidad.

La reacción oficial se desencadenó el último mes de aquel año: se prohibió una reunión de los "constituyentes" y se les llevó a un juicio de imprenta acusándolos de sedición.

No quedaba más camino que el de la revuelta, cuyos hilos, aunque muy delgados, habían comenzado a tenderse desde la capital.

El estallido se produjo en Copiapó, donde las actuaciones del intendente y otras autoridades habían creado un malestar incontenible. Al frente se colocó el adinerado y prestigioso minero don Pedro León Gallo, perseguido torpemente por la Intendencia a raíz de una competencia con la Municipalidad, de la que era regidor. Iniciada la sublevación el 5 de enero de 1859, se impuso con facilidad en la región y sus tropas, bisoñas y armadas, valiéndose de cualquier medio y de ingenio, avanzaron a Vallenar y La Serena.

En forma paralela y desordenada se produjeron movimientos en Talca, San Felipe, Concepción, Arauco y Valparaíso, que lograron imponerse por corto tiempo. La región situada al sur de Santiago también experimentó un alzamiento, que tomó las formas de montoneras y asestó golpes en diversos pueblos.

Se careció, sin embargo, de un centro real del movimiento, que hubiese podido coordinar las acciones y movilizar recursos. Tampoco hubo un caudillo a nivel nacional.

Las fuerzas del ejército y la dirección centralizada y sistemática del gobierno obtuvieron una victoria en detalle contra los diversos focos de la sublevación, y en el norte se inició una campaña contra la ofensiva de Gallo, que fue detenida y aplastada en la batalla de Cerro Grande al sur de La Serena. Desaparecieron, así, las esperanzas cifradas en el movimiento del norte y el gobierno quedó dueño del campo.

La guerra civil de 1859 fue el último choque violento entre el poder autoritario de viejo corte y la tendencia liberal que pugnaba por abrirse paso. Fue un baño sangriento e inútil desatado por la intransigencia autoritaria temerosa de las aspiraciones y de la audacia que tomaban las fuerzas modernizantes en el campo de la política.

La guerra civil fue, después de todo, un gran fracaso para el gobierno, porque fue el punto dirimente entre la vieja colectividad y su concepción del Estado y la alborada de una sociedad moderna. Por una parte, quedaba agotada la idea de la sociedad inconmovible, el orden dado y superior a las críticas, expresado en el gobernante con plenos poderes para mantener esa situación, y, por otra, surgía una sociedad dinámica, en que los diversos componentes adquirían relieve y podían representar puntos de vista divergentes. Cabían distintas posiciones filosóficas e interpretaciones de la realidad. La crítica y la revisión constante de los asuntos públicos pasaban a ser legítimas y con ello la existencia de grupos de opinión y de partidos políticos. Ya no era delito de lesa majestad o de lesa patria estar en desacuerdo con el gobierno. Se marcaba, además, el valor del individuo por encima de un "bien común" cautelado caprichosamente, y para ello era necesario ampliar el ámbito de las libertades, sin las cuales una nación no podía desenvolver toda la riqueza de su vida.

En las postrimerías del gobierno de Montt el país estaba políticamente exhausto y en los mismos círculos de gobierno había una sensación y quizás una convicción de que el autoritarismo no tenía destino ante el avance sostenido de la tendencia liberal. La guerra fratricida había sido un dolor muy grande y era mejor desistir del enfrentamiento permanente para no seguir en la senda catastrófica. Esas fueron las razones que, en el fondo, determinaron la renuncia de Antonio Varas a postular a la presidencia de la república, que parecía corresponderle de acuerdo con las modalidades de sucesión en el mando.

Se buscó nuevamente la concordia y en los círculos gubernativos se abrió paso la candidatura de don José Joaquín Pérez, llamada a cohesionar a los antagonistas, y que por su intención y su espíritu ecléctico era una garantía para todos.

El acuerdo de los partidos permitió el triunfo fácil de Pérez y la realización de un gobierno apacible en lo interno, sin descartar la guerrilla política de alcance limitado. Se obtuvo entonces, mediante un acuerdo amplio y de espíritu elevado, la aprobación en el Congreso de la iniciativa de reformar la Constitución, dejando abierto el cauce para que las próximas cámaras entrasen a debatir los artículos que mereciesen ser cambiados.

En virtud de esa decisión, en el gobierno de Federico Errázuriz Zañartu, que llegó al poder en brazos de la coalición liberal conservadora, se efectuaron las reformas de 1871 a 1874, que modificaron sustancialmente la carta de 1833. Evitando prolijidad, digamos que se restaron atribuciones al ejecutivo y que el Congreso pasó a tener una marcada fuerza en el juego de los poderes. Se afianzaban, así, las libertades públicas, el principio de representación ciudadana y el carácter contralor del parlamento. Las costumbres políticas se hicieron más liberales, el ambiente público tuvo carácter desenvuelto y la acción de los partidos y de los individuos fue aceptada como propia de un régimen republicano. La libertad de prensa no fue amagada y la libertad electoral, con algunas vicisitudes, fue un hecho. En el peor de los casos, era posible denunciar la intervención.

Algunos investigadores han señalado que el autoritarismo presidencial siguió manifestándose en la época de los gobiernos liberales y han visto en ello una prolongación de la supuesta institucionalidad portaliana. El hecho sería notorio en el ejercicio de Errázuriz Zañartu, Santa María y Balmaceda; pero del mismo modo puede indicarse que esa no fue la característica de Pérez y de Pinto. El fenómeno se debería, por lo tanto, a la índole personal de unos y otros y no a un sistema.

En todo caso, el presidente era un funcionario aprisionado por la constitución y las leyes, cuya voluntariedad quedaba reducida a cuestiones administrativas de carácter menor. De ninguna manera podía forzar ese marco tratándose de los grandes asuntos nacionales.

El hecho abrumador fue el creciente poder de las cámaras, su gravitación en la formación de las leyes y su influencia en las determinaciones gubernativas. Basta seguir el debate parlamentario para ver cómo se cruzaba la oratoria inteligente, brillante y elevada de los espadachines de la oposición y del gobierno. Hay que pensar en esos larguísimos duelos, complejos y laboriosos, casi agotadores, antes que el ejecutivo viese aprobado un proyecto de ley.

No hay para qué abundar en el espíritu contralor del Congreso, que al ser desconocido por Balmaceda desató la guerra civil de 1891.

Desde el momento en que don José Joaquín Pérez asumió la presidencia en 1861, desaparecieron los estados de sitio y las facultades extraordinarias. Nada perturbó el orden, la Constitución y las leyes no fueron conculcadas, no hubo persecuciones ni destierros, tampoco intentos sediciosos y las instituciones funcionaron adecuadamente.

En suma, no fue la política restrictiva la creadora del estado de derecho ni de la institucionalidad, sino que estos fueron frutos de la libertad.

El tutelaje de las fuerzas nunca ha podido ser la base de una institucionalidad republicana, porque ella solo puede fundarse en un derecho ampliamente aceptado.

Hay un ejemplo hermoso de la solidez alcanzada por el régimen de la libertad. Durante la Guerra del Pacífico, a pesar de la gravedad del conflicto, no se requirió de facultades extraordinarias ni de medidas especiales en el orden interno. El Congreso funcionó normalmente, la oposición de los conservadores y de otros grupos se ejerció como en los mejores tiempos e incluso se llegó a debatir la forma de conducción de la guerra y los planes del ejecutivo. A veces hasta los detalles tácticos fueron materia de observaciones críticas y también la torpeza de los altos mandos navales y militares.

Esos mismos asuntos fueron ventilados en la prensa con una desenvoltura pasmosa, porque no se la sometió a censura. No se controló de ninguna manera la opinión pública, de suerte que los actos del gobierno y la guerra eran motivo de diatribas fogosas. Vicuña Mackenna no reparaba en aconsejar de manera estruendosa, en reuniones populares, la orientación que debía darse a la lucha, como si fuese un asunto cualquiera.

Mientras se desarrollaba el conflicto el país pasó sin tropiezos por las elecciones de parlamentarios de 1879 y de 1882 y, lo que es más significativo, en 1881, al concluir el periodo presidencial de don Aníbal Pinto, se efectuaron las elecciones que llevaron al poder a don Domingo Santa María. Todo ello en medio de una brega política ardiente.

Antes de concluir su mandato, en el penúltimo mensaje dirigido al Congreso, el presidente Pinto formuló un pensamiento que resume con orgullo prudente la trayectoria nacional: "cuando un pueblo puede, como Chile, emprender y sostener una guerra sin perturbar el orden constitucional, ese pueblo ha conquistado una gloria no menos envidiable que la obtenida por nuestros soldados en el campo de batalla".

Sugerencias de la antropología
para un epílogo

Muchas veces la historia es insuficiente para explicar la cosas del pasado y del presente, porque hay fenómenos que desafían los cambios a través del tiempo y permanecen inalterables. Se repiten sin cesar y no hay fuerza, razón ni procedimiento capaz de transformarlos.

En el plano del conocimiento histórico el hecho es indudable. Existen nociones petrificadas que perduran a pesar de las modificaciones introducidas por la investigación, que en algunos casos llega a conclusiones diametralmente opuestas.

Es que el saber histórico vulgar se ha constituido en verdad irrefutable y superior a cualquier debate. Posee vida propia y no hay razón, prueba ni demostración que valga para convencer cómo fue propiamente una realidad pretérita. El mito es una de las más poderosas realidades, aunque solo es un fenómeno mental o quizás por ello mismo.

Para un análisis de la cuestión, la idea del "eterno retorno" puede ser muy útil.

Los hechos fundamentales de la vida social en las culturas tribales son la repetición de ritos inmemoriales referidos al tiempo de los orígenes, en que ocurrieron los hechos ejemplares, protagonizados por antepasados señeros. Las costumbres están ceñidas por el mito y la sociedad impide cualquier desviación. Nadie puede escapar a la "verdad" mítica; mucho menos destruirla.

En las representaciones mentales de la tribu el tótem suele ser el símbolo de ideas y valores que cohesionan al grupo; debido a esa causa se le rinde homenaje y cada uno procura revestirse de sus características, sin que nadie se preocupe de averiguar si son reales o ficticias. Existe un culto, hay ofrendas cada cierto tiempo, los jefes velan por la adhesión y los brujos, que poseen los arcanos del saber, espantan a quien discuta la validez del tótem. El infeliz que lo haga está sujeto al desprecio y la condena, que puede llegar hasta el sacrificio.

Lo irracional y espontáneo marca el saber en las viejas culturas, ajenas a la objetividad y la demostración científica, de modo que es muy difícil pasar del "mito al logos", para emplear la expresión de un historiador de la Grecia antigua.

Nadie quiere saber otra cosa que lo que sabe y aun en la sociedad moderna el mito está rodeado de seguridades, porque hay una verdad consagrada, mantenida por intereses, ideologías y acciones oficiales.

El mito de Portales cuenta ya con una larga vigencia en Chile y estamos convencidos de que desvirtuarlo puede ser una tarea infructuosa y que por largos años seguirán repitiéndose las invocaciones y ditirambos.

Un hecho pintoresco ha venido a coincidir con el término de la redacción de estas páginas. A raíz de unas breves informaciones de prensa relativas a la próxima aparición de este libro y de sus novedades, un diario de segunda importancia formuló una condena para el sacrílego.

No se conocía el contenido real del libro ni las pruebas que lo fundamentan. El juicio ya estaba formado y no había nada que discutir.

La tribu había comenzado a agitarse. Sus voceros y chamanes se aprestaban a usar la magia y las armas; aunque no hay duda de que las mentes despejadas captarán el mensaje innovador.

ÍNDICE ONOMÁSTICO

Hundreds

An Experiment in Bound Poetics

Joshua B. Massey

To tulips and the power of language.

And to the continuing reader, reading ludically.

Introduction

Hundreds is the product of art and a painterly disposition. It is an exercise in restraint, a test to see whether the writer can distill the multiple dimensions of a single image – a thought, an echo, a sensation, a memory, a split second – into something tactile, something sensate, something "edible," in the sense that it can be consumed.

Each poem in *Hundreds* is a mere 100 words long. Each was written over the span of 100 days and nights – each was written under lamplight, an entry in a diary of sorts, a means of summing up the chaos and the hustle and bustle of the day. Each, then, has its own flavor, its own lens through which to view it. And, while each can certainly stand on its own, there is a bond of similarity between them all: each has emerged from the life of the author, and each exists in a constellational form in the author's mind. The poems, like stars, show themselves at night to those who are willing to look.

This collection also stands as a contradiction of sorts: how can a poetics – and how can poetry – be bound? How can something so limitless have its limits? For many, many years, poets have bound their works to certain metrical and poetic forms – common meter, sonnets, limericks, iambic pentameter, etc. These forms limit the poem necessarily but allow the poet to explore the very essence of the poetic form through their poetry. Thus, the sonnet becomes a means of transforming the sonnet, while iambic pentameter transgresses the bounds of spoken and written language. In the uncharted realm of free verse, these forms do not matter. I am aware of that, yet I have tried to bind my poems in a new way: not by syllables or constrictions of rhyme, but by the word count itself. What, then, are the ramifications of that?

The work of this collection remains to be seen. As the author, I will not be the arbiter of what the work claims to do, since my view of these poems is only my own. There are many other ways of seeing the world than through my own eyes – it is best, then, to let the reader decide the outcomes and results of this experiment.

A Note to the Reader

My poetry relies on a style sheet and a poetics that privileges both the spoken and written word. My poems have breath. I have represented this visually through my line breaks; with each line break, the reader should imagine a slight pause, like a comma. I use dashes and colons to emphasize shifts in topic or tenor – they, like line breaks, also signify breaths, although these breaths are more consequential. A period, as always, represents a full stop. I only place them at the end of a stanza because the end of a stanza is the end of a thought. I use indentation to represent a tensing or tightening of what I can only describe as a "knot" of language. Words coming closer and closer towards their nucleus (the idea) will form a semantic bond around this nucleus; I use my words to illustrate the idea, however fleeting, however repetitive, however trite. Some of my poetry is not about the monumental, the epic, the vast sublime. Like our own lives, it is about the little things, too. That is why I write the poems I write – who else might venture to give the insignificant morsels of the world their own voice when the tallest mountains and deepest oceans are right there?

Hundreds

I.

Gravity of situations unsituated:
we walk among briar bushes and weeds
and brush ticks and flies off our legs –
        off our arms and off our dreams:
these are the songs of summer
and they are stuck in our heads.

You can be heard
in the sound of a broken bottle sighing –
        you can be seen
        in the tin of old barns –
        rusting –
rusting –
                rusting –
you will remain
after all the air is gone
from the lungs of the world
and you will play the dumbstruck fool
so the world might not get a look at you.

So you are blessed.

II.

In an oil painting
one smears colors together
until canyons and plateaus can be felt
        in greasy thick lushness:
in this way a topography of life is made
and in this way we represent the angels
        and the sad maiden
        crying for want of rolling fields
and water.

Somewhere in a silent hall she hangs
waiting for full eyes to see her cry –
        her tears will go unnoticed
        as her tresses go unnoticed
until all that remains is a red dress
and the long vine on the lattice:
        there the roses grow
and tomorrow grapes will be pressed
into wine.

III.

I had never seen so much ash
until today –
        a white carpet
        stained raw –
an ocean of moving wind-bits –
        a caravan of the undead
        waiting to breach the gates:
there is no need to look so ashen.

A formal exercise in death leads the morning
while a formal exercise in mourning the night –
        there are no words to string together
        to describe the day without a light:
(there are no words to express my fear of rhyme –
        my insincere sing-song sentiment
        of a world trapped under ice coming back
        as nursery rhymes ring
and I am again forced to sing.)

IV.

Once again
I go hoarse with speaking
but a minimum of words:
        dried up
not parched but parching
I struggle to find the note I require
the pitch and timbre I long to meet:
        this is the way things are
        and this is the way things must be
            if only
            for just a little longer.

Speaking has a way of draining
of bringing my words out –
        it is like loosing water from the dams
        (those dams of life stopped up
            filled with debris
            and lies) –
a long night of thinking
and feeling lives
will have me well again by morning.

V.

The acquisition of wonder
is a marvelous thing:
it is intrinsic
        like water bubbling
        or like a rainbow after summer rain.

It is raining now
drops of gold and aquamarine
and I will collect them in a bucket
so I might save them –
        so I might paint a rainstorm
        with the very fruits of the clouds –
                the very rain.

That painting might be wonderous –
        it might be bad –
        (who am I to know?) –
but in the idea
and its execution
I have taken the world
and torn its precepts in two.

This is the work
that I seek to do.

VI.

They killed Rosa
and the world cried –

Her body became a soul suspended
somewhere above the Spree –

Her cry a cry for freedom –
liberty draped in red
on an unclouded day –
          remarkable.

Yet there came a day
when the grass in the Tiergarten was not green –
          no trees reflected in the basins and ponds and pools
          and the sun set without fanfare.

The night brought the cries of the restless
made wretched by the pockets of the damned men
and the day brought bitter bread
and tears the color of anger –
          and might.

The mighty Rosa:
red rose with thorns.

VII.

Somewhere
we are in need of large floatation devices –
	elsewhere
	of gold and marble
	and black skies:
stasis does not stay still for too long.

Not quite sure of what the world should bring
I collect tears from the gutters
where the gather like rainwater after the storm –
	it is unclear who has died
	and who is dying
but death is all around
and all around sad –
and there is nothing to be done about it
but to cry.

Thus
my day is made
forged in the production of tears so hot –
	flanked by dead flowers
	and complicit granite slabs.

VIII.

Dead land
or cactus land
or the very land from which we came:
        they are all the same
        and they are all rotting away
with the coming of the day.

Do I apologize for my past words
my incidental rhymes –
        my life
        in the guise of playfulness
and long diatribes
on things that do not matter?

How can I be forgiven
for my sins
if I am unable
to enumerate them?

        I must –
        it seems –
pursue forgiveness
for the totality of my being:
with this
        I can be sure
        my forgiveness is unfleeting –
how I might pray
to the doldrums....

IX.

In a field of immeasurable signification
there are no signifiers:
          only empty stones
          and green grasses of fertile summer.

          This too must pass
although its passing will come
at the great expense of one:
          it will come
          with many tears
          and the frenetic scribbles
          of automatic pen:
it will come with the end.

Someday
the souls will coalesce –
          will come together
          in a chorus of voices
beginning the process of drowning.

Until then
we will hear them
only at night
and only with ears pressed
          against grass –
ears listening silent
for the call of the constellations
and the frigid bones.

X.

Vintage rot
painted over and over again
but never perfect –
        never quite the proper manifestation of decay
        balanced so precarious against the powers that be
        and the forces which have embalmed a dead world
        for the historians and their followers to see.

Sometimes
it strikes the poet
to sit idly
and watch the world rot:
        of course
        this does not last for long
        and should be the least of the poet's concerns
                amid a great unfurling of worry –
this is not conducive to cogent history
but to a blandness
which we cannot condone
        nor comprehend.

Let us eat fragrant dust.

XI.

Somewhere an escritoire awaits
with my name somewhere on it
with twenty-seven sheets of paper
and a pen.

      These are the leaves
onto which I must fit my life –
else I have no legacy
no place to go but upward
into the night.

      Starting to write
must be a task of introspection
and consummate wit:
          it is only with a humor
          and a patience unbound
          that you will even get a sentence out
          that is not worth burning.

Out of those ashes
you will find new means of writing
using the bones of the forefathers
to write your histories anew.

XII.

At night
there is no light
and all the noise is oscillating
like droning or desolation –
        I have been delivered from the clutches of day
        and I have been let off easy –
the others cannot claim the same.

My life sustains itself:
it is a matter of breathing
and candor –
        keeping me awake
        until the very last moment –
                keeping me alert
                and writing poetry
                even when I cannot think –
even when I cannot claim inspiration
or that spark of wonder I seek to replicate as I write.

Nighttime is so ripe
for the taking:
        my words flow
        so wine-red:
                flooding.

XIII.

Somewhere a castle stands in ruins
among weeds:
        yesterday's Ozymandias
        eagerly awaiting today's sun
        and the mists of time.

Somewhere in that hallowed keep
a knife meets stone
and names inscribed are decried and remembered
        for centuries to come:
they will remember your name
but nothing else will remain
and you will linger on their tongues
for a day –
        for a second day –
                perhaps a third.

Somewhere
your name is uttered one final time
and you will truly die in that moment of forgetting:
        do not let them forget what you have done
        lest the world forget its brute history.

XIV.

Ask me no questions:
I will still give you answers.

Tell me of sunshine
on rainy days
and watch my eyes light up
the color of the sky:
        white and blue
        with reds of sunset's cresting.

Reach up into the highest boughs of the highest trees
and pick the sweetest fruits from them:
        it is something deserved
        and something to which we are both entitled
        regardless of what they say:
                regardless of what they say
                we are angels amidst the dust and brush.

Never allow me to tell a lie
lest I cede my soul away to the rabid wolves.

XV.

Solitude would not be so bad
if not for the rain
and art-deco flourishes
on buildings I might never see again.

     It would not be so bad
     if I knew how to cry
and knew how to breathe deeply the air of contentment
and throw my hands up when I cannot go any further.

Such knowledges are lost to me
as I am lost to myself in lack of sunlight and literary fervor
and the unceasing beating of the drum inside my heart and my mind:
     such knowledges keep me up at night
     and keep me above water
          never drowning.

XVI.

Hands Touching
and although they are far away
the warmth of each Palm can be felt
and can be felt with love.

Though he left many moons ago
I can feel him in the softness of my pillows –
        I can communicate my touch
        through the color of the hydrangeas
        and listen for the dead branches:
                these are spirits.

Although I cannot hope to feel my hands again
I know I will feel yours
and they will fill my heart
as we ride away on some white chariot
into some white-charioted land –

        This is prophesied:
        this is legacy imprinted in ink.

XVII.

I am a bird
flying
a white dove
above blue rivers –
        by the banks on either side
        are the ashes from yesterday's fire:
I survey the damage
and I shed a tear –
        one of trillions in that river
        one of trillions in these clouds.

Somewhere
the river stops its flowing
and clots up with mud after heavy rains:
        I –
        dove flying –
ford the brown river
dressed in holy white:
I watch wild things paw at the clay
in pursuit of those green weeds.

They cannot cross for fear of drowning –
        I in my fine dominion seek shelter in the canopies.

XVIII.

Broken glass covers forest floor
covers rain and leaves from view.

We are victims of rational myth
and breakability –
        we must not allow ourselves to break
        we must not take a single step towards breaking
        for fear of that first fracture
paving the way to the final crunching:
the glass does break easily.

Painstakingly
the men and women stand at the edge of the river
and watch for denizens with angry faces.

Victims of the myth of loving
we set ourselves ablaze on trails unmarked by flagging –
we fall into a reverie among pine and beech
        yet again.

We dream.

XIX.

The coming of autumn
leaves me with many words to write
about the same things:
      leaves falling
      leaves changing color
      leaves rotting in water and piles of rot
      leaves crunched under foot
      leaves picked up
      leaves tossed
      leaves left…

I cannot leave this changing world alone –
I cannot turn my eyes from this glorious moment
      in which I stand in awe at the power of nature
      and the power of the pen to make this world real.

Despite the repetition
I am not bored of writing the world.

Despite the calls to quiet my voice
I have much to say.

XX.

Someday
we will recognize the dark patches in the grass
where people have walked unwarranted
against the grain.

They will be landmarks to lost souls
and hardy soles
and will be lined with fences to keep the rabble out.

They will be landscapes of martyrdom
and contrition –
        they will be sites of pilgrimage
        for the flat-footed and the wanderers
        who never cease their wandering.

The tourists will lay their fresh flowers down
bought at stands across the way
and cry small soft tears at the thought of parting
from their very soul
        reified and materialized
        and pushed into the ground.

XXI.

Tomorrow brings rain
and falling leaves among covetous trees
rushing to see who will win.

> The walnut
> the oak
> the pine? –
all lined up
side by side in changing colors
set apart from the birch by irascible trunks
and fighting words.

Each grapples with their changing fates
and the blade of the woodcutter
come to plow over landscapes once landed
and siphon the flames from the fuel –
> he is violent
> but cannot work in falling rain and colder winds than yesterday.

He is stunted
and life goes on another day.

Line up for the volleys
and the clanging drum-beats dashing.

XXII.

I stay with you
despite requisite failings
and an inability to take blame and drive me places.

I have issues too
with myself
which I toss around like stones
without a reason to fix them:
            life fixes itself
            little by little
            until we die.

I do wish
that we could meet again
outside the fence –
            that cage that grate –
against the grain we stand
between two walls
closing in:
            I am forced to make a choice
            between you or the idea of you –
I do not know which choice I would take.

Love is understanding and frustration:
            it is eternal.

XXIII.

I am sure New England is nice this time of year.

I am sure I would look forward to whatever leaves fall there in the
Adirondacks
and to the snow
        in which I could stop and watch Death's procession through the night
        like Dickinson or Frost or those denizen and witches so fraught.

I am sure
the world waits for me
before closing this dusty book and moving on to the next –
        I am sure they must wait for me
        for I am not yet ready to leave.

I am sure of myself
as I am sure of weeping trees.

XXIV.

Not pearls for eyes –
        much too white –
but a manifestation of the churning sea at night:
blue or green
black
whipping and making the noises of the falling water
teasing me
as Polaris shines above
out of breath.

        We have sailed for forty days
forty nights
and somewhere the end is upon us:
        in green land and white sand
        or in the coming of tall trees staffed with men standing raucous:
we shall make our stand
against the stars
and the cold weather.

Nowhere is fire found
but down in the depths –
        indeed
        in the depths
        where the sinners go.

XXV.

What lies in the cards is not constant
but fluid –
        a river flowing over its banks
        overflowing:
the water rushes into fields and folly.

Abjection stands close
while mercy lies supine far away:
        she has taken cornflowers and run them through her hair
        and she is blue in every way –
you are left to pick daisies
and bring them to her feet.

In the colors of the sky and sun
a map of all existence is drawn in fine lines and sensualities:
        study the language of the rainclouds coming from the west
        and write the words you long to read.

XXVI.

Brute October
comes with tomorrow's moon.

Running fast in some somewhere glade
a scarecrow stands sentinel
watching for those apocryphal birds
and the coming of the wind
        which shakes the trees beyond recognition.

Soon the world will be naked –
        soon we will not see.

The very skin of the earth is pockmarked
diminished as leaves fill in the gaps between comprehension and
conversation:
        and brute October waits and watches
        and breathes its words of malice
degradation and the coming of the end of the year.

It has much to say –
        will we allow the brute to repeat his wry words?

XXVII.

I look at you all the time
without ever taking a moment to look at myself.

        Not some act of radical insecurity
        I prize my life with you over myself
throwing caution to the wind
and my own bones to the dogs:
        I like it this way.

To have a life to live and breathe for
to thrive for
to never falter and never err
is the freedom for which I have searched the world:
        the rising sun and setting sun could not contain my love
        and my living for the next day.

Each minute
brings me closer
to you.

XXVIII.

Calling the men of the masquerade to the street
those dancers shuffling across red and purple velvet
decadent and depressed
          bedazzling and jaded and cynical beyond belief:
you are needed
at this moment of reconciliation.

You who dance to drums and trumpets and whistles
and sing your songs to milkmaids and matrons and mares
must come to the fore
          must come to the edge of the bridge by the shallow river
          and make your music heard
by sailing craft and wagon and premier alike.

You must watch those royal curtains fleeing now –
          you must dance to the tunes prescribed alight.

XXIX.

Berlin was colorful
even in the rain over Schöneberg by where word-painters used to live –
rain and cathartic columns
and sunshine somewhere overhead in winter.

The streets with too-familiar names bothered me –
knowing what spirits lie beneath the pavement kept me awake at night
fearing my thin red door would be broken in –
        fearing death while alone I lived
        fearing life in the quiet city with color amidst all the gray.

Sun came out eventually
and I lost all interest in clouds and rain:
walking fast into March air
I stepped through sand and over walls
watching high-strung linden trees.

XXX.

Somewhere an ocean
somewhere a midnight
somewhere a white and yellow moon
perpendicular to the horizon.

The moon draws itself
a line on the water
and it moves closer to the shore
          ever closer
          ever closer
          ever closer
until it has arrived:
          resplendent.

The sand has eyes
it lives again.

Shimmering
a firework rocketing into the sky
it continues its slow processional into the depths:
          keeping track of the footfalls
          keeping the deep light at bay
          lining stars up for regimental drilling
pockmarked and gobsmacked.

We are crass
in our viewing of the black air
androgynous and mystical leaving limbs.

XXXI.

We have no need for dead men
or for the cries of the living –
their histories are anathema to trying times.

     In conversation
     the stalwart scholars peddle their citations
and flaunt their libraries
pried from widowers and the green stands by the Siene:
     here is Flaubert
there Rimbaud
there the indefatigable Proust –
     oh! –
          dear Marcel! –
leave us be with our pages
and our gesticulations –
     our whims and qualms and foolishnesses.

We have no need for dead men
just as we have no need for lamps in the moonlit night:
     we see just fine
     without the burdens of this pallid life.

XXXII.

Sovereign citizen:
do not push me down that road
away from you and hillsides:
        you do not know what it is you do.

You do not know the pain of leaving –
        the pain of knowing your own name in shackles:
        the pain of looking love in the eye
        and slowly shaking your head –
that is all you can do…
        all you can do…

Do you know the moment of letting go? –
        or do they not teach that moment in the church of God?

This is not a church of God
but a church of God-ing:
        becoming that which you worship.

XXXIII.

The boys have left the party –
        alone.

Standing by a running fountain
they watch moonlight falling on the drunken coins:
they glisten
and hold each other close
against memories.

        In these calcified spaces
        a drumming can be heard:
it is two beating hearts
made whole –
        not even wildflowers
        could express this grace –

Only the painter
trafficking in abstract forms
could possibly put to language
        (visual or otherwise)
the flickering of lights in darkness –
        only the poet
        could conjure the residues of love for all to feel.

The boys have left the party –
        together:
warm comfort awaits
among pillows
        and midnight.

XXXIV.

Lighting the fuse
we descend into yellow:
it is us
and the setting sun
        and we are on fire
        amidst bright heat.

It is past time
to discuss the color
        of disgust –
that color kept to corners
that color kept to pretenses
        and the reveries of nature and nurture
        and the cold weather leaves
        and the lily:
have you considered the lily
and the daylight stars
and the color of sand in noontime?

I should like to paint a scene
in alternating shades of warmth and coolness:
        while my heart beats a dark blue
        my perceptions of autumn run yellow.

XXXV.

Lost in thought
we drive through worlds unfurled
unfettered and unbroken yet
by the weight of watching eyes
and the heights of coniferous trees.

     We watch rivers running brown
     and cross bridges uncrossed by our ancestors:
     they did not have the wood or nails required –
     they could not jump that endless gap.

There are no more flowers:
they all have died –
but in their wake
the cloudless sky puts on a show
for watchful eyes:
     we see
     the glowing of the world
     in mid-afternoon
     on an October day much too warm for sweaters –

But I have worn a sweater anyways.

XXXVI.

Plant your feet in consecrated dirt
and reach your hands up to the stars.

        There is nothing you can do but wait
        for night to come –
that hour of contemplation
immiseration
and the night of the end of the day –
        the final hour
        of labored breathing
        and clandestine stares –

Hour of mixed media
and shuffling sentiments
and that valley of discontent
by the mountain of hurried dreams –
        the world is but a landscape of black and white pain
        and I am but an artist
        set to paint the world from the ground up –
I have come
to give life definition.

XXXVII.

Nosferatu crept silent
through cobblestoned streets
by Herzog's canal in quiet Wismar.

The rats were near
the teeth were nearer
and the white and red of neck and blood stood like roses
        intertwined with the brownish green of dying vine.

Somewhere
a moon shone –
        somewhere
        a woman cried –
                somewhere
                a spirit died –
a soul was ferried across the river
and left for dead among underbrush and flowing currents –

        And the Vampyre continued on his way –
continuing for many days until all was done and all was over:
        the task was complete
and death lived to run until dismal dying dawn.

XXXVIII.

The rain came down all day
and did not stop with nighttime
and we would be lucky if the floods did not come.

        On the hill
        I watched the world wash away –
I waited with a latched door and foggy windows
waiting for the sun to peer through like a voyeur or an animal…
        but I would not let it in.

Running away was never easy
but they never said the exodus would be this difficult –
        they never said
        that I would have to strip the clothes off my back
        and run through the rain for a thousand lonely miles.

XXXIX.

The floors are made of wood
long-trod and worn with footprints
and my shoes are not the first
          nor the last
          to step over the creaking ordered trees
          cut and shaped and polished and swept with dignity.

The floors hold the soles of many millions of men
crossed over with day and night and the gray areas between the hours
and they hold their secrets close
like dropped papers or coins rolling under furniture
          never telling a soul…

Walk across the room
to the altar by the statue of the angel:
          bow your head
          and place your knees softly down.

XL.

Glassy water
like a mirror
reflects ripples and trees
and the color of the sky
and last year's fallen leaves
         still floating now in springtime.

I can see how Narcissus fell into that trap –
         though I cannot see my face
         I am enamored by this world's beauty
         caught in certain light
in certain moments
and certain bliss
only here for a minute –
         fleeting –
                  momentary.

In a moment I will keep walking through this sullen park
where grass just begins again to grow –
and I will briefly sit here and watch the leaves like boats
awaiting the orange sun's velveteen stride.

XLI.

Keep me alive
like a lost and stranded soul
on a ship afloat
in salty seas at sunrise.

The shivering of the night
and the thirst of the moment
compounded in salt:
        we will be preserved
        for the storytellers of the next years –
we will be fossils
for the intrigued minders
and the keepers of memories we long to shed.

        I should never have walked out into that air
        or into the deepest depths of sky and stars at night –
that world
is immeasurably large
and I cannot keep my mind in healthy places:
        the world falls apart between sighs.

XLII.

In the light blue room
the red- and black-flecked faces float
        dancing macabre
        while whitefaced Death stands watching
perhaps waiting to step in.

The people know not how to address the withered man
observational
with scepter and scythe –
they do not particularly care –
        Death comes for one and for all
        eventually –
is it worth the hedging and the waiting and the commonsensical nonsensing?

        Does Death merely wants to dance
        but cannot find the right time to begin his dancing? –
perhaps he is averse to checkered floors –
        perhaps he has complaints about the music –
        we will all be dying to know.

XLIII.

My daily record
my recounting of the ringing of the bells
my catalogue of each leaf I have seen falling
        and the transcribed voices of squirrels and birds in constant quarrel;

My middling life
dwindling with each passing word
my song sung for nobody's ears but mine
my music made for the enjoyment of the birds
        my broken promises like glass on the pavement;

My interiority brought outside
my blood the deep red paint
my last goodbyes the plaintive cries
        the final light above the plain;

And it could all be over soon
a moment of sparking fireworks
        heat blistering.

XLIV.

Eliot swiped those words from the wind
        shantih shantih shantih –
all was understood in an instant
all the paths of bees flying made sense for the first time
        and all was golden.

        He placed his hand in front of the sun
        and a shadow
fell
over the world:
        this was something he did not expect to happen.

He blew a sharp huff of air
downing the trees in the greenest forest –
        peace somewhere
        perhaps
destruction elsewhere:
        all is relative
        like the side of a coin on the pavement.

Yet he still says those words:
        shantih shantih shantih –
but for whom?

XLV.

Considering motherhood
I left for higher ground
and I do not plan on coming down –
        I cannot swim
        and will not learn.

I think of my own mother
of her lament
that she could not love the world enough to leave it…
        that she could not let herself aspire…
        that she could not let herself fly –
I wonder
whether I want to bring about that singing
that lamenting
        that grace…
or whether I am to be stony and barren
and watch the youthful gaze transformed into cynical glare…
        but I know
        time is on my side
        as with the flowers.

XLVI.

Two snows ago
wonder flew in from a crack in the window
and filled the whole room with new life.

I donned my warmest coat and hat
and walked with heavy boots into the morning
and the whole city shone with a perfect light.

Past the church and past the castles and past the world
hanging slow and magisterial
we walked into the square
and marveled at a world so old and so decadent.

It kept us alive
and it showered us in an antique reverie
and all day and night we walked and ran and wandered through the streets.

XLVII.

And we shall play
a game of chess
pressing lidless eyes
and waiting for a knock
        on the door:
        is it as easy
        as the poet might
                proclaim it to be?

I am a skeptic
and I always lose in confrontations with the Queen –
        perhaps I am nearsighted
        perhaps I am out of my skill set
        perhaps I should stop complaining
and learn to play a game of chess
I can actually win…

Eliot's lidless eyes
can never close
and begin to redden with time and dryness:
        what is the function of sight
        if we cannot stop ourselves from seeing?

XLVIII.

Don't read me my poetry
because I can't stand to look back
at yesterday's words
        or those from the day before that.

I cannot keep a straight face
in certain interactions
and my rhyming lines certainly do not help –
        they are not memorable
        and only memories remain after the cleaners have come in.

I cannot keep counting stars
for fear of losing my way
        and you cannot ask me to read you my poems
        when you have them right there
        and I have gone hoarse…

I do not show my face out of doors
for fear of being seen again.

XLIX.

The sixth wonder of the unknown world:
an endless expanse of shelves
without a single book to sit on them.

Instead
we encounter a dust unlike others
        the dust of empty spaces
and the dust of the same air breathed with dogged desperation –
        we imagine what books might find their way to these shelves
        and we will search forever
        just to see if this endless expanse of shelves does in fact have a book
of which to boast….

But we will never find anything here
and we will never know:
        instead
        we will move on
        seeking that seventh unknown wonder.

L.

(tactile ←→ poetics)
a poetics of touch
of feeling:
>of the tickling of my hair
>on my naked back right between the shoulders
>where the spine can be felt…

Of the breath from high
warm against frigid glass near winter…

Of the cold of the hands
always cold
>against warm skin
>embraced warmth –

Of the cheeks
rosy
planting a kiss on the nose
>on the lips
>on the forehead…

Always sensuous
in search of love and loving
and answers to all the pressing questions
>kept quiet and secret from those in love…

Resist the urge
to bask in my fingerprints –
>my essence.

LI.

Vitrine (n.):
       that which encases
       conceals
       inhibits
       contextualizes
       sets apart from the rest of the world through glass
            and an anthropological gaze;
       receptacle for fingerprints and noseprints;
       that which brings definition to the world through careful looking;
       that which considers
       that which contributes
       that which acts as a vacuum
       that which creates the distinction between in and out
            here and there;
       that which gives a room its purpose;
       that which stands;
       that which delivers a message;
       that which muffles the voice of variegated objects;
       that which protects;
       that which destroys;
       that which we are left to cobble together beyond interpretation.

LII.

Superstructure:
five fingers of the human hand
and the ligaments which hold them together:
        wiggle wiggle
watch the tendons dance with moving digits:
        one two three four five six seven eight nine ten!

And so we watch the world built with bare hands
some cut and scraped and scrapped and scarred and scared:
        and do we dare
        count the ways we see the clouds on our fingers
        lest the world see us counting
and attack?

I am not wise
and there is no wisdom to hide
save what I keep in my empty book
between the pages…:
        you
        no wiser.

LIII.

I recognize that art is beyond me
and I am merely the hands through which the art is communicated:
        I am merely the conduit
        for the mere spirit
        and I let the words form themselves outside of me
        as I have always done.

Like a river runs on its own
but does not know it is running
I write:
        I let the gaps fill themselves in
        and let the reader relish the scene
        if only for an instant:
if only
in search of a single glimpse of twilight
or a single drop of morning dew
        I live:
        [*title not known*]

LIV.

Trodden underfoot
the grass does not scream
although I imagine it may –
        I give humanity to the inhumane
        and the dead.

Stepping across a landscape defined by color and line
language does not work to encompass the moment
and it never will:
        we are stuck
        in a self-perpetuating cycle of repetition of ideas
        unable to escape
        save through silence –
heavy
heavy silence –
        and heavy care.

Carrying the weight of the world on his shoulders
Atlas did not shrug –
        nor did he weep:
such stillness can kill a man –
a one-way trip to a narrow grave
and a slow sung requiem.

LV.

A monument of open air –
a monument to closed spaces and ashen trees –
a monument to books unread and pages torn
and houses scoured for something –
          anything –
to eat in the cold of winter when the frozen ground does not deliver
and never will again.

Winter has come
and winter will never leave:
          in the winter of our years
          we left for the west –
we left for the land of the setting sun
for the land where the sea lies at the end of the road
where we wait
          with hurried breath
          for the din of the morning's golden bells.

LVI.

Divine feminine
(to my detriment):

Left alone with my own thoughts
I lose myself in gleamings of pink and soft pillows
and I have a desire to walk in the ocean like Edna –
        like Edna I walk the streets with an eye for discontent
        and for cracks in the pavement to be filled by working men
and I close my eyes when love arrives
and will not let it in:
        I will never let it in.

In our love
we are bookended –
we must take the sacrificial knife to the page
and cut out our own language from its letters.

LVII.

The forest was much more dense than anticipated
and we lost our way as daytime left the stage
and darkness overwhelmed.

Leaves were not beacons for moonlight –
the holes in the canopy became our solace
          our redeemers
          our saviors
on our journey to the other side.

And they do not tell you what lies inside that forest
for to tell you
is to let history leak like a faulty pipe
bringing about that deluge of mud and truth
long buried by more powerful men:

          They will not allow it to happen without a fight
          and so they plant unbreachable forests.

LVIII.

The ants went marching one by one
along the embankment
along the river filled with brown sediment
          and history.

No one paid them any mind
save the children with their buckets of water
and their mischief-laden hands –
          always keen to hinder
          always keen to ascertain some feeling of dread and fury from the
world around them.

One by one
          one by one
until the waves come –
          one by one
          one by one
          until the foot of man comes:
how can you split the chain which links the world together
with your hollow hand? –
          how can you dismiss these holy scatterings?

LIX.

The woman hid her sullen songs away
in anticipation of a frozen morning
and the browning of the roses with late autumn's cold
finally come –
        the first freeze of coming winter
        come with vengeance
        come with haste.

She could not let the wretched men of frost and fire see her melodies
for they do not know the gifts of song
and see no use for singing –
it takes useful words out of useful mouths
and all are left dumbstruck and wanting:
        so she ties them up with ribbons and bows
        and holds them in her heart of hearts
        so warm.

LX.

In the cold room
one imagines translucent clouds of vapory breath with every exhale
and thinks it possible –
        eventually.

One feels their freezing hands
and wonders whether it is not them that is the issue
or whether the old house cut corners
and left things bare:
        and one is the victim of thin walls and ancient glass
        and thin blankets
and one shelters under the mass
hoping for a moment's respite against the terror.

Someday
spring will come again
and misery will scurry back to the depths:
        misery will linger
                shivering
        and one only dreams of seeing some light tomorrow.

LXI.

Leaping hearts
and unquenchable beauty
and the light of a lamp at nighttime
and a million pages left unread
and the smell of cinnamon
and the crushing of carpet under heavy feet
and a little breath left for the coming day
and a vision of pinks somewhere
and someone playing a piano soft against fluttering wings
and him singing
and he is perfect
and our hearts leaping
        (still leaping)
and a moment of clarity
and a moment of lucidity
and a love song written in a queer key
        (a love song written from me to him)
and it all glows.

LXII.

The wall holds the pictures of the seasons
abstract and majestic
speaking to greater things
harkening to the age of gold
        and silver
        and doves with too many branches of olive between their beaks
        (and I would never).

Will there be peace in the end
or just pretty colors
all mixed up beyond recognition? –
        is this not what you asked for?
        is that not what you are set to get?''

And spring to summer
autumn
and cold winter
(the bluest of the seasons)
leaves me glum and collecting myself amid the fireplace:
        firelight
free passage
not perilous
but burning beautiful.

LXIII.

Tantalus rising
reaching up to the fruit tree
only to watch the tree grow a little taller
and the water flow a little farther from his lips.

He cannot find his way home
and he cannot quench the gnawing and biting:
that is his punishment –
          that is his redeeming grace.

And does he deserve his damnation? –
          does he rest on the laurels of his ungrateful pining? –
and will he learn his lesson
in the space between eternity and finite musings
(drops of sand in the ocean's negative space)? –

We can see his wrinkled face
and hear his plaintive groans rising.

LXIV.

A still-life for the ages:
one wooden bowl filled with grapes
beside a wheel of white hard Danish cheese
        (flavorful)
a loaf of broken bread
        (body)
a silver goblet of wine
        (blood)
and a large boar's head
        (hubris).

The artist has taken liberties unsought
in her depiction of the scene:
        where do we find the boar? –
the wine? –
        the silver? –
the cheese?

Where has the plastic gone? –
        the noise of it all? –
and what of the intricacy of the painted work?

Today
we rely on a fragmentation of the beautiful
in search of something more than:
        we seek untruthful truth.

LXV.

Kissing the feet of the last man standing
we venerate survival
and bury the dead in graves facing towards the rising sun.

        It is what we have always done.

But what is to be done
come tomorrow morning?

It is clear our ways of living
our ways of being
are not compatible with today's ways of life:
        we cannot keep walking against nature
        when nature is dying
        and shows no signs of survival –

It is clear we must rethink yesterday
and prepare ourselves for tomorrow:
        with this
        we will start the replanting of trees
        and reconciliatory flowers for the children.

LXVI.

You
a hypocrite:
your hypocrisy comes with a certain irony
and a certain stinging pain.

        Your love cannot be wound up
        yarn on a spool to be spun and unspun
and woven into some great tapestry
or some endless garment of particular design:
        it sits in its totality
        unbound
untouched
unbroken.

You know not how to continue walking
but I will give you my help –
        my soul
        even –
as you need it to continue walking:
        and I will never speak ill of you behind my back
        for trust works in beautiful ways:
you must trust me:
you must continue walking.

LXVII.

At long last
he came to the fork in the road
and fell down to his knees:
we were none the wiser.

Twenty years and twenty days
he walked alongside dusty clouds
staying in the green grass by the river
        (by the stream)
and counting clouds and whistling songs and thinking of survival:
        and he lived off the earth
        like we all wish we could do.

The man with the dirty beard
and the man with the shoes well-worn and muddy
and the man with the yellow glint of golden sunset in his eyes:
        all the same:

        He keeps walking.

LXVIII.

Study for a broken window:
        your scars are not shallow
        but catastrophic
and you will not recover with all your faculties –
all your pieces still together:

        Like a bombed-out statue
        we go to glue the limbs together –
like a fragmented eggshell
there is no glue that can do what we seek to do –
        and perhaps it is best left that way
        after all…
after all…

Who threw the first rock
        the stones from glass houses
and the water to put the flames out when they come? –
        who throws the second rock
        even more consequential than the first?
who the third?

LXIX.

Walking in the park
isn't such a bad thing
on a day like today.

We could visit the daisy
and we could visit the tulip
and we could find ourselves in the world of nature
and see our initials already inscribed in the bark of the birch
and we could smile our whimsical smiles
and we could watch the sunlight glimmer on the pond.

    Today is the last day of fair weather
    before the rain comes to ruin our charade
and comes to make the flowers wilt with wet and freezing
and leaves us alone
nature gone
derelict
left wanting.

LXX.

In the last minutes of the day
the black cat darted across the street
and I crossed my fingers three times
to keep the witches at bay –

        It was all that could be done
and it was all I could do
to keep the light a moment longer
before the night was wholly here –

And the black cat crossed the street
because it had somewhere to be:
        and I wandered aimlessly
        with nowhere to go
and no reason for going
save the coming rain
and the tears of the trees near falling:
        I run from it all so far away.

LXXI.

The rain came
and beat my body down in its coming.

Drenched to the bone
I sat amid the sinners in the golden cathedral
and I shivered
for it was winter
        and winter's work is swift.

The wind whipped the bells into a frenzy
and it brought the chimney smoke up high
and it saw me
in my shivering:
        it crept down my back
        and into my soul
        and it will not let go.

I do not expect to leave here anytime soon.

I do not expect a farewell
or a toast or a moment's notice.

        I will leave tonight.

LXXII.

Find your way
amid the black expanse
and the curves of uninhabited planets
        and their moons with flowers growing on them
        (paradoxical).

Take your map and make sense of things
and repeat.

        Consider the flow of water
not across our three dimensions
but as something more:
consider
for a moment
that your way is not the way you think it will be
        but that you have difficult travels ahead.

And take it with a smile
and take it with a grin
and realize
        that nothing like this will ever come again:
find your way
before you can no longer see.

LXXIII.

You whose eyes are midnight oceans darkened by the new moon
who uses them as a weapon
        a war of words and wisdoms –
who cannot help but bat and blink delicately
who cannot help but bashfully blush at the thought of being in love –
        you who sees
        and you who looks –
you believing
you thinking it is possible to fly –
        you already up in the air of a clear evening
        dancing in the stars.

You will never be closer to the tail of a shooting star
or the edge of that galaxy:
        but you will have those wistful eyes forever.

LXXIV.

I have walked these walls for too long.

The muddy-colored bricks are warm
and I run my hand along their grating textures
and I dream of the other side –
        I dream
        of a bend in the angling of the mason's hand
        and walking towards the setting sun rather than the snowy cold
and I keep walking in hope of reaching the end
but nothing ever comes –
        nothing ever comes
        and I am foolish for hoping –
nothing ever comes
and I am a romantic for thinking things could change –
        nothing ever comes
        but am I to blame for dreaming of totality?

LXXV.

What comes in the morning
on the night of the first freeze since winter last
after hot summer and hot autumn
and pleasantries and the already fallen leaves
left to rot in piles on the ground –
        left to rot
        still rotting when again I come around?

What of winter
and what of passing days like clouds in heavy wind
passing and failing and asking those questions
        asking "why?" "why?" "why?"
        until the answer changes out of frustration and desperation
        and like a gift we are left to unwrap the situation?

What of shorter days?

        What of care and fleeting hope?

LXXVI.

Fire flailing
fire fickle
fire fleeting flummoxed flaming –

Fire fixated –
        first freed from fetters fetid –
fetters festering –
        fetters flustered
        from fire freed –
                fire freeing.

What is to be said
about the red-orange heat
and the ways in which the wood becomes cavernous ash
        and embers
        and hot to the touch it lingers in layers
        and layers cannot be touched by earth
save by water
and the heavy hand of the hopper and the heat?

        They do not let the firemen around the fence
        because they want to watch the world engulf itself in flame –
and it will never stop burning.

LXXVII.

Dancing November
dance a little longer before December's lonesome trails
and the twinkling of a solitary star staying put amid the cosmos.

Watch the hems and haws of the embers from the fire
dancing orange flecks of paper flying into the cold
dancing into catastrophe –
          or quotidian bliss –
and dancing into the ash of an almost painterly gray…
          a gray among a sunset of gray against the naked gray trees
          denuded of their leaves and left to shiver in the freezing nights
of coming winter –
left to shiver
and to fester in this month of dullest pain and drollest disposition.

LXXVIII.

You with your words and the world in your hands
could not stop the crying of the clouds
and the sweating of the leaves at daybreak
forever victims of the morning dew.

You –
        the author with the broken legs and stilted pen
        much too enamored with Fitzgerald
(though having never read the great men of letters and arms) –
        sat silent as the walls came crumbling down
        and the trees caught the blight and died the slow death.

You –
        you you you you you –
always ready to fight
to walk away and brood in your anger –
        write your pain
        or perish.

LXXIX.

The moon is almost human
and we cannot help but make it smile
with our wild machinations
and our calls and consternations.

You can see it there
in pink sky
across yellow and blue lines drawn horizontal by the painter's hand:
	you can see the arms and legs if you look closely
	and you can see the very thumb of God outstretched
	giving you a sign of approbation
and the resounding "well done" of the clappers –

And all it lacks is a soul:
	it has heart and it has mind
	and it has twenty-seven songs to sing
	amid the constellations.

LXXX.

Fire
fire
walk with me
to the end of the road
to the end of the line –
        and jump:
let yourself fall down
fall over
fall headfirst into the hole you have dug for yourself
and stay there for forty days and forty nights
until you can pull yourself up out of it again.

Dry bones
are cooked by fire
and they speak
regardless of whether or not you may listen:
        dry bones
        bones speaking in tongues unknown to you and I:
                bones spelling out the codes we never thought to seek
                and leaving us dumbstruck awestruck and forever blind.

LXXXI.

Something
that doesn't quite make sense
but comes together anyways in the end:
        sitting in the same spot
        in the chair by the window at night
        with no light from the room illuminating my hollow form
I see the moon
(it is nearly full
        at a waxing gibbous
        and the almanack is never wrong) –
waiting for the hours to take
I watch the moon move across the open sky
and I know
that I am moving too.

We are one and the same
and the memory adds another distraction –
        another copy of a whim
        pasted among the pretty golden pictures.

LXXXII.

They stare at me –
          (they
                    little eyes on high
          perhaps less than a millimeter wide
          like those of the tiniest fly
buzzing 'round and 'round about the situation
always paying no mind to the flash and the obstinance of the conversants
or the obsolescence of the rainclouds always missing our sturdy house).

They wait
          (history like a wheel always rolls
and like a cyclist's flattened tire runs amok
runs into the ground with a fierce thud
runs against the dust and the dust to which we shall return) –
          they are but pictures on the wall
          and they glare and glare.

LXXXIII.

Words written on the stone
in the language of plants long frozen
in the tenor of the men who spoke before words
        before men entirely
        before words before seasons.

And what did the stone say? –
        the stone spoke of screaming faces
        and it spoke of a prehistoric egg
and it spoke of the rocks and the sky before birds knew to fly
and it spoke of waiting –
        oh! waiting! –
it spoke of waiting and it spoke of being alone.

Lonely I wait
to see what the stone will say
and I trace the lines of dark golden tan on brown.

LXXXIV.

We took what we could in our arms
and sent the rest tumbling down
always bringing trouble like flies flying fast
always bringing shrugs and the callousness I hate
	always taking the burdens I have brought with me
	and throwing them to the wolves without a moment's notice.

It never ends…
	no it never ends
	and beginnings are for those without inspiration:
only the end
comes fast and quick
and only the end is anticipated:
	we never remember the beginning
	and spend all our time writing up stories of how it could have
happened –

I know
how the story ends.

LXXXV.

The room with the lovely old lovers
and the brothers who always quarrel is full
and they play marbles and watch the quaking of the pines
and hope the leaves do not stick to the glass of the windows
		for they will never be unstuck.

Twenty-eight young men bring trays with hors d'oeuvres
		champagne and caviar and class
and the orchestra and the pretty words spoken and sung sting a little
to the man with the diamonds in his eyes:
		the diamond eyes
the diamond eyes…

The servants serve
until the witches and warlocks of wary wards kneel and die.

LXXXVI.

Strawberry strawberry
body and soul
and not a single space between us to think about the night
before the morning came and left us dancing –
        before morning shone through
        and caught us red-handed.

You take your coffee black
and I take mine as an idea
        as a permutation of water
        and earth
and the other elements:
        we listen
        to the strumming of guitars
        and we wait for Christmas morning come sometime
to say our words of love and requisition.

If I could give you all my shirts –
        if I could see you say goodnight once more
        I might float away.

LXXXVII.

Dig a little
dig a little
dig a little
dig a little
        down
        deep
where the doll-faced boys and the ladies in pink dresses roam:
watch them dance in red light
under a roof blocking the star-filled sky –
under a spell
        a magic light
        that keeps the flies flying
        and the dust clumped in the corners.

Live a little:
let yourself sink down into the mud:
        there are worlds down there
        which you would never think to visit:
                there are secrets kept
                which you would never think to keep:
keep your scarlet lips sewn shut:
keep your empty eyes open.

LXXXVIII.

We took refuge from the storm among the pines
and we watched the water fall from the sky in waves
like an ocean tilted sideways and placed upside down:
        looking up
        we saw the swimming fishes in shades of dark white and daffodil
and we saw the black expanse approaching:
        approaching now
approaching quick
so fast the sea creatures could not hope to escape –

        And the battle raged on for hours
        and saw the rising and setting of the sun without a grimace –
without a blink:
        and in the end
        the light prevailed –
in the end
light forgotten set sail.

LXXXIX.

Left alone to bead the string
she sang songs of the coming and the going
and of the leaving of the light from dark corners –
        always opposites
always oppositions heaving and moaning and groaning
steady on the heavy page.

She liked things that were perpendicular –
        never parallel
never closer than they could come without touching:
she liked things to touch in those prim oppositions
so she might understand them through their intersecting:
        on the margins
and in the dark corners
she spied the little things with her little eyes
beady
like the pearls on the crisp white string
        carefully tied.

XC.

The audience cheers for no one
and no one comes in or out
yet they still laugh
and they still clap
as though they do not know what happens or is happening –

The actors
behind locked doors
sit and count their fingers and their toes
        and do not wait for the other to finish counting
        before they commence themselves
and the one-two-three becomes do-re-mi
and numbers do not fall fast enough
        (no –
                never –)
and we cannot keep going on like this
        (they say
                repeating themselves again and again)
and they wish to face the music –
        that crowd
        still cheering –

XCI.

can these words spit
if I bid them?
and can these words stand on their own –
        black monoliths
        bearing swords and commanding attention
        and flexing muscles never seen nor heard by the literate men? –

can they do these things
on my bidding?
and does my pen truly have the power
        of the sword?

could you
(dear reader)
witness these skeleton dances? –
        could you
        (deer reader)
        prance with these ghostly figures? –
could you
(dear grungle of reeds)
bring these sketches to life
on your own volition
        (your own power?) –
or is all the burden
left in my hands
        (my hands alone)?

XCII.

The mightiest among us
still find their way to damp ground
and the blackness of the twenty-four seven
        three hundred and sixty-five and one quarter
        and a wink if you're lucky
(a nod and a tip of the hat and a chuckle
and the flash of a smile –
        always flashing
        always smiling) –

The mightiest among us
only take what they are given
and throw the rest to those who need it more –

The mighty
rest on their laurels
when their work is done:
        the mighty
        write their names in the mud with sticks
        and return with concrete
        solidifying their claims.

XCIII.

Hello
from the end of the world

                    [selah]

We are quiet here
and we watch for fallen trees
and make sure the gate is latched tightly –
        gate closed with no gaps to slide through

                    [selah]

Without rhyme
or reason
we stare about
and we think of ways to pass the time
without thinking about the time we have had
        and the time we have to right the wrongs unspoken
        the wrongs unbroken
the wrongs I hold in the palm of my hand

                    [selah]

There may be but days remaining
and I will spend them contemplatively –
        and with grace abiding

                    [selah]

XCIV.

Life a paper bag
lying in a puddle somewhere on the street
accompanied by fallen leaves
and something unidentifiable to the naked eye –

        We watch the debris fields
and wait for something to change
but nothing changes
and nobody sticks their hand in the dragon's mouth
because they all know it will bite down:
        but somebody must bring the winds of change
        and somebody must propose an alternative –
otherwise
we float away
or we drown.

Life:
a sincere exhibition of roadkill
brought around with the travelling show
and the volleys of dead men
and the effigies of yesterday's crusading troubadours.

XCV.

I had forgotten what pain was
and I had forgotten the way the word felt on the tongue
and how the taste of blood filled my mouth
          with the very feeling of the uttering of the word –

This world
is much to much for us all
at times like this
and every single bandage in the world would not be enough
          to keep these wounds from opening up again:
the immortals
jab and poke and laugh
until their faces turn blood red
because they cannot get enough of our pain –
          our bitter cries
          are fodder for their bobbing bulbous heads.

XCVI.

Skip a stone on the water
or skip a beat of the heart –
        the choice is yours
        and action is continuing
and is it not worth a shot? –
        a try?
a trifle of your attention
and a glint of your eyes in sunlight
if only once and for one moment?

Step into it
(the blinding light)
and let the rays carry you to something else –
        something better
        perhaps
or something that transcends good and bad –
        something
        sometimes skeptical –
something
sometimes stopping the presses –
        something
        such a succinct thing –
a chance
to play God for a day –
        a chance to live.

XCVII.

Where?
        why?
        and to whom should we report? –
and who are today's authorities
in a world of headless cocks?

From where do those rooster cries emerge
if all has been wiped from the earth? –
        and who is awake
        to listen to their cockadoodledoo-ing
        if all ears are stapled shut
and all the printers have left for the city? –
        left for the country? –
left for the bottom of the sea?

To escalate
and spread the good word
        (the Gospel)
the intrepid resort to throwing stones
        and throwing fits of passion and tender pain:
the quiet ones falter –
        they quiver in vain.

XCVIII.

The man with the peculiar gift
watches the blossoming of the clover
and feels the lurch of his eyeball
        telling him when next comes the rain
        to soak the world
and send the dirt a mile down the way
down into the river.

He inhabits this part of town
and he walks his field
and he watches for the wildflowers
and he takes the buds home
        and places them in cool water.

And they grow
and they face the window
and they sway until the rain comes –
        with the storm
        they freeze and shudder
        and thoughts of electricity crackle endlessly.

XCIX.

Indirect indifference
glazing over
as the blood flies away –
        birds at the sound of a shotgun
        or the coming of the grazers and the beasts –

It took seven days to create the universe
but has taken twenty-one years to fold everything into its correct spot
and leave it for someone else to open
        years and years on down the road –

I
cannot fathom
intricacy beyond the ways and means of today
but I will try
and I will saunter
and I will fall
and I will falter
and I will fail –
        I am only
        the best that I can be.

C.

Moral indecency
(indirect?
        indifferent?)
keeps the choices few
and the pickings slim
and we are left to count pine needles
        only after they have fallen from their homes
and we are fundamentally alone
(alone and inconclusive) –

There are infinite intersections of light and life
and the wooden men and dolls dance like trees
(and though they are made of wood how they dance!):
        the young men never old
the old men once young do the foxtrot
and somehow time stops on end
as though frozen
as though spinning away and around and all about:
        this is the end
        beautiful friend.